中大哲学文库

回到"实践"问题：在布伦塔诺与亚里士多德之间

郝亿春　著

商务印书馆
创于1897
The Commercial Press

图书在版编目（CIP）数据

回到"实践"问题：在布伦塔诺与亚里士多德之间 / 郝亿春著. —北京：商务印书馆，2023
（中大哲学文库）
ISBN 978-7-100-22370-6

Ⅰ. ①回… Ⅱ. ①郝… Ⅲ. ①布伦坦诺派—实践论—研究 ②亚里士多德（Aristotle 前384—前322）—实践论—研究 Ⅳ. ①B023 ②D095.16 ③B502.233

中国国家版本馆CIP数据核字（2023）第072785号

权利保留，侵权必究。

中大哲学文库

回到"实践"问题：
在布伦塔诺与亚里士多德之间

郝亿春　著

商　务　印　书　馆　出　版
（北京王府井大街36号　邮政编码 100710）
商　务　印　书　馆　发　行
三河市尚艺印装有限公司印刷
ISBN 978 - 7 - 100 - 22370 - 6

2023年7月第1版　　　开本 680×960　1/16
2023年7月第1次印刷　　印张 21 3/4

定价：110.00元

中大哲学文库编委会

主　编　张　伟

编　委（按姓氏笔画排序）

　　　　马天俊　方向红　冯达文　朱　刚　吴重庆

　　　　陈少明　陈立胜　赵希顺　倪梁康　徐长福

　　　　龚　隽　鞠实儿

总　序

中山大学哲学系创办于 1924 年，是中山大学创建之初最早培植的学系之一。1952 年全国高校院系调整撤销建制，1960 年复系，办学至今。先后由黄希声、冯友兰、杨荣国、刘嵘、李锦全、胡景钊、林铭钧、章海山、黎红雷、鞠实儿、张伟教授等担任系主任。

早期的中山大学哲学系名家云集，奠立了极为深厚的学术根基。其中，冯友兰先生的中国哲学研究、吴康先生的西方哲学研究、朱谦之先生的比较哲学研究、李达与何思敬先生的马克思主义哲学研究、陈荣捷先生的朱子学研究、马采先生的美学研究等，均在学界产生了重要影响，也奠定了中大哲学系在全国的领先地位。

复系五十多年来，中大哲学系同仁勠力同心，继往开来，各项事业蓬勃发展，取得了长足的进步。目前，我系是教育部确定的全国哲学研究与人才培养基地之一，具有一级学科博士学位授予权，拥有"国家重点学科" 2 个、"全国高校人文社会科学重点研究基地" 2 个。2002 年教育部实行学科评估以来，我系稳居全国高校前列。2017 年 9 月，中大哲学学科成功入选国家"双一流"建设名单，我系迎来了难得的发展良机。

近几年来，在中山大学努力建设世界一流大学的号召和指引下，中大哲学学科的人才队伍也不断壮大，而且越来越呈现出年轻化、国际化的特色。哲学系各位同仁研精覃思，深造自得，在各自的研究领域均取得了丰硕的成果，不少著述还产生了国际性的影响，中大哲学系已逐渐发展成为哲学研究的重镇。

"旧学商量加邃密，新知涵养转深沉。"为了向学界集中展示中大哲学学科的学术成果，我们正式推出这套中大哲学文库。中大哲学文库主要收录哲学系现任教师的代表性学术著作，亦适量收录本系退休前辈的学术论著，目的是为了更好地向学界请益，共同推进哲学研究走向深入。

承蒙百年名社商务印书馆的大力支持，中大哲学文库即将由商务印书馆陆续推出。"一元乍转，万汇初新"，我们愿秉承中山先生手订"博学、审问、慎思、明辨、笃行"的校训和哲学系"尊德问学"的系风，与商务印书馆联手打造一批学术精品，展现"中大气象"，并谨以此向2020年中大哲学系复办60周年献礼，向2024年中山大学百年校庆献礼！

中山大学哲学系
2018年1月6日

前言："人类文明主义"与"实践哲学"问题

就其广义而言，哲学也就是"实践哲学"，因为如果按照亚里士多德对人类活动的三分——沉思、实践、创制——来看的话，实践之学自不必说，创制之学（技艺）无疑也属于广义的实践哲学，而"沉思"活动本身便成就了人之为人的最高善即幸福，从而具有更高阶的"实践"特征。这也从一个方面显露出，究竟应当如何理解"实践"本身便是个问题。中国传统思想一般把"实践"归于"道德实践"；马克思主义者往往将"实践"理解为"劳动实践"；而在西方哲学传统中，凡是不属于纯粹理论哲学的内容，比如伦理学、政治哲学、价值哲学等等，都被归之于"实践哲学"，其中的"实践"含义自然不同于前两者。

"实践哲学"当然不能仅仅限于分析"实践"概念，更要回到现实的实践问题，即直面实践问题并尽可能提供恰切的理解与应答。我们可以把前者称为"二阶"实践哲学，后者称为"一阶"实践哲学。就一阶实践哲学而言，固然要面对现实的实践问题，然而，它所关注的并非事无巨细的生活琐事，而是人类或次级共同体所面临的重大问题。这些重大问题往往也并非某个共同体或某个时代所特有的，而是由人之为人所构成的各时代的共同体都必定要面对的，比如，人的本性是怎样的？什么是好的生活？什么是好的政制？等等。纵观人类文明史，不同文明、不同时代的伟大思想家之所以伟大，就在于他们对这些基本的实践问题给出了深入而系统的解答。特别是在雅斯贝尔斯所谓的"轴心时代",虽然诸种文明相对隔绝,但都对这些重大的实践问题给出了各自的整全性回应。即便文字不同,体系各异,可其基本问题堪称大同而小异,这便佐证了古人所谓的"人同此心,心通此理"。至于各种文明实质性地接触会通之后,这种"同心通理"便愈发显而易见。

基于"同心通理"的对人类各种文明兼容并蓄的基本态度和立场可被称为"人类文明主义"。人类文明主义虽然承认"今"与"古"之间的本质性差异以及文明的整体性进展,可与"厚今薄古"的"进步主义"不同,它并不认为现代思想家必然会比古代思想家更伟大、更深刻;这种判断同样适用于"厚古薄今"的"尚古主义"与"人类文明主义"的对照。"古""今"其实不必对立起来,我们完全可以既"厚古"又"厚今"。如果进一步追究的话,我们很难取得衡量不同文明乃至不同时代的思想家孰高孰低的可通约性标准;毋宁说,每位大思想家都达到了其时代所允许的思想高峰,不过我们很难断言一个时代就比另一个时代更"高级"。当然,后来的时代具有思想积累的可能优势,但这并不意味着必然会把这种可能变为现实。因而,从总体上看,人类文明及其思想资源确实有所积累,但这种积累并不像进步主义相信的那样富有成果和直线上升。当然,与之相反的尚古主义所持的立场以及由这种立场支配的反启蒙态度,与人类文明不断推进的基本常识是相悖的。古往今来各种文明中的圣者贤达其实都达到了其时代的思想高峰,虽然以更广博的视野来看他们肯定都会带有其时代局限。如果从人类文明主义的立场出发,我们就可以更加从容地撷取人类各种文明的思想菁华以滋养自身。同样,如果以人类文明主义来观照重大实践问题,衡定诸种实践哲学,也必定会呈现出不同的面貌。

收入本"书"的论文虽然以不同时代的某位或某几位哲学家的某方面实践哲学思想为探讨对象,但其背后或多或少都预设了人类文明主义的基本立场,对其讨论的结果也反过来支持了这种立场。就讨论的内容而言，一方面，笔者试图在一阶实践哲学层面跟随先哲思考具体的人类实践问题；另一方面，笔者想通过这种讨论在二阶实践哲学层面扩展和充实"实践"概念本身，其中特别凸显出被广为忽视的实践之"内在"面向。

就具体篇章范围而言，本"书"所收录的论文主题基本处于布伦塔诺与亚里士多德之间。

本"书"上编是布伦塔诺的实践哲学之路，这也是笔者学术道路的起点。在这一阶段，笔者试图跟随布伦塔诺的"经验主义"立场，从其心理学、存在论讨论到其价值论与伦理学。笔者在布伦塔诺思想中领会到的基本东西是：实践哲学必定要以"心理（灵）现象"为基础，而这也正是人类"内在价值"与"实践原则"的根基。也正是在这种见识的支配下，针对某些论者借马克思实践哲学之名否弃"内在性"的做法，笔者予以反驳。与马克思几乎同龄的洛采正是布伦塔诺所承袭的"价值哲学"的发起者。本"书"中编是马克思与洛采的实践哲学之路，在对二者分别讨论中形成别有意味的对照。笔者以为，如果仅仅从现代哲学出发讨论头绪纷乱的"实践哲学"问题，必定会陷入支离乃至混乱。事实上，不论布伦塔诺、洛采还是马克思，其实践哲学在亚里士多德那里都有其源头，因而进一步讨论亚里士多德的实践哲学及其与前述诸实践哲学的内在关联便成为必需。这就是下编的主题。当然，亚里士多德的实践哲学本身就是一个富饶而充满张力的领域，笔者只是就其一阶与二阶实践哲学问题进行些许管窥。另外，作为实践哲学之一种的"伦理学"本身的定性定位也成为二阶实践哲学的对象；当然，与之相应的还有某些一阶道德实践问题，对这些问题的讨论作为"续编"放在本"书"最后。

需要坦言，本"书"是一部不折不扣的论文集，每篇文章都独立成篇。虽然其内容上或有瓜葛，但形式上并无关联。鉴于此，将这些论文收入本"书"时未对其改动，均保持原样，甚至对同一个术语在不同文章中的不同翻译,也没有强行统一。这一方面是出于尊重当时工作的考虑,另一方面也试图呈现出笔者思考的真实轨迹。

本"书"是在现任系主任张伟教授的鼓励和督促下辑集的。当然,其中的论文写作受惠于诸多良师益友,在此虽不一一提及,但心存感念。

最后,感谢认真负责的外聘编辑孙慧女士。

目 录

前言:"人类文明主义"与"实践哲学"问题 III

上编 回到"实践"问题:布伦塔诺之路

心理现象的明证—存在与类型划分
　　——布伦塔诺的《从经验立场出发的心理学》 3
正确的判断与正当的情感
　　——对布伦塔诺"内在价值论"的探析 9
超越的存在、意向的存在与真实的存在
　　——兼论布伦塔诺的"意向性"问题 26
存在·心灵·价值
　　——布伦塔诺哲学疏论 43

中编 回到"实践"问题:洛采与马克思的对照

形而上学的开端在伦理学中
　　——洛采形而上学初探 67

洛采与现代价值哲学之发起..85

马克思哲学中"意识的内在性"问题

  ——兼与吴晓明先生商榷..99

马克思哲学之为"虚无主义"的来龙去脉

  ——在"存在学"与"实践学"之间....................................115

下编 回到"实践"问题：亚里士多德之路

第一本体与内意识

  ——兼及一种可能的道德主体性..135

德性即知识？

  ——亚里士多德对"苏格拉底"问题的应答及其根底................152

明智与道德问题

  ——从亚里士多德伦理学出发的一个讨论............................170

美德的两面

  ——兼谈《尼各马可伦理学》中"ἀρετὴ"的中译问题.................186

实践的内在性维度刍论

  ——以亚里士多德实践哲学为基础的考察............................204

美德与实践

  ——在亚里士多德与麦金泰尔之间....................................220

快乐的本性及其在好生活中的位置

  ——从德性伦理学的视域看..237

古希腊哲学传统中的"双重正义论"及其当代意义
　　——兼谈"现代中国正义论"的构建 253
完满友爱:"自我关切"还是"非自我关切"?
　　——对亚里士多德"友爱论"中一个老问题的新解答 271

续编　回到"实践"问题：伦理学之路

伦理学:"伦理"抑或"科学"?
　　——伦理学"色谱"刍议 287
伦理学的基础与善的原则
　　——从休谟、康德到布伦塔诺 305
道德的普遍性与普遍化小议 325
从理性启蒙到德性启蒙 329

[上编]

回到"实践"问题：布伦塔诺之路

心理现象的明证——存在与类型划分
——布伦塔诺的《从经验立场出发的心理学》

"认识你自己！"这是挑明哲学之任务的标志性口号。当亚里士多德把"灵魂"作为"第一本体"的形式或本质时，这一口号便转化为：认识你自己的灵魂！可究竟应当如何恰如其分地认识自己的灵魂或心灵一直是哲学的一个难题。当亚里士多德指出"存在一种能够觉察其自身的感觉"以及笛卡尔依据前反思的"直接认识自身"的思维来为自己抗辩时，他们无疑触及了这一难题的硬核。然而，把这一难题主题化且首次进行系统性研究，并由此引发出经久不衰的意识现象学，无疑当数弗兰兹·布伦塔诺（Franz Brentano）的《从经验立场出发的心理学》。

一、心理现象、物理现象及其明证——存在问题

布伦塔诺把"意向的内存在"作为心理现象与物理现象的区分性特征。这个术语极易引起误解，事实上也引起了包括其弟子胡塞尔在内的后学的严重误解。"意向的内存在"的全称是"关于一个对象的意向的内存在"，也可表述为"关涉一个内容"或"指涉一种对象"。这里的"对象"很容易被朴素地理解为外在世界中现实存在的事物，即"外存在"；而与之相对的则是存在于心灵之"内"的观念，即"内存在"。根据通常的认识论，"内存在"之于"外存在"的关系可以是实

在论式的，即前者反映后者或是与后者相符合；这种关系也可以是观念论式的，即存在就是"被感知"或"被理知"，从而将"外存在"纳入"内存在"或"意识"之"胃"。与通常这些认识论先行预设了实体性的"外存在"或"内存在"不同，布伦塔诺是通过明证性来揭示"内存在"以及相应的——姑且借用这个称呼——"外存在"的。

自然科学一般是通过经验观察来获得自己可靠的材料，这对于作为心理学对象的"内存在"可行吗？譬如"愤怒"，当一个正在愤怒的人试图观察自己的愤怒时，那么这种愤怒多半会烟消云散。因而有论者比如孔德（A. Comte）就得出结论：对心理现象的观察是不可能的。如果只有经验观察所得之物才能成为科学材料的唯一来源，那么真正明证的心理学显然是不可能的；而由对心理的生理基础或对心理的行为外显进行观察获得的经验材料为基础所构建的心理学又难以堪称真正心理学，因为它错失了本真的心理现象。可事实上，我们又有谁不能觉知自己的愤怒呢？布伦塔诺把这种觉知称为"内觉知"，它与对象化的"观察"是两种异质性的认识类型。所谓"内"，并非像某些论者所言内在于"心灵"，而是内在于心理行为，也即每种心理行为都随附着对自身的觉知：看一种颜色便会觉知到自己在看，听一个声音便会觉知到自己在听，如此等等。

这种对自身心理行为或心理现象的觉知对于每个正常人而言都是直接的、无误的和明证的；也恰恰是这种觉知，明证了它所随附的心理行为的真实存在，这便是一条由认识通达存在的崭新途径。这里的"存在"并非像"外存在"那样的既定之物，也非被吸入"内存在"的形式或观念之物，而是当下进行中的心理行为活动本身。这种心理行为也并非生理—心理学眼中的神经中枢传导过程或活动，而是具有自知之明的看、听、回忆、判断、期待、爱、恨等行为。如果借用亚里士多德的术语来说的话，只有心理行为才是布伦塔诺眼中的"第一本体"，而其中随附着的明证性便见证其存在之真。

问题是，心理现象除了其自身的行为，还要"关涉一个内容"或"指涉一种对象"，比如听声音、看颜色等等，那么诸如声音、颜色的明证性及其存在状况又是怎样的呢？声音、颜色显然不是心理行为，因而布伦塔诺称之为"物理现象"。正因为不是心理行为，那么它们就不会随附有内觉知，也就是说物理现象不具有直接性和明证性，因而对它们的认识也就会经常陷入虚妄，正如笛卡尔所揭示的那样。布伦塔诺也把物理现象的存在称为"意向的或现象的存在"，它们虽非心理现象意义上的真实存在，但也不能由此便得出它们是"非存在"。对于它们的存在状况，我们无法诉诸明见之真，而只能依据信念得出相关的意见。对于物理现象的外在源头亦然，我们也只能诉诸信念来确定其存在情形。

这便是以一种全新的方式复活了真理与意见世界的二分。对于每个成熟个体而言，只有他自己当下的心理行为才是明证的真实存在，一旦这种行为成为回忆、反思的对象，那么就退化为不具明证性的物理现象，比如前面例举的"愤怒"。因而每个成熟个体便拥有自己独特的真实存在，虽然个体之间能够通过语言、表情、行为举止等表达交流自己的心理现象，但一个个体对于他人的心理现象显然不具有直接明证性，也就是说他人的心理现象对于另一个个体而言无疑都蜕变为物理现象，从而落入意见的世界。这也就是说，每个个体都带有天然的内觉知之光，这种光只能照明自身的心理现象，而源于自身之外的物理现象只能处于幽暗不明之中。

只有自己的心理现象是真实存在，其他一切存在均是无法直接明证的信念对象，这看上去是十足的唯我论，也容易被批评为心理主义，实则不然。恰恰相反，这事实上阻断了个体盲目自信的膨胀以及对他人及外在世界状况的独断，也在很大程度上消解了西方哲学传统中长期存在的个体对他者及世界的同质化倾向，从而可以使每个人谨慎地对他人及外在世界虚怀敞开，并随时修正、调整和完善由非明证的物理现象组建的信念系统。如此既确保了每个个体之真实存在的根基，又使他者及外在世界不至于被同质化为"我"的要素或观念。

二、心理现象的类型及其复杂关系

每个个体只能明证自己的心理现象并不意味着不同个体的心理现象之间毫无共同之处，以至于不能彼此理解和交流。事实上，每个个体都有通过他人的表达而唤起自己相应心理现象的经验。这种有关心理现象的表达能够普遍化的事实足以表明不同成熟个体具有相同的心理现象类型。如果细分的话，这种心理现象的种类可能趋于无限，因为我们耳目所及的音、色这些物理现象理论上都可以无限分割，而每种物理现象又对应着独特的心理现象。因而，从其对象方面难以区分出心理现象的有限类型，布伦塔诺转而诉诸指涉方式的不同来区分心理现象的类型。这也符合两千多年的西方哲学传统，只不过亚里士多德由此区分出理智与欲求两种类型，而康德及某些新康德主义者由此区分出知、情、意三种类型。虽然布伦塔诺所采取的也是三分，但其迥然不同于康德主义的三分。

在通常所谓的"理智"中，布伦塔诺又区分出"表象"与"判断"两个异质性类型，其异质之处在于：表象仅仅是某种东西呈现，而判断却要断定其是否"存在"。当然，判断又可分为明证的与非明证的。比如"我看到红色"，其中作为"一序对象"的"红色"这种物理现象就不具有明证性，可我仍然可以相信它是存在的，这便是对"红色"做出了一个判断："红色存在"。既然是判断，就有真假可言，而对"一序对象"而言的真假就不是明证意义上的，而是信念意义上的：如果这个"红色"被其他个体同时确证，则上述判断就是在信念或意见意义上是正确的，否则，则是错误的。

与对"一序对象"的判断最终不可能被明证相反，对作为"二序对象"的心理现象的判断则具有绝然的明证性。比如对"看到红色"的"看"而言,如果我在内觉知中经验到"看",那么"我在看"这个判断就是正确的,否则就是错误的。这种正误就不是信念意义上的,而是真实存在意义上的。因而,表象与判断的区别就不是不少同行误以为的清晰程度之差别。最清晰的表象仍然是表象,最盲目的判断依旧是判断,二者是完全异质性的,虽然判断必须奠基于表象。布伦塔诺当然也不会否认表象在清晰程度上的差别,他后来提出的"直接表象"与"间接表象"的区分就是在这方面的推进。比如当我表象"一个看红色的人",那么被表象的人则是直接表象,而红色则是间接表象,相比较而言,前者更为清晰。再者,表象与判断的区别也并非不少论者所持的:表象是单一的,而判断是多个表象的联结或复合。判断也可以是由一个表象之物构成,比如"红色存在";而即使再多的表象联结在一起,如果缺乏"存在"断定的话也还是表象。如此,判断就是判断某物存在与否,表述判断的"存在命题"也就能够完全转化和改写传统逻辑学中的"定言命题",从而使命题能够相应地根植于心理现象与物理现象的明证—存在层次。

判断中的肯定与否定虽然伴随着赞同与拒绝的情感,可判断并不能像某些新康德主义者比如文德尔班(Wilhelm Windelband)所做的那样完全被归于情感现象。反之,虽然情感也能被经验为正确的或错误的,比如对明证性的爱与恨(前者明证地正确而后者明证地错误),可这种经验仍属情感而不属判断。情感与判断分属心理现象不同的基本类型,二者具有异质性。

康德及某些新康德主义者倾向于把苦乐这种情感与意欲区分为独立的类型,如果借用汉密尔顿的表述,前者是"主体上主观的",即是一种纯粹感受状态,而后者则是指向一种对象的。布伦塔诺的一个反驳是:在下述情感—意欲链条中,即伤悲—向往所缺乏的善—希望它会属于我们—欲求它会产生—鼓足勇气去尝试—去行动的决定,虽然看上去其中一端是典型的情感而另一端是典型的意欲，可如果我们留心中间的成员而且只比较毗邻内容的话，就会发现它们之间紧密关联且变化甚微，因而也难以断然区分出究竟哪个属于情感哪个属于意欲。它们都属于广义上的爱恨现象。

康德主义者可能会提出如下批评：知、情、意所对应的是真、美、善，如果情、意合一，那么美、善各自又如何能够得以奠基呢？事实上，即使一些康德主义者，例如洛采（R. H. Lotze）和赫尔巴特（J. F. Herbart），也把善归于美；而另一些人诸如托马斯·阿奎那，则把美最终归之于善。这也间接表明，某些论者所持的为美和善奠基的情与意具有异质性区分这种看法是难以成立的。那么美与善难道是同质性的吗？非也！在布伦塔诺看来，为美奠基的并非情感，而是表象：美的东西显现在表象中，虽然这会伴随着情感；相似地，善的东西显现在爱恨现象中。如此，表象、判断、爱恨现象这种由低到高的心灵能力所对应的美、真与善也呈现出由低到高的价值排序，而这种价值排序又彰显出布伦塔诺对生活与世界的独特领会。

需要注意的是：心理现象的价值排序并非其奠基秩序，与价值排序相反，表象是全部心理现象的最基层，而判断与爱恨无一例外都是基于及针对表象或表象之物的。与判断相似，爱恨也有明证、盲目之分，对不值得爱之物的爱就是盲目和错误的。而个体自身的表象、明证判断以及正确爱恨都是值得爱的，因而它们也都具有内在价值（善）；推己及人，我们可以在社会生活中形成下述良好意见：每个拥有内在价值的个体基于其内在价值而彼此平等，相互尊重；这同时也为正义、友爱等这些外在性社会价值进行了内在个体性的奠基。爱恨现象的日常外显便是伦常政治活动，而伦常政治实践的目的无非是逐渐学会给予值得爱恨之物以恰如其分的爱恨。

该文原载《中国现象学与哲学评论》第十八辑（2016）

正确的判断与正当的情感

——对布伦塔诺"内在价值论"的探析

面对一种思想,我们首先要问的是:它是从何处得到启动的?在哲学上,尤其是在价值哲学上,我们不相信存在那种纯粹出于"智力游戏"动机的思想。从思想史的角度看,一种对时代精神有着一定影响的思想之所以出现,必定是针对某些俟待解决的时代问题,从这种意义上看,思想史也就是人类的问题史。因而,上面的追问可以具体化为:一种思想是针对什么样的时代问题提出的?它是从何种进路突入这个主题的?它最终是否完成了给自身所设定的任务?

布伦塔诺生活在 19 世纪末 20 世纪初的欧洲,可以从三方面勾勒当时欧洲普遍的精神概况。

首先,在精神生活上相对主义盛行。文艺复兴—启蒙运动在驱散"黑暗时代"的同时也唤醒了主体意识与历史意识,人不再是上帝的"玩偶",而是自己命运的主宰。个体主义只不过是主体主义的"孩子",后者必然地包含着前者。人们也不再相信永恒的东西,一切都是有限的、相对的。不同的传统、不同的时代有不同的文化、价值;不同的个体有不同的需求,有不同的世界观、价值观乃至于信仰。

其次,在科学上群雄并起。由于以数学—物理学为典型的自然科学在近代以来取得了巨大的成功,其他领域也纷纷效仿,于是一时间出现了各种各样的科学。当时具有代表性的新兴科学是心理学、人类学和历史——文化科学，它们以自己的方式瓜分了本来属于哲学的领地，从而成为哲学普遍关注的对象。

再次，哲学处于一种茫然不知所措的境地。以康德—黑格尔为代表的德国古典哲学体系——虽然洛采对其做了伟大的挽救性尝试——受到时代的普遍抵制。显然，哲学体系的时代已告完结。哲学到底有没有本己的领地？如果有的话，在哪里？如果不创制体系的话，哲学到底应当以一种什么样的方式来进行？哲学应如何对待传统的思想资源？文德尔班在1914年出版的《哲学引论》的开篇就讲道，"我们当今比以往更多地看到以'哲学引论'这个词命名的著作"[①]，这是因为当时的哲学家、哲学工作者都在苦苦寻求哲学的出路。

布伦塔诺的主要意图之一就是要克服认识和道德上的相对主义，他著名的《道德认识的源头》一文，是为了直接批驳耶林（Ihering）的道德相对主义而作。他自觉地采取了描述心理学的进路，并以心理现象分析取代了他所谓的传统哲学中"混乱""模糊"的精神现象分析。在分析"心理现象"和"正确的判断"时，他主要援引近代"意识哲学"开创者笛卡尔的思想；而在讨论"正当的情感"时，他却主要诉诸以亚里士多德为楷模的中—古哲学。在当时不妙的处境下，回归一种亚里士多德式的美德传统，一直是他伦理思想的主要旨归。

一、对心理现象的分类

布伦塔诺从区分两种现象即心理现象与物理现象开始，二者的根本区别在于前者具有意向性而后者没有。"每一种心理现象都包含某种作为其对象的东西，虽然它们并不是以相同的方式包含的。……这种

[①] Wilhelm Windelband, *An Introduction to Philosophy*, trans. by Joseph Mccabe, New York: Henry Holt and Company, 1921, p. 13.

意向的内存在仅限于心理现象所独有。物理现象没有显示出任何与此相似的东西。因此我们可以这样来规定心理现象，即把它们说成是通过意向的方式把对象包含于自身之中。"① 这种区别表明，物理现象仅仅局限在自身之内，而心理现象则具有超出自身指向某种东西的本性。"只有某种东西被听到，才有听；只有某种东西被相信，才有相信；只有某种东西被向往，才有希望；只有某种东西被追求，才有追求；只有某种东西被喜爱，才有快乐；如此等等，这适用于其他所有心理现象。"② 很显然，布伦塔诺区分开了心理活动与活动的指向对象，这两个方面共同构成心理现象。这种心理活动指向的对象首先是在心理现象之内，尔后才可能逾越心理领域，设定现实之物，这也是所有"内向"哲学的共同特征。因此，一些现实中不存在的东西，例如"独角兽""半神"等，都可成为心理活动指向的对象。意向活动必须以意向对象为前提和指向，反过来，意向对象也必须以意向活动为前提，它也只有在意向活动中才能呈现。因而，意向活动与意向对象（下文有时简称为对象）是心理现象不可分割的一体两面，谈到一方，也就必然意味着另一方，二者合起来标示着"意向性"的两端。

布伦塔诺把自己的探讨范围限制在心理现象领域，它把心理现象区分为三个层次。

第一个层次是表象（或称为观念）。这个层次是其他两个层次的基础。它主要指那些已经与概念融为一体的直观表象③，正因为包含有概念，也就具有了知性。这就避开了近代经验论中无知性的"质料"与有知性的"形式"如何结合的难题。各种表象之间可以随意联结，例

---

① 布伦塔诺：《从经验观点出发的心理学》，第1卷第2篇第1章第5节。转引自赫伯特·施皮格伯格：《现象学运动》，王炳文等译，商务印书馆1995年版，第79页。

② Franz Brentano, *The Origin of Our Knowledge of Right and Wrong*, trans. by M. Chisholm and H. Schneewind, Routledge and Kegan Paul Ltd., 1969, p. 14.

③ Franz Brentano, *The Origin of Our Knowledge of Right and Wrong*, trans. by M. Chisholm and H. Schneewind, Routledge and Kegan Paul Ltd., 1969, p. 15.

如"绿树""金山""一百个孩子的父亲""科学的朋友"等。表象的联结仍然属于表象,而不是像传统经验论所认定的"观念(表象)的联结属于判断"。因此,联结后的表象也"无所谓正确与不正确",它"不涉及相对立的意向"。①例如我们可以具有"黑与白"的观念,但它仅仅是两个观念的联结,我们对它只有"表象"这种单一的意向活动,而没有相对立的意向。

第二个层次是判断。判断是在特定表象活动所指向的意向对象上又加上了第二种意向,即对这个意向对象"或是肯定或是否定","或是承认或是拒绝"。②在判断的这两种对立意向中,至多只能有一种是正确的,"在肯定或否定这两种相对立的关系样式中,如果一种关系是正确的,那另一种关系就是不正确的"③。判断既可以针对单个观念,例如"上帝存在"(There is a God);也可以针对多个观念的联结,例如"上帝是公正"(God is just)。这两种判断在性质上是相同的。

第三个层次是情感。"情感"这个词是在最宽泛意义上使用的。它既包含我们平时所说的狭义的情感活动,如快乐或悲伤;也包括狭义的意志—欲求活动,如喜好或厌恶;还涵盖涉及目的与手段的非常复杂的情感现象。情感活动同样是在特定表象活动所指向的意向对象上又加上了第二种意向,即对这个意向对象"或是喜好或是厌恶","或是爱或是恨","或是愉悦或是不快"。与判断相似,在情感的这两种对立意向中,至多只能有一种是正当的。④情感活动同样既可以针对单

---

① Franz Brentano, *The Origin of Our Knowledge of Right and Wrong*, trans. by M. Chisholm and H. Schneewind, Routledge and Kegan Paul Ltd., 1969, p. 17.

② Franz Brentano, *The Origin of Our Knowledge of Right and Wrong*, trans. by M. Chisholm and H. Schneewind, Routledge and Kegan Paul Ltd., 1969, p. 16.

③ Franz Brentano, *The Origin of Our Knowledge of Right and Wrong*, trans. by M. Chisholm and H. Schneewind, Routledge and Kegan Paul Ltd., 1969, p. 17.

④ Franz Brentano, *The Origin of Our Knowledge of Right and Wrong*, trans. by M. Chisholm and H. Schneewind, Routledge and Kegan Paul Ltd., 1969, pp. 17-18.

个观念，又可以针对观念的联结。

二、正确的判断 —— 真

上文提到判断是对对象的肯定或否定、承认或拒绝，这两种意向中至多只能有一种是正确的。那么，什么叫作"正确的判断"呢？又如何断定一个判断是否正确呢？布伦塔诺说："当与一个东西相关联的肯定是正确的，我们就称这个东西是真的。"① 这里就引出了真、假的概念。这两个词可以在宽泛的意义上使用，如"一个真朋友""假黄金"等，但布伦塔诺是在狭义的意义上使用它们的，即把它们仅仅限于判断的真假。布伦塔诺对真的定义有些与广为流传的真理的"符合论"相似。他并不一般地反对"符合论"，不像施太格缪勒（W. Stegmuller）所做的错误的断言那样，"他（布伦塔诺）认为坚持符合论也是不可能的"②。布伦塔诺所反对的是把"符合论"理解为"心外之物与判断或与作为判断基础的思想或概念中的东西同一"③。贝克莱早就指出，观念只能与观念相似，如何能与外物相似呢！更何况是"同一"。从理论上看，心物符合论所面对的一个困境是："一个人如果不首先具有理智与现实的知识，他又如何能够知道二者的一致呢？"④ 而首先具有的知识又是一种理智知识，它是否与它所表述的现实一致又需要另一种理智知识来保障，如此就陷入了一种无穷后退，最终缺乏坚实的基础。

布伦塔诺认为应当把"符合论"正确地理解为："真在于判断与其

---

① Franz Brentano, *The Origin of Our Knowledge of Right and Wrong*, trans. by M. Chisholm and H. Schneewind, Routledge and Kegan Paul Ltd., 1969, p. 18.
② 施太格缪勒：《当代哲学主流》（上卷），王炳文等译，商务印书馆 1986 年版，第 49 页。
③ Franz Brentano, *The Origin of Our Knowledge of Right and Wrong*, trans. by M. Chisholm and H. Schneewind, Routledge and Kegan Paul Ltd., 1969, p. 74.
④ Franz Brentano, *Die Abkehr vom Nichtrealen.* 转引自 M. Chisholm, *Brentano and Intrinsic Value*, Cambridge University Press, 1986, p. 48。

对象的符合",就像经院哲学所认为的那样。这里的"符合"应被领悟为"适应""与……和谐""一致""与……适合"等意思。① 这就是说,判断应与对象的存在与不存在相一致:对存在的对象做肯定判断与对不存在的对象做否定判断都是真,"说一个肯定判断是真的,也就是说它的对象是存在的;说一个否定判断是真的,也就是说它的对象是不存在的"②。如此看来,一个判断是否为真最终归结为判断的对象是否存在。那么又如何断定一个判断的对象是否存在呢?首先必须明确,这里的"存在"并非与我们的"外感知"相对应的物理现象,而是属于与"内知觉"相对应的心理现象。人们诉诸一种天生就具有的内知觉来判定一个对象是否存在,布伦塔诺把这种内知觉能力称为"直接明察"(immediate insight)。通过这种明察可以知道一个对象的存在或不存在,也就是说可以知道一个判断、命题是否为真,"它们(这种命题)必须被直接保证,也就是说它们必须是明察,这些明察排斥所有错误的可能性"③。经过明察的命题,就可用以衡量其他不能直接明察的命题是否为真,"只有这种命题才能成为知识的真正原则"。明察有两种情况,一种是对个别事实的知觉,例如,"我意识到我正在看什么或正在想什么",我可能看错了东西,我或许想得不对,但这并不妨碍我明白无误地直接确认"我在看"或"我在想"这种行为的存在。另一种情况是"通则"(general laws of the type),它们是概念本身所具有的,而非从个别事例中归纳出的。例如,"两个比一个多""一种红的东西就不是绿的""没有哪个三角形有四条边""一个整体离开部分就

---

① Franz Brentano, *The Origin of Our Knowledge of Right and Wrong*, trans. by M. Chisholm and H. Schneewind, Routledge and Kegan Paul Ltd., 1969, pp. 73-74.

② Franz Brentano, *The Origin of Our Knowledge of Right and Wrong*, trans. by M. Chisholm and H. Schneewind, Routledge and Kegan Paul Ltd., 1969, p. 74.

③ Franz Brentano, *The Foundation and Construction of Ethics*, trans. by H. Schneewind, Routledge and Kegan Paul Ltd., 1973, p. 15.

不能存在"等。① 这些是我们能够直接自明地确定的。

拥有明察的判断也被称为"明见判断"（evident judgment），与它相对立的是从小形成的"盲目判断"或"偏见"。盲目显然是缺乏一种明见之光，不能凭自身判断真假，因而必须回溯到一种明见判断上。如果一种盲目判断正好与明见判断一致，那么它就是真的，虽然缺乏明见；如果它与明见判断相矛盾，那么就必定是假的。对于这两种情况以外的盲目判断，我们就不能确定它的真假。这就是说，明见不但是命题为真的标准，而且是命题为假的尺度，这使我们想到了斯宾诺莎的名言："真理既是真理自身的标准，又是错误的标准。"② "明见给予判断以普遍有效性……"③ 对于同一个对象的判断，至多只能有一种情况是正确的，不能有两个相矛盾的命题同真，不论是一个人还是多个人做出的判断，也不论其判断是否具有明见。"我自己判断的明见也赋予我评论他人所做判断之正确性的权力：如果某人达到了与我的明见判断相一致的看法，即使是无意的，他的判断也是正确的；如果某人具有与我的明见判断相矛盾的看法，那么他的判断就是不正确的。"④ 也就是说，一个判断是否正确与判断者无本质关联，最终的依据是它是否与对象一致。人天生具有明察一个对象是否存在的能力，因而就能做出与对象相一致的判断。人们之所以携带着大量的错误判断，是因为他们被日常生活中的盲目判断和偏见所蒙蔽，只要运用明察反观我们的观念，那些盲目判断就会被明见之光驱散。由此可见，在布伦塔诺看来"真"的最终基础是对象，而对象或者存在或者不存在，对象

---

① Franz Brentano, *The Foundation and Construction of Ethics*, trans. by H. Schneewind, Routledge and Kegan Paul Ltd., 1973, p. 15.
② 斯宾诺莎：《伦理学》，贺麟译，商务印书馆1983年版，第82页。
③ Franz Brentano, *The Foundation and Construction of Ethics*, trans. by H. Schneewind, Routledge and Kegan Paul Ltd., 1973, p. 130.
④ Franz Brentano, *Die Abkehr vom Nichtrealen.* 转引自 M. Chisholm, *Brentano and Intrinsic Value*, Cambridge University Press, 1986, p. 48.

的存在与不存在是可直接明见和确定不疑的,因而真也是确然的。由于真与判断者无本质关联,因此布伦塔诺就认为自己从根本上杜绝了真假问题上的相对主义。

三、正当的情感 —— 善

上文提到,情感是对特定对象的"喜好或厌恶""爱或恨""愉悦或不快"。情感的这两种对立意向中,至多只能有一种是正当的。那么什么叫正当的情感(correct emotions)?又如何判定一种情感正当与否呢?"当与一个东西相关的爱是正当的,我们称这东西是善(好)的。"① 这就引出了善的概念。布伦塔诺区分了两种善 ——"自在善"(good in itself)和"依它善"(good in virtue of something else):前者是依凭自身的善,不需要借助于它物;而后者必须借助于其他东西,且弥散在其他东西中,如"有用"。布伦塔诺是在第一种意义上使用"善"的,"除非特别指出,以后我是在自在善的意义上使用善的"②。

对于善的问题,不同伦理学派有着不同的说法。布伦塔诺把善界定为"正当的情感""正当的爱"的对象,则表明他企图回归到亚里士多德的美德传统中。早在两千多年前,亚里士多德就提出了"正当(正确)的情感(欲望)"这种善的观念,他说:"在欲望中有追求和回避,正如在思考中有肯定和否定。伦理德性既然是种选择性的品质,而选择是一种经过策划的欲望。这样看来,如若选择是一种真诚的选择,那么理性和欲望都应该是正确的。它既是一种肯定,也是一种追求。这样的思考和真理是实践的,至于思辨的思考则不是实践和创制

---

① Franz Brentano, *The Origin of Our Knowledge of Right and Wrong*, trans. by M. Chisholm and H. Schneewind, Routledge and Kegan Paul Ltd., 1969, p. 18.

② Franz Brentano, *The Origin of Our Knowledge of Right and Wrong*, trans. by M. Chisholm and H. Schneewind, Routledge and Kegan Paul Ltd., 1969, p. 18.

的，真与假就是善与恶。(这就是一切思考的功用)而实践和思考的真理要和正确欲望相一致。"① 亚里士多德这段话还透露出另外一个重要内容，那就是善与真的平行类比的方法。对于这点，布伦塔诺不但承接过来，而且进行了发挥。他把类比称为一种光（别忘了他把明察、明见都称为光）："这种光我指的是类比之光，它推动我们的探索继续进行。"② 布伦塔诺对正当的情感——善——的思考，基本上都是在与正确的判断——真——的类比中进行的。

情感正当与否首先不能用它是否与外物符合来判别："当说一种情感是不正当的，是因为它缺少一种与外物的同一性，这种说法是荒谬的。"③ 我们只能说，一种情感与它的对象是否一致。与判断领域存在盲目判断、偏见相似，情感领域也存在着各种本能冲动和习俗性情感，它们可能是纷乱的和相互抵触的，例如感官快乐。这种情感是否正当要依靠一种高级情感来判定。高级情感首先是一种情感，同时又与人的明察能力有割不断的联系，在某种程度上可以说，高级情感是明察在情感领域的实现。"与判断领域的明见相似，在意识活动中会形成一种更加高贵的情感。只要我们的精神生命正常运作——它不被疾病所困扰，或不完全被周遭世界的影响所玷污——这种高级的情感形式对所有人都是相同的。"④ 因此，可以说高级情感是所有正常人都具有的一种能力。凭借这种能力，我们"不仅可以知道某个对象是被爱的和可爱的，而且知道它是值得爱的"⑤。"知道爱"说明高级情感本就含有

---

① 亚里士多德:《尼各马科伦理学》，苗力田译，中国社会科学出版社1999年版，第123页。

② Franz Brentano, *The Foundation and Construction of Ethics*, trans. by H. Schneewind, Routledge and Kegan Paul Ltd., 1973, p. 130.

③ Franz Brentano, *The Origin of Our Knowledge of Right and Wrong*, trans. by M. Chisholm and H. Schneewind, Routledge and Kegan Paul Ltd., 1969, p. 74.

④ Franz Brentano, *The Foundation and Construction of Ethics*, trans. by H. Schneewind, Routledge and Kegan Paul Ltd., 1973, p. 132.

⑤ Franz Brentano, *The Foundation and Construction of Ethics*, trans. by H. Schneewind, Routledge and Kegan Paul Ltd., 1973, p. 132.

智性因素,"值得爱"表明高级情感、善是从对象方面被规定和取得根据的。同样,"恨""恶"也含有智性因素,也是从对象方面被规定的。"被爱对象的缺乏或对立是恨和被恨……而且是值得恨……是恶。"① 由于爱、恨是从对象方面来规定的,对于同一个对象至多就只能有一种情感是正当的,这种正当的情感也可以用来衡量针对于同一对象的其他情感正当与否。"我们也会发现他人的情感态度与我们(经过明察)的情感一致。即使是出于习惯与本能的碰巧一致,我们仍然可以说它们是正当的,虽然这并未被经验为正当。"② 这就是说,对一个对象要么不能赋予情感(布伦塔诺把这种不能具有情感,从而无所谓善恶、无所谓有无价值的东西称为"冷漠之物"[something indifferent]),要能赋予情感的话,这种情感的正当与否就必定是确定无疑的。这种"确定无疑性"包含两层意思:从对象方面看,同一个对象或是值得爱或是值得恨,不能既值得爱又值得恨;从主体方面看,爱值得爱的对象就是正当的情感,爱值得恨的对象就是不正当的情感,正当的情感要么是主体间可以相通的具有直接明察性的高级情感,要么是虽然不具有直接明察性但与高级情感一致的情感。

布伦塔诺以对特定对象的高级情感为基础,来批驳道德相对主义和形式主义。休谟是道德相对主义的代表,他把善恶的标准最终归为快乐或不快,"心灵的任何性质,在单纯的观察之下就能给人以快乐的,都被称为善良的;而凡产生痛苦的每一种性质,也都被人称为恶劣的。这种快乐和这种痛苦可以发生于四种不同的根源。我们只要观察到一个性格自然地对他人是有用的,或对自己是有用的,或对他人

---

① Franz Brentano, *The Origin of Our Knowledge of Right and Wrong*, trans. by M. Chisholm and H. Schneewind, Routledge and Kegan Paul Ltd., 1969, p. 22.

② Franz Brentano, *Die Abkehr vom Nichtrealen*. 转引自 M. Chisholm, *Brentano and Intrinsic Value*, Cambridge University Press, 1986, p. 49.

是愉快的，或对自己是愉快的，就都感到一种快乐"①。这样一种快乐和善在布伦塔诺看来是一种典型的"低级情感"和"依它善"，因而也必定是出于本能的和混乱无序的。这说到底是道德主观主义与相对主义的表征。② 其根源就在于对高级情感的无知，"几乎在休谟的每个词中都泄露出这样一个事实，即他对那类高级情感一无所知"③。与休谟及其追随者的功利主义相反，康德对道德生活的绝对律令式的规定，最终也使道德律令流于空洞的形式。"这样行动：你意志的准则始终能够同时用作普遍立法的原则。"④ 这是康德的一条道德律令，我们先不说它在实践中会是自相矛盾的，从而是行不通的。就从它的普遍有效性上说，康德所认定的"具有基本的律令意识，是纯粹理性的一个事实"，也仅是一种"诗意的、心理学的幻想"。⑤ 这种"基本意识"仅仅是一种设定，它缺乏深层的明察、明见与高级情感作为基础，因而最终流于一种形式主义，成为一种"良好的愿望"。

从上文我们看到，正确的判断是真，正当的情感是善。那么真是不是一种善？善又是不是包含着真？要弄清二者关系，我们还是先来看一看真的基础（明见）、善的基础（高级情感）以及二者的共同基础（明察）三者的关系。明察是人的一种天生能力，在判断领域它呈现为明见，在情感领域它与高级情感联系在一起。判断与情感，也即相应的真与善，其领域是具有严格区分的两个不同的独立领域，虽然二者可以类比。判断的对象可以涉及情感的存在与不存在，但这时发生的

---

① 休谟：《人性论》（下册），关文运译，商务印书馆1997年版，第633页。
② Franz Brentano, *The Origin of Our Knowledge of Right and Wrong*, trans. by M. Chisholm and H. Schneewind, Routledge and Kegan Paul Ltd., 1969, pp. 84-86.
③ Franz Brentano, *The Origin of Our Knowledge of Right and Wrong*, trans. by M. Chisholm and H. Schneewind, Routledge and Kegan Paul Ltd., 1969, p. 21.
④ 康德：《实践理性批判》，韩水法译，商务印书馆2000年版，第31页。
⑤ Franz Brentano, *The Origin of Our Knowledge of Right and Wrong*, trans. by M. Chisholm and H. Schneewind, Routledge and Kegan Paul Ltd., 1969, p. 49.

是以真假为标准的判断活动而非情感活动；判断活动可以引发情感也可以伴随情感，但判断活动本身并非情感活动。比如为真的判断可以引起或伴随愉悦的情感，为假的判断可能引发或伴随不快的情感。① 布伦塔诺明确反对文德尔班的做法，即把肯定或否定、承认或拒绝本身当作情感，从而把真假，即判断领域，完全归于情感领域，这样一来就完全取消了知识领域的独立性。② 至于明察与善或高级情感的关系，前面已经提到，善、正当的爱本身就具有智性，具有明察；反过来，"每一种明察都是自在善"③。由此可见，二者是互包互含、融为一体的。我们不能说两者在价值层次上孰高孰低，像柏拉图与亚里士多德所不公正地认为的那样（他们都认为理智行为优先于道德行为），而只能说一方不能完全离开另一方。同时，任何既定的爱的行为与明察行为都是一种有限的善，我们"应当尽力实现和协调我们所有的高贵能力"④，而不能为了单纯的比较去人为地将它们拆分，这也符合后文要提到的整体善高于部分善的价值总量原则。

四、价值层次与至善

与真不同（我们不能说更真），善可以说"更善""更好"。那么由什么来确定几个对象中哪一个更好呢？布伦塔诺认为是用一种"偏爱"来确定。偏爱属于情感，也有正当与不正当之分。偏爱的基本条

---

① Franz Brentano, *The Origin of Our Knowledge of Right and Wrong*, trans. by M. Chisholm and H. Schneewind, Routledge and Kegan Paul Ltd., 1969, p. 22.

② Franz Brentano, *The Origin of Our Knowledge of Right and Wrong*, trans. by M. Chisholm and H. Schneewind, Routledge and Kegan Paul Ltd., 1969, pp. 55-58.

③ Franz Brentano, *The Origin of Our Knowledge of Right and Wrong*, trans. by M. Chisholm and H. Schneewind, Routledge and Kegan Paul Ltd., 1969, p. 28.

④ Franz Brentano, *The Origin of Our Knowledge of Right and Wrong*, trans. by M. Chisholm and H. Schneewind, Routledge and Kegan Paul Ltd., 1969, p. 33; *The Foundation and Construction of Ethics*, trans. by H. Schneewind, Routledge and Kegan Paul Ltd., 1973, p. 197.

件是：所指向的对象是值得爱的，同时我们对这种爱又有一种明察。运用这个依据我们可以区分开善与非善，并且可以影响实践中的选择行为。布伦塔诺运用明见制定了一系列正当的偏爱原则，其中前两个原则就可用于区分善与非善，从而弃恶扬善：（1）我们偏爱某种善的和知道会成为善的东西胜过那些恶的和知道会成为恶的东西；（2）我们偏爱某种知道会成为善的东西的存在胜过它的非存在，而且偏爱某种知道会是恶的东西的非存在胜过它的存在。那么对于两个同为善的对象，我们该偏爱哪一个呢？布伦塔诺的回答是，对于两个不同类型的善，其价值不能比较，因而也不能正当地偏爱某一个，就像上文提到的明察与高级情感不能进行价值比较一样；但在整体善与它所包含的部分善之间，无疑要坚持一种"总量原则"，这就是正当的偏爱原则中的第三条——（3）我们偏爱几个善的总体胜过其中某一种善。①

上面的偏爱原则可以用于表象领域，从而制定出表象领域的一系列价值位序。布伦塔诺认为这种位序对于美学是根本性的。（1）丰盈的表象比贫乏的表象更有价值；（2）有关精神的表象比有关物体的表象更有价值；（3）那些关于更好的、更高贵的，总之，那些关于更有价值的表象本身就具有更高的价值；（4）一个东西的本真表象比它的代理表象更有价值；（5）一个清明的表象比一个含混的表象更有价值；（6）通过直观联结起来的复合表象比通过谓述联结起来的更有价值。②

以上所制定的偏爱原则、价值层次虽然可以影响行为，但从根本上说它们还是明见的结果，属于认识领域和理论行为。道德中更为重要的是要在现实的活动中超出单纯的偏爱，做出具体的选择，因此

---

① Franz Brentano, *The Origin of Our Knowledge of Right and Wrong*, trans. by M. Chisholm and H. Schneewind, Routledge and Kegan Paul Ltd., 1969, pp. 27-28; *The Foundation and Construction of Ethics*, trans. by H. Schneewind, Routledge and Kegan Paul Ltd., 1973, p. 194.

② Franz Brentano, *The Foundation and Construction of Ethics*, trans. by H. Schneewind, Routledge and Kegan Paul Ltd., 1973, pp. 198-199.

道德生活中的选择行为与偏爱还是有本质区别的:"做出一个选择就是给出一种偏爱,但并不是所有的偏爱都是选择。"① 具体而言,一种偏爱要成为一个选择必须具备两个条件:(1)它必须成为一个决断;(2)它必须指向我们所渴求的某种东西,这种东西不仅是我们想要完成的,而且也是我们能够完成的。② 这就是说,真正的道德行为是一种实践行为。在布伦塔诺看来,整个道德实践行为又都受制于一种至善原则。"最高的实践之善的领域是一个整体的区域,就任何善的东西都能在这个区域产生而言,它受到我们理智活动的影响。"③ 例如我们在选择的时候不仅要考虑自己,而且必须考虑家庭、城市、国家以及地球上的所有生灵;不仅要考虑当下,而且必须考虑长远的未来。如果能够把对高级的善的拥有称为幸福的话,实践中之至善也可表述为:"在我们的影响所及的范围内,给尽可能多的生灵以尽可能大的幸福。"④ 这种至善原则可以与基督教的教导相吻合。例如"爱上帝胜过一切",当然这里的上帝不能被理解为人格化的上帝,而应被正确地领悟为所有生灵、所有善的整体,领悟为至善;"爱邻人如爱自己",这里的邻人应被正确地领悟为人类。⑤ 这就是布伦塔诺内在价值论的最终归宿。在至善原则中,在对万物、对人类的普遍之爱中,也找到了法律和道德的天然依据。⑥ 同时,以追求至善和广博之爱为最终指向的美德也成

---

① Franz Brentano, *The Foundation and Construction of Ethics*, trans. by H. Schneewind, Routledge and Kegan Paul Ltd., 1973, p. 200.

② Franz Brentano, *The Foundation and Construction of Ethics*, trans. by H. Schneewind, Routledge and Kegan Paul Ltd., 1973, p. 200.

③ Franz Brentano, *The Origin of Our Knowledge of Right and Wrong*, trans. by M. Chisholm and H. Schneewind, Routledge and Kegan Paul Ltd., 1969, p. 32; *The Foundation and Construction of Ethics*, trans. by H. Schneewind, Routledge and Kegan Paul Ltd., 1973, p. 204.

④ Franz Brentano, *The Foundation and Construction of Ethics*, trans. by H. Schneewind, Routledge and Kegan Paul Ltd., 1973, p. 204.

⑤ Franz Brentano, *The Origin of Our Knowledge of Right and Wrong*, trans. by M. Chisholm and H. Schneewind, Routledge and Kegan Paul Ltd., 1969, p. 41.

⑥ Franz Brentano, *The Origin of Our Knowledge of Right and Wrong*, trans. by M. Chisholm and H. Schneewind, Routledge and Kegan Paul Ltd., 1969, p. 35.

为布伦塔诺所设想的构建新型社会关系的基础。

结语

无疑,布伦塔诺对后世哲学的影响是巨大的。且不说他开创了一个价值学派,在20世纪引领德国哲学潮流的现象学的"三巨头",无一不受到他的深刻影响。作为布伦塔诺的亲传弟子,胡塞尔的意向性分析、直观明见以及前期的描述心理学的哲学进路,都大大地受惠于其老师。被人们普遍忽视的还有胡塞尔所传承的道德—价值论与逻辑学的类比方法,只要翻开《伦理学与价值论的基本问题》①的目录,这种传承就会一目了然。舍勒对价值问题的关注,对康德形式主义伦理学的批判,对价值位序的直观,对爱的共同体的强调,都或多或少地从布伦塔诺那里获得了资源和激励。海德格尔明言:"布伦塔诺的博士论文《跟随亚里士多德论存在的多重含义》(1862年),就是我最初笨拙地尝试去钻研哲学的拐杖了。"②早期海德格尔对亚里士多德的哲学钻研长达十年之久,不能不说在某种程度上是受到布伦塔诺思想的推动;在海德格尔终其一生对存在的领悟中,总能看出布伦塔诺洞识到的明察、明见和高级情感的影子。由此可见,施太格缪勒的评断"如果没有他(布伦塔诺),整个现象学哲学就是不可想象的"③,虽然听起来有些夸张,但也绝非无稽之谈。

布伦塔诺为自己所设定的主要任务之一就是要试图克服道德—价值上的相对主义。他完成这一任务了吗?从他的理论中看,最终找到了普遍有效的真和善,似乎完成了他所设定的任务。但也仅是"似

---

① 胡塞尔:《伦理学与价值论的基本问题》,艾四林等译,中国城市出版社2002年版。
② 海德格尔:《我进入现象学之路》,陈小文译,载《海德格尔选集》,上海三联书店1996年版,第1280页。
③ 施太格缪勒:《当代哲学主流》(上卷),王炳文等译,商务印书馆1986年版,第41页。

乎"而已,而且是以科学—理论的方式。我们这里姑且不去细究他理论方面的诸多漏洞(任何理论都不能最终凭其自身达到圆融,因为每一种理论都要预先设定一些东西),例如布伦塔诺理论中的"表象(观念)""对象的存在与非存在""高级情感"等一些基本词汇就不是非常清楚;又如在寻求真和善的最终依据时,他一会儿说它们出于对象自身,一会儿又说它们出于人的明察、明见和高级情感,这显然是一种意向性内部的二元论。我们一点儿也不怀疑布伦塔诺确实明察到了一些重要的东西,但这些明察却被他所追求的科学—理论的哲学形式或多或少地遮蔽了。

我们现在想进一步追问的是,究竟能否以"理论"中谈到的价值的普遍有效性来克服现实社会历史中的相对主义?我们知道,科学—理论是以普遍有效性为追求的,而且一旦成型,就会向大众传播,成为公众的共识。仿效科学—理论的哲学能做到这一点吗?我们所知道的实际情况是,布伦塔诺的理论只被有数的几个人所接受,也就是说,他的理论只是为相对主义的时代又多增添了一种观点。(在现今不妙的相对主义时代,又有哪一种追求普遍有效性的理论哲学能超出"成为一种观点"的命运呢?)布伦塔诺向往"兼济天下",看来只能"独善其身"了,如果他相信从而践履他自己的理论的话。在相对主义的时代,各种思想资源只能被各种不同的观点相对地、肢解地利用。同样的命运也落在布伦塔诺自己哲学的身上,想一想摩尔把布伦塔诺的"明察""明见""高级情感"通俗化为"直觉""常识""像'黄色'一样的善"就够了。看来"唯我所用""为我所用"就是相对主义时代的逻辑。

相对主义的混乱和价值无序是我们所不想要的,试图克服相对主义的理论哲学只是一种隐蔽的相对主义,最终会融进相对主义的大合唱。看来并不是哪一种理论哲学出了问题,而是所有仿效科学的理论哲学普遍出了问题,不管这种对科学的仿效所采用的是什么样的名号

（心理学的、人类学的、逻辑学的、历史—文化科学的、精神科学的、批判科学的、世界观科学的、源初科学的等等）。面对时代的相对主义旋涡，我们有路可走吗？敢问路在何方？

该文原载《浙江学刊》2003 年第 3 期

超越的存在、意向的存在与真实的存在
——兼论布伦塔诺的"意向性"问题

《学术月刊》2006年6月号发表了"意向性：现象学与分析哲学"专题讨论。① 诸位先生分别在自己的学问专长现象学、分析哲学、海德格尔学和政治神学的背景中讨论了"意向性"问题，使人眼界大开。然而，美中不足的是，在这组讨论中没能看到关于现代哲学中"意向性"主题的首倡者布伦塔诺的专论。笔者不揣浅陋，尝试弥补这一缺憾。本文试图表明，"意向的"论题在布伦塔诺思想中远未主题化，它可被"对象的"主题所取代；布伦塔诺将"意向的内存在"引入现代哲学不仅是为了区分心识现象与物理现象，更是为了厘清"超越的存在""意向的存在"与"真实的存在"诸层次；"意向的"向"意向性"主题的转化表明哲学的多重退让。

一、"意向的"与"对象的"

不少论者指出，布伦塔诺从未用过"意向性"（Intentionalität）这个词，甚至没用过"意向"（Intention）这种名词形式，他所用的是其形容词形式"意向的"（intentionale），如"对象的意向的内

---

① 亦可参见《人大复印报刊资料·外国哲学》2006年第9期，第20—34页。

存在"(intentionale Inexistenz eines Gegenstandes)、"意向的存在"(intentionale Existenz)、"意向的关系"等。即便"意向的"这个形容词，在布伦塔诺已面世的文字中也寥寥可数。① 在其代表作《出自经验立场的心识学》② 初版中，布伦塔诺甚至没有对"意向的"进行任何专门解释。一方面，"意向的"出现在与"内存在""存在"等词语连接的短语中，随后的解释都是针对此短语而发，如把"对象的意向的内存在"解释为"指涉一种内容或对象""内在对象性"等。另一方面，在带有"意向的"的短语中，布伦塔诺一般会提供与"意向的"相近的用语。例如在"对象的意向的内存在"中，他以"精神的"(mentale)作为"意向的"替代；在"意向的存在"中，他将"现象的"(phänomenal)与"意向的"相提并论。这表明，在布伦塔诺写作《出自经验立场的心识学》时期，"意向的"含义并未固定，它在不同文脉中有不同的含义，同时它也是附带被提及而非专题被讨论的。

1911年，布伦塔诺以"论心识现象的分类"为题重版《出自经验

---

① 可参见 Herbert Sopiegelberg, " 'Intention' and 'Intentionality' in the Scholastics, Brentano and Husserl", in *The Philosophy of Brentano*, ed. by L. L. McAlister, London: Gerald Duckworth and Co. Ltd., 1976, p. 119; Joseph Margolis, "Reflections on Intentionality", in *The Cambridge Companion to Brentano*, ed. by Dale Jacquette, Cambridge, 2004, pp. 131-134; 倪梁康：《自识与反思》，商务印书馆2002年版，第346页。

② 之所以不把 Psychologie 译为"心理学"，是因为布伦塔诺所倡导的 Psychologie 与通常意义上的心理学有根本区别。他曾把自己的 Psychologie 称为"描述的"(deskriptive)，而将冯特代表的心理学称为"发生的"(genetik)；前者通过内知觉对心识现象进行直接觉察和描述，后者通过观察、反思和推理对心理现象的前因后果进行解释。在19世纪80年代后期的一系列讲座中，布伦塔诺干脆用 Psychognosy 来称谓自己的研究领域。(参见 Franz Brentano, *Descriptive Psychology*, London: Routledge, 1982) Psychognosy 在"心"(ψυχή)的后面加了"奴斯"(νοῦς)。笔者曾把 Psychognosy 译为"心灵学"(参见郝亿春：《伦理学的基础与善的原则——从休谟、康德到布伦塔诺》，《南京大学学报[哲学·人文科学·社会科学]》2005年第5期，该文亦收录于本书，见本书第305—324页)，译为心灵学的问题在于：容易使人产生有关宗教和神秘主义方面的联想，因为基督教传统中有影响颇广的"灵知主义"(Gnosticism)。现改译为"心识学"。本文取于《出自经验立场的心识学》的引文均译自英文本 Franz Brentano, *Psychology from an Empirical Standpoint*, London: Routledge, 1995; 关键词汇标注德文，参照 Franz Brentano, *Psychologie vom empirischen Standpunkt*, Leipzig: Felix Meiner Verlag, 1924。

立场的心识学》，不同之处只是加了一些附录和注释。其中极为显眼的是专门对"意向的"附加了较长的注，这个晚年所做的注释可被看作布伦塔诺对"意向的"定论。他说：

> 这个表述（指"意向的"——引者注）已经被误解了，因为一些人想当然地将其理解为意图（Absicht）和对一个目标的意求。鉴于此，最好的办法是完全避免使用这个表述。经院哲学家们常用"对象的"（objektiv）这个表述取代"意向的"这个表述。这是因为对于心识行为的主体而言，总是有作为对象的某种东西，这种东西以某种方式呈现在他意识中，不论只是想到它还是欲求和回避它等等。我之所以选用"意向的"这个表述，是因为在我看来，如果我将思想的对象描述为"对象性地存在"，则会带来更大的——被误解的——危险，因为如今论者们一般用这个表述来指称与"单纯主观现象"相对立的实际存在。①

显然，直到晚年，布伦塔诺都认为"意向的"这个表述是可以"完全避免"的，也就是说它最终未取得术语的位置，取而代之的最合适词选是"对象的"。据此，我们的主题推进到对"对象的"剖析。

"对象的"由名词"对象"派生。在布伦塔诺那里，Objekt（对象）与Gegenstand（对象）几乎不做区分。Gegenstand由两个词复合而得，Gegen的意思是"朝""向""对"，stand的意思是"站""立"，合起来的意思就是"对着……而立"。照常识看来，"对象"就是一个东西对着另一个东西而立，这两种东西都是实际存在的。在布伦塔诺的时代，普通哲学的观念已经趋近于常识，因而他才会说，"如今论者们一般用这个表述（指"对象性地存在"——引者注）来指称与'单

---

① Franz Brentano, *Psychology from an Empirical Standpoint*, London: Routledge, 1995, pp. 180-181.

纯主观现象'相对立的实际存在"。这种常识观点所认定的实际存在的对象从布伦塔诺的立场看属于"超越的存在"①。科学和哲学的眼光注定不同于常识的眼光,虽然这三种眼光所看到的东西都可以说是"经验"的——其实是三种截然不同的"经验"。

布伦塔诺将自己的"心识学"标示为"出自经验立场的"。这里的"经验"(Empirem)一方面可以是常识意义上的经验,比如平时所讲的"生活经验""历史经验"等。另一方面是科学—哲学意义上的严格经验,这又可分为两种情形:其一是经验对象,比如看到的红(事物);其二是经验行为,比如"看"这种行为本身,这时"经验"是动词态。布伦塔诺主要是在动词态的意义上使用"经验"一词。"经验"又可分为"观察(Beobachtung)经验"和"内知觉(innere Wahrnehmung)经验",前者与经验对象有间隔,而后者与经验对象无间隔。所谓"间隔"无非两种:空间间隔与时间间隔。当以外感觉来经验时,经验者与对象具有空间间隔;当对感觉行为反思时,反思行为与被反思的感觉行为具有时间间隔。比如,我看到红(的东西)②,这种看到的对象和我之间存在着空间间隔;当我反思我刚才所进行的"看"这种行为时,我的"反思"行为与"看"的行为具有时间间隔。这种有间隔的情形都属于观察经验或反思经验,各种具体科学都以观察经验或反思经验所获得的材料为基础。内知觉经验与经验对象之间不但没有空间间隔,而且也是同时性的。例如,我在看的同时就会觉察到我在看,我在愤怒的同时就会觉察到我在愤怒。布伦塔诺也将这

---

① 这里的"超越的"(transzendent)与"内在的"(immanent)相对,也和严格意义上的"经验的"相对。
② 布伦塔诺的思想在1905年前后发生了重大变化。他自己讲:"我思想中最为重要的改变是,心识关系所指向的对象只能是实事(Reales)而不能是其他东西。"(Franz Brentano, *Psychology from an Empirical Standpoint*, London: Routledge, 1995, p. xxvi)这可例示为,由前期的"看到红"转变为"看到红的东西"。(可参见 Franz Brentano, *The Theory of Categories*, trans. by R. M. Chisholm and N. Guterman, Boston and Dordrecht: Martinus Nijhoff, 1981)这种转变不会对我们所探讨的主题构成实质性影响。

种内知觉经验称为"内意识"（inneren Bewusstsein），它具有"直接的、不谬的明证性（Evidenz）"[1]。

内知觉经验与观察经验的另一个重大差异是经验对象不同。内知觉经验的对象是"心识现象"，而观察经验的对象是"物理现象"[2]。前者包括表象行为、判断行为和爱恨行为等[3]；而后者包括看到的颜色、形状，听到的声音，感触到的冷暖和气味，等等。这里可能出现的疑惑是，作为内省或反思对象的前序心识现象应属心识现象还是物理现象？比如上文提到的对"看"和"愤怒"行为的反思。进行中的看和愤怒行为无疑属于心识现象，如果它们被反思，看和愤怒就失去了其原本行为的性质，进行了性质变异。心识现象的这种性质变化是通过反思行为发生的，而在反思行为中，反思行为本身就成为现时进行的心识现象。如此，作为反思对象的前序心识现象与反思行为之间存在着时间间隔，反思行为是心识现象，作为反思对象的前序心识现象就是物理现象。这里出现了由心识现象向物理现象的转渡：当"看"或"愤怒"作为行为本身时，属于心识现象；当它们作为反思的对象时，属于物理现象。其根本差异在于心识现象是当下进行的，而物理现象在间隔中成为对象。

在布伦塔诺看来，心识现象本身可以当下毫无变异地成为自身的对象。这是因为心识现象本身包含着一种"内意识"或"内知觉"，后

---

[1] Franz Brentano, *Psychology from an Empirical Standpoint*, London: Routledge, 1995, p.91.

[2] 通常将布伦塔诺所说的 physische Phänomenen 译为"物理现象"，而将 psychischen Phänomenen 译为"心理现象"。正如他的心识学不是通常意义上的心理学一样，心识学的主题是"心识现象"。布伦塔诺自觉地将有关心识现象的思想追溯到古希腊。与此相应，physische Phänomenen 也就不是指现代物理学意义上的物理现象，而是指更为广泛的自然现象，以此为主题的科学就是自然科学。（参见 Franz Brentano, *Psychology from an Empirical Standpoint*, London: Routledge, 1995, pp.97-100）

[3] 对诸类心识现象及其关系的讨论，请参照郝亿春：《正确的判断与正当的情感——对布伦塔诺"内在价值论"的探析》，《浙江学刊》2003年第3期或《人大复印报刊资料·外国哲学》2003年第9期，该文亦收录于本书，见本书第9—25页。

者伴随心识行为始终。这种内意识的对象并非心识行为的外在（或间隔）对象，而是心识行为本身。它一方面可以对心识行为有一种直接的原本觉察；另一方面又不会给心识行为带来丝毫额外的损益。例如，在看的时候我会觉察到我在看，在愤怒的时候我会觉察到我在愤怒，如果不刻意反思这些行为，这时觉察到看和觉察到愤怒并不会影响进行中的看和愤怒的行为。"内意识"或"内知觉"是心识行为中最终的知觉形式，也就是说它不能，也没必要再被随后的意识所直接觉知。这种与对象无间隔的意识或知觉被布伦塔诺称为"内在对象性"的，这也是心识现象的题中应有之义。布伦塔诺说：

> 每种心识现象都被一种东西所标识，中世纪经院哲学家称这种东西为关于一个对象的意向的（即精神的）内存在①，我们也可以——虽然并非是一个完全明白无疑的表述——称之为关涉一种内容、指涉一个对象（这里不应被理解为一种实在 [Realität]），或者是一种内在对象性（immanent Gegenstandlichkeit）。②

如此，出现了三种"对象性"：常识意义上的主客体间的"超越对象性"；心识现象与它所指向的物理现象构成的"外在对象性"；心识现象的内意识与心识行为本身构成的"内在对象性"。在严格的哲学分析中，常识意义上的对象性可暂且置而不论。而每种心识行为都

---

① 国内学界受海德格尔学的影响，一般将 Sein 译为广义的"存在"，而将 Existenz 译为"实存"，并将实存看作某种向度上的存在（参见孙周兴：《本质与实存——西方形而上学的实存哲学路线》，《中国社会科学》2004 年第 6 期）。布伦塔诺对二者并未作严格区分，源于他在范畴论上试图化亚里士多德所谓的多义"存在"为单义"存在"，即试图从根本上打掉"存在"的"本质"维度；同时，从严格的经验立场出发，他又把"存在"区分为"超越的存在""意向的存在"和"真实的存在"。鉴于此，在布伦塔诺这里，Sein 和 Existenz 均译为"存在"，相应地 Inexistenz 译为"内存在"。有人将 Inexistenz 译为"非存在"（参见达米特：《分析哲学的起源》第五章，王路译，上海译文出版社 2005 年版），笔者认为是不妥的。

② Franz Brentano, *Psychology from an Empirical Standpoint*, London: Routledge, 1995, p.88.

包含着外在与内在两种对象性，因此，当布伦塔诺讲"每种心识现象在自身中都包含作为其对象的某种东西"① 时，这里的"对象"既包含外在对象，也包含内在对象。比如"看"，其外在对象是看到的颜色（东西），内在对象是看的行为本身。这里的"外在对象"与"物理现象"基本是一致的。布伦塔诺也称外在对象为"一序对象"（primärem Objekt），内在对象为"二序对象"（sekundärem Objekt）。于是一序对象与二序对象之间也存在着一种转渡。直到晚年，布伦塔诺仍然持守这一主张。他写道："所有指向我们自己心识经验的记忆或期待是把这些经验作为其一序对象的，而将其自身作为二序对象。"② 一般说来，在发生的程序上，一序对象是基础，声音在听之前。不过情况也不尽然。在漆黑的夜晚，或是在万籁俱寂的处境中，虽然没有看到或听到任何外在对象（一序对象），但看和听的行为（二序对象）仍然能够存在；我们仍然可以反思这种没有外在对象的看和听，即它又可以转渡为一序对象。情态状况亦然。对"无"的畏或"无聊"的情态可以没有一序对象，否则就不是真正的畏或无聊了；可是畏或无聊作为二序对象还是对象性的，否则我们就无法觉察到自己的畏或无聊情态了，这当然不是在反思中觉察，而是在伴随着畏或无聊的直接内意识或内知觉中觉察。

二、超越的存在、意向的存在与真实的存在

布伦塔诺对内在对象与外在对象即对一序对象与二序对象的区分

---

① Franz Brentano, *Psychology from an Empirical Standpoint*, London: Routledge, 1995, p. 88.
② 参见 Franz Brentano, *Psychology from an Empirical Standpoint*, London: Routledge, 1995, p. 278；亦可参见 Franz Brentano, *Sensory and Noetic Consciousness*, Routledge & Kegan Paul, 1981, p. 57. 以此看，倪梁康先生的下述说法似有不确之处："布伦塔诺在以后……不再坚持关于'第二性客体'和'第二性意识'的说法和主张。"（倪梁康：《自识与反思》，商务印书馆2002年版，第361页）

从根本上说是为了从意向的存在中厘析出真实的存在。他写道：

> 我们认为，心识现象就是唯独能被知觉——在这个词严格的意义上——的那些现象。因而可以说，只有心识现象在具有意向存在的同时具有真实的存在（wirkliche Existenz），认识、快乐和欲求真实存在。颜色、声音和温热只具有现象的和意向的存在。①

所谓在"知觉"这个词的"严格的意义上"，是指"知觉"这个词本身就包含着"真实"的意思。在德文里，"知觉"（Wahrnehmung）一词前半部分是"真实"（Wahr）的意思。布伦塔诺所讲的"内知觉"其实就是"知觉"。严格讲来，"外知觉"（ausseren Wahrnehmung）并非真正的知觉，因为它不仅缺乏直接明证性，而且即便"通过间接的推演，也无法获得真的和实在的现象"②。

根据上文布伦塔诺给出的以"对象的"置换"意向的"提示，物理现象的"意向的存在"就意味着颜色、声音和温热这些现象是作为"对象的存在"，即颜色是看的对象，声音是听的对象，温热是触的对象，这里的"对象"指的是心识行为的外在对象，也即一序对象。而认识、快乐和欲求这些心识现象是内在对象，因而它们首先也属意向的存在。与物理现象不同的是，它们除了意向的存在，还具有一种"真实的存在"。这"真实"由何而来？布伦塔诺说：

> 我们将心识现象界定为内知觉的专有对象，因而，只有这些现象才能被直接明证地知觉到。实际上，在知觉这个词的严格意义上，只有心识现象才能被知觉到。以此为基础，我们继续将心识现

---

① Franz Brentano, *Psychology from an Empirical Standpoint*, London: Routledge, 1995, p. 92.
② Franz Brentano, *Psychology from an Empirical Standpoint*, London: Routledge, 1995, p. 91.

象界定为在拥有意向的存在之外且拥有真实存在的唯一现象。①

显然,心识现象之所以拥有"真实存在",是因为它"能被直接明证地知觉到",这就开启了由认知推进到"存在"的全新通道。

在布伦塔诺的思想中,"存在"主题奠基于判断行为②领域。判断即断定一种对象存在或不存在,其所断定的对象既可以是内在对象(心识现象),也可以是外在对象(物理现象),甚至可以是超越对象(常识现象)。布伦塔诺所讲的"判断"并非如前人所主张,即将一偶性归附于一主词之上,如"我在看""此桌子是黄色的"(The table is yellow)等。布伦塔诺称传统的命题为"范畴命题",他认为要想深究判断的真假,必须将范畴命题全部转化为"存在命题"。前述两个命题可转化为"看着的我在""一个黄色的桌子存在"(There is a yellow table)。从传统逻辑学的视角看,范畴命题有下述四类:特称肯定、全称否定、全称肯定和特称否定。在布伦塔诺看来,这四类范畴命题都可被意义不变地改写为存在命题。在每类命题中,布伦塔诺各举了一个例子来具体演示:"有人是病的"这个特称肯定命题可改写为存在命题"一个病人存在";全称否定命题"没有石头是活的"可改写为存在命题"一块活的石头不存在";全称肯定命题"所有的人都是有死的"可改写为存在命题"一个不死的人不存在";特称否定命题"有些人是不学无术的"可改写为存在命题"一个不学无术的人存在"。③显然,布伦塔诺所举例句中判断的对象均为常识意义上的超越对象。这也表明,范畴命题转化为存在命题仅是句式上的改写,至于此判断究竟为

---

① Franz Brentano, *Psychology from an Empirical Standpoint*, London: Routledge, 1995, p. 97.
② 对布伦塔诺思想中有关"判断"与"存在"关系的讨论,亦可参见郝亿春:《伦理学的基础与善的原则——从休谟、康德到布伦塔诺》第三部分,《南京大学学报(哲学·人文科学·社会科学)》2005年第5期,该文亦收录于本书,见本书第305—324页。
③ Franz Brentano, *Psychology from an Empirical Standpoint*, London: Routledge, 1995, p. 213.

真还是为假，以及所判断的对象究竟是明证的还是盲目的等问题，在命题的改写过程中是无须顾及的。

将范畴命题改写为存在命题后，又如何断定一个存在命题的真与假呢？布伦塔诺发现：

> 如果一个判断断定一个对象是存在的，而这个对象又存在，那么这个判断是真的；如果一个判断断定一个对象是不存在的，而这个对象又不存在，那么这个判断也是真的。①

据此也可以推论：如果一个判断断定一个对象是存在的，而这个对象不存在，那么这个判断是假的；如果一个判断断定一个对象是不存在的，而这个对象存在，那么这个判断也是假的。显然，不论判断的结果为真还是为假，都必须回溯到所断定对象的存在与否；反之，也可以从一个为真的肯定判断推知所断定之物的存在："当说一个肯定的判断为真时，所说的就是其对象是存在的。"② 如此就将判断的真与判断对象的存在内在关联起来，布伦塔诺自己称这种"真理"为"存在意义上的真"③。当然，这里的"存在"既可以是超越的，也可以是意向的，更可以是真实的。与此相应，真在不同层面也具有不同的意义和标准。

那么，对于判断所及的不同种类的存在对象，所能确保的是其何种意义上的存在及何种意义上的真呢？上文提到，如果从严格的经验

---

① 转引自 Charles Parsons, "Brentano on Judgment and Truth", in *The Cambridge Companion to Brentano*, ed. by Dale Jacquette, Cambridge, 2004, p. 183. 这令我们想起后来塔斯基对"真"的著名界定："'雪是白的'是真的当且仅当雪是白的。"追溯起来，塔斯基算布伦塔诺的徒孙。

② Franz Brentano, *The Origin of Our Knowledge of Right and Wrong*, trans. by R. M. Chisholm and H. Schneewind, Routledge and Kegan Paul Ltd., 1969, p. 74.

③ Franz Brentano, *The Origin of Our Knowledge of Right and Wrong*, trans. by R. M. Chisholm and H. Schneewind, Routledge and Kegan Paul Ltd., 1969, p. 73.

立场看，判断对象无非"超越对象""外在对象"和"内在对象"三类。超越对象属常识之列，其存在与否靠常识定夺。以之为对象的判断的真假也是在常识意义上而言的，这种"真"严格讲来属意见（δόξα）领域。从布伦塔诺的立场看，外在对象也就是物理现象，它只具有意向的存在，而不具有真实的存在。也就是说物理现象不具有直接明证性，对其存在与否的判断源于一种存在信念。布伦塔诺称这种不具明证性、只靠信念来确定的判断为盲目判断。相应地，盲目判断得出的真假也是在信念意义上的真假。相反，内在对象即心识现象拥有真实的存在，也就是说心识现象具有直接明证性，严格讲来，心识现象的真实存在是以其直接明证性为前提的。以心识现象为对象的判断就是明证判断。"真实的存在"与为真的明证肯定判断之对象是完全一致的，例如，如果"我在看"这个明证肯定判断是真的，也就意味着"看着的我"真实存在。这种判断的真才是严格意义上的真（ἀλήθεια），即它意味着一种真实存在。

布伦塔诺虽然弱化了亚里士多德对"存在"在实体与偶性方面的多重含义的划分，但在常识现象、物理现象与心识现象的存在方面，布伦塔诺却做出了超越的存在、意向的存在与真实的存在这种严格的异质性区分。与之相应的是盲目的常识、信念概率之真与明证之真的区分。布伦塔诺的卓越探究表明，如今仍横加区隔的"存在论"与"认识论"原本是一体的。对超越的存在、意向的存在与真实的存在的区分须回溯到对常识、概率信念与直接明证这种认知方式的区分，与此对应的是三种截然不同的看待世界的视角——常识的、自然科学的与严格哲学的。

三、从"意向的"到"意向性"

布伦塔诺之后，不论在欧陆还是在英美哲学界，不约而同从他的思想中引发出"意向性"学说。出于本文的主题及容量所限，这里只能站在布伦塔诺的立场上扼要点评这两种"意向性"学说的进路。

"意向的"之于布伦塔诺是非主题化的和可完全避免的，然而到了其弟子胡塞尔那里，却"把意向性作为无处不在的包括全部现象学结构的名称来探讨"[①]。布伦塔诺引入"意向的"原则是为了从根本上区分物理现象与心识现象，前者只有意向的存在，而后者具有真实的存在。这里所谓"真实的存在"是由内知觉的明证性对心识现象做出的判断。胡塞尔的意图显然不是区分物理现象与心识现象。他在《逻辑研究》中就已对布伦塔诺所持的基本区分进行了改造：

> 我可以怀疑，究竟是否有一个外在对象存在，一个与外在对象有关的知觉是否正确；但我不能怀疑被体验到的这个知觉的感性内容——当然，只要我对它进行"反思"并且直观它本身所是。因此，我们有对"物理"内容的明证知觉，同样也有对"心识"内容的明证知觉。[②]

显然，胡塞尔所谓的"外在对象"是布伦塔诺所置而不论的"超越对象"，虽然前者草率地将后者的"物理现象"误识为他自己所讲的"外在对象"。[③] 而布伦塔诺所讲的通过感觉呈现的"物理现象"却

[①] 胡塞尔：《纯粹现象学通论》，李幼蒸译，商务印书馆1995年版，第210页。

[②] 胡塞尔：《逻辑研究》（第二卷第二部分），倪梁康译，上海译文出版社1999年版，第242页。由于胡塞尔这里在谈论布伦塔诺，为了与后者的用语保持一致，相关词汇翻译对照原文有改动。

[③] 胡塞尔认为："布伦塔诺前后一致地不仅将那些外在事物，而且也将这些内容（指实项地属于知觉的体现性内容。——引者注）称之为'物理现象'。"（胡塞尔：《逻辑研究》，倪梁康译，上海译文出版社1999年版，第241页）胡塞尔并未指明此论断的依据。根据研究布伦塔诺的权威学者克劳斯（Oskar Kraus）的看法，前期的布伦塔诺只有一次将看到的景色，即一种外在事物，作为物理现象的例子。他认为这纯属布伦塔诺一时疏忽失语所致。因为在除此以外的所有情况下，布伦塔诺都未曾将外在事物而是将感觉素材作为物理现象，如声音、颜色、温热、味道等。（参见 Franz Brentano, *Psychology from an Empirical Standpoint*, London: Routledge, 1995, p.79）

被胡塞尔转化为"知觉的感性内容",这种内容在后者看来是被实项地体验到的。在胡塞尔看来,布伦塔诺所讲的心识现象也是被实项地体验到的。如此,物理现象与心识现象在胡塞尔这里就不再具有实质性区分,意向的存在与真实的存在之间所具有的盲目判断与明证判断这种根本区分也被轻易抹掉了。这种被实项地体验到的内容必须经过"反思"方能被明证地直观到,不论对物理现象或心识现象都是如此。因而"我们有对'物理'内容的明证知觉,同样也有对'心识'内容的明证知觉"。于是,在胡塞尔这里,内知觉中的当下明证性转化为在反思中直观的明证性。布伦塔诺所竭力克服的困难重又出现:间隔性的反思如何能确保原初的心识现象不失真?或许胡塞尔所关注的并非流变的心识现象本身,而是在反思的直观中对各种现象进行理解和重构,这就需要一种作为分析基础的稳定结构,而联通意识与对象的"意向(性)"正好可以充当这种理想的构架。于是在胡塞尔那里,意向(性)的含义从"瞄向"扩展到"射中",又扩展到"构造"。每一次扩展都意味着"意向性"在胡塞尔思想体系中地位的提升,以至于最终成为"一个对于现象学开端来说完全不可缺少的起始的和基本的概念"①。在胡塞尔的思想过渡到先验现象学之后,意向性主题落实到对"思"(Noesis)与"所思"(Noema)的分析,在反思中呈现出的作为本质的所思之物重又构成了形式的和实质的存在论主题。布伦塔诺运用"意向的"是想区分出且明证地投入到当下真实存在的心识行为中,胡塞尔却将其扩展和固化为"意向性",并以此构造出另一个"本质"的世界。如此,胡塞尔悬置了"超越的"(transzendent)对象,复又发明出"先验的"(transzendental)对象。这就不难理解,布伦塔诺为何批评其弟子沉迷于理论反思而不顾实践。②

---

① 胡塞尔:《纯粹现象学通论》,李幼蒸译,商务印书馆 1995 年版,第 213 页。
② Herbert Sopiegelberg, *The Context of the Phenomenological Movement*, Kluwer Boston, 1981, p. 132.

舍勒的"意向"概念显然源于胡塞尔而非布伦塔诺。当他说"感受行为与它的价值相关项的关系恰恰就等同于'表象'与它的'对象'的关系——恰恰就是那种意向关系"①的时候，他所讲的"对象"就是胡塞尔所讲的作为"本质"的"所思"，只不过在他这里感受行为的相关项是作为"本质"的价值。在布伦塔诺看来，无论是作为本质的对象还是作为本质的价值都是玄虚无据的赘物，它们应被直接明证的心识行为这把锋利的剃刀毫不犹豫地剔除。

海德格尔早期的思想意图在于指引一种对实际生活的投入态度，因而他会毫不留情地批评其师理论化倾向的现象学，同时也认为胡塞尔所依傍的意向性不过是理论化倾向的表现而已。也就是说意向性不是原本现象，而是需要被奠基的现象。在写作《存在与时间》时期，他认为意向性应当奠基于此在的超越性上。②这种"此在的超越性"与布伦塔诺和胡塞尔一开始就置而不论的常识意义上的"超越的存在"在明证性方面又难以界划，而"超越的存在"正是由于缺乏严格性和明证性才被置而不论的。对于"现象"，海德格尔从一开始就区分出"内容""关系"和"实行"三重意义，而他自己早期依傍的"形式显示"的现象学所着重的是"实行意义"。③这颇似布伦塔诺所强调的对心识行为的当下投入态度。所不同的是，海德格尔还是想把捉生存的基本结构和意义，而布伦塔诺则试图在明证性中当下正确地投入到各种各样的心识行为中。

英语哲学界对布伦塔诺思想的引介与发挥影响最大者当推齐硕姆（M. Chisholm），也正是在齐硕姆那里，布伦塔诺有关"意向"的思想

---

① 舍勒：《伦理学中的形式主义与质料的价值伦理学》，倪梁康译，生活·读书·新知三联书店2004年版，第312页。
② 参见倪梁康：《现象学背景中的意向性问题》，《学术月刊》2006年6月号。
③ 参见海德格尔：《形式化与形式显示》，孙周兴译，载海德格尔：《形式显示的现象学：海德格尔早期弗莱堡文选》，孙周兴译，同济大学出版社2004年版，第65—75页。

遭到有意或无意地歪曲。他写道：

> 最能清晰地表明"意向的内存在"概念的是有时称作心理态度（attitudes）的现象；例如欲求、希望、渴望、企图、相信及假定等。当布伦塔诺说这些态度"在其自身意向地包含一个对象"的时候，他所指谓的是下述事实：这些态度可以说能够真实地"具有对象"，即使这种态度中被当作具有的对象事实上是不存在的。即使不存在任何一位诚实人，第欧根尼也可以去意求一位诚实人……然而，根据布伦塔诺的主旨，物理（或非心识）现象因而就不能"在其自身意向地包含一个对象"。例如，第欧根尼想要住在他的木桶里，那就必须有一个木桶来供他住。①

如果把齐硕姆这种解释与布伦塔诺的相关思想比照的话，前者所讲的"物理现象"就是后者眼中的"超越对象"，而前者所讲的"心识现象"的真实存在也就是主体能够真实地具有某种心理态度，虽然其指向的对象可以在超越或常识意义上"存在"或"不存在"。这已和布伦塔诺所要表达的"物理现象只有意向的存在，而心识现象还有真实的存在"思想大相径庭。齐硕姆虽然没有将心识现象的"真实的存在"直接等同于"超越的存在"，但他却是借助于后者来理解前者的；同时，齐硕姆最终没能抵住诱惑，还是将物理现象或具有"意向的存在"等同于"超越的存在"——将木桶作为物理现象。这就是后来英语哲学界讨论意向性问题所呈现交混局面的滥觞。

从前段引文也不难看出，齐硕姆从一开始就将"心识现象"混同于"心理态度"。这恰恰是布伦塔诺所竭力反对的，他之所以想用"对

---

① Roderick Chisholm, "Intentional Inexistence", in *The Philosophy of Brentano*, ed. by L. L. McAlister, London: Gerald Duckworth and Co. Ltd., 1976, p. 141.

象的"来替换"意向的",主要是因为"一些人想当然地将（意向的）理解为意图和对一个目标的意求"①。当然，站在语言分析哲学立场上的齐硕姆如此误释"心识现象"，也为沟通——虽然建立在误解基础上——布伦塔诺思想和分析哲学大开方便之门。一旦运用到话语命题中，"心理态度"即刻就会转化为"命题态度"（propositional attitude），而这恰恰是语言分析哲学领域讨论"意向性"问题的主要阵地。

语言为本是语言分析哲学的主导倾向。这种倾向遭到同属语言分析哲学阵营的塞尔的严厉批评。他在对言语行为理论进行了深入探究后发现：就语言本身无法说清其自身的意向性，必须将其化归到心识意向性方可得到理解。他说："我们不可能借助语言的意向性来解释心智的意向性，因为语言的意向性已经依赖于心智的意向性了。"② 从这方面看，相比于齐硕姆，塞尔的"意向性"与布伦塔诺的"意向"主题更为切近。然而，塞尔眼中"意向性"的含义却是："心灵能够以各种形式指向、关联、涉及世界上的物体和事态的一般性名称。"③ 如此看来，塞尔对"意向性"的理解还停留在常识的水平。④ 他通过意向性所看到的还是"超越的存在"；"意向的存在"已经与他失之交臂，更不用说"真实的存在"了。即便他从"第一人称"⑤出发，这种状况仍一如其是。

80年前，海德格尔在编辑胡塞尔《内时间意识现象学讲座》时借

---

① Franz Brentano, *Psychology from an Empirical Standpoit*, London: Routledge, 1995, p. 180.
② 塞尔：《心灵的再发现》，王巍译，中国人民大学出版社2005年版，第86页。
③ 塞尔：《心灵的再发现》，王巍译，中国人民大学出版社2005年版，第81页。
④ 戴耐特对此也有类似评价。参见 Daniel Dennett, "The Rediscovery of the Mind", *The Journal of Philosophy* 90 (4), 1993, pp. 193-205。
⑤ 例如塞尔认为，"最荒谬的是认为意识独立于意识，即只从第三人称的观点来看待它，结果认为像'内部的''私人的'现象的意识根本不存在……总有一个'第一人称'的'我'拥有这些心智状态。结果第一人称观点是主要的……我们研究他人时用第一人称观点，也是很重要的。我们研究他或她时，研究的是他或她的'我'"（塞尔：《心灵的再发现》，王巍译，中国人民大学出版社2005年版，第20页）。

机吐露:"'意向性'这个用语至今仍不是一个口令,而是一个中心问题的标示。"① 如果布伦塔诺在离世90年后的今天复生,他也会欣然接受这个断言。

该文原载《世界哲学》2007年第5期

---

① E. Husserl, *Zur Phänomenologie des inneren Zeitbewusstseins*, Martinus Nijhoff, 1966, S. xxv.

存在·心灵·价值
——布伦塔诺哲学疏论

国内哲学界对布伦塔诺的名字并不陌生，只因其为胡塞尔的老师及海德格尔初入哲学的"拐杖"。我们所知，或许仅此而已。施太格缪勒独具慧眼，在其享有盛誉的《当代哲学主流》中，将布伦塔诺置于最为显赫的地位，其理由为："引向各个不同方向的许多条线索都在布伦塔诺那里汇聚在一起。"[1] "许多条线索"包括现象学、语言逻辑研究、存在论等，如今还可以毫不犹豫地加入价值哲学、心灵哲学等。施太格缪勒认为，"人们对于布伦塔诺的研究对现代哲学所具有的意义，直到现在还一直估计得很不足。在布伦塔诺对现代哲学的巨大而实际的影响和他的各种学说在现代哲学教学和研究活动中受到的微不足道的注意之间，有一种奇怪的不相称"[2]。这番议论发于20世纪50年代，半个世纪过去了，从世界范围看，布伦塔诺研究虽稍有起色（专著数以百计，论文数以千计，1989年开始出版《布伦塔诺研究》年刊等[3]），但与他在哲学上的地位还是不相称。1996年以"布伦塔诺之谜"[4]为主

---

[1] 施太格缪勒：《当代哲学主流》（上卷），王炳文等译，商务印书馆1986年版，第41页。
[2] 施太格缪勒：《当代哲学主流》（上卷），王炳文等译，商务印书馆1986年版，第41页。
[3] 详尽的文献索引，可参见 L. Albertazzi, *Immanent Realism: An Introduction to Brentano*, Springer, 2006, pp. 343-372。
[4] R. Poli (ed.), *The Brentano Puzzle*, Aldershot: Ashgate, 1998.

题召开了一届国际学术研讨会,这谜是:为何我们对布伦塔诺的遗产视而不见?

对布伦塔诺的研究当然不应仅仅囿于哲学史的兴趣,布伦塔诺思考的问题亦是后人所困惑的。英语学界几十年来硕果累累的"意向性"研究以及时下异军突起的新"存在论""部分论"(mereology)以及"自识论"(self-consciousness or self-awareness)研究某种程度上都应归功于布伦塔诺的激发。鉴于汉语学界布伦塔诺研究尚处起步阶段,本文无意深究某些枝节问题,只是试图对其哲学全貌作一概览。限于篇幅,无法面面俱到,只能提纲挈领,撷其精要——当然是经过笔者的过滤。透过布伦塔诺,我们将领略西方哲学的别样面相。

一、从"存在(是)"的多义性到"实在"的多层性

布伦塔诺自觉地将自身思想之根扎在亚里士多德哲学中,他称后者为"最爱的父亲"。布伦塔诺哲学的出发点是对亚里士多德思想中最为深奥的"存在(是)"[①]思想的疏解。[②]亚里士多德在不少地方是从"存在(是)"一词的用法来勘定其意义的。在《形而上学》第四卷第二章,亚里士多德通过与"健康"类比而对"存在(是)"的用法归类:

> 所有是健康的事物都关系到健康:一个在它保持健康的意义上,另一个在它产生健康的意义上,另外一个在它是健康的表征的意义上,再另外一个在它能获得健康的意义上。……"存在"

[①] 关于"Being"的翻译问题,可参见宋继杰主编:《BEING 与西方哲学传统》,河北大学出版社 2002 年版。笔者认为"存在"派与"是"派各有其道理,同时也各有其局限。本文一般翻译为"存在(是)",在语义明确的语境则取其一义。

[②] Franz Brentano, *On the Several Senses of Being in Aristotle*, ed. and trans. by R. George, Berkeley: University of California Press, 1975.

也在许多意义上被使用,但永远是与一个本原相关的;有些事物被说成"存在"("是")是由于它们是实体,另一些是因为它们是实体的属性,再有一些是因为它们是朝向实体的过程,或者是说与实体有关的事物,或者是对这些事物或实体本身的否定。①

显然,这是与"实体"相关联而归纳"存在(是)"的多义性。在更多地方,亚里士多德将"存在(是)"的含义确定为四种:"一种意义是具有偶性的东西,另一种意义是真的东西……还有范畴表中的诸范畴……还有潜能和现实。"② 布伦塔诺认为第一种情形中的各义"存在(是)"可还原到第二种情形中"存在(是)"的后三义。因而,讨论"存在(是)",要首先厘清"存在(是)"的四种含义。

偶性意义上的"存在(是)"不是必然或通常的,而是碰巧或个别的,因而无法成为科学研究的对象,更不能成为形而上学研究的对象。真意义上的"存在(是)"主要是逻辑学而非形而上学研究的对象,它在判断中体现出来。严格讲来,这种真之"是"在思想中而不在外物中,虽然它有时会涉及外物。布伦塔诺认为,"作为系词的'是'也正是真意义上的'是'"③。潜在与现实意义上的"存在(是)"独立于思想且处于心灵之外,这属于形而上学研究的主题。现实之物由潜在之物转化而来,转化的过程是运动。潜在与现实意义上的"存在(是)"领域与下述范畴意义上的"存在(是)"领域是重叠的。

范畴意义上的"存在(是)"是布伦塔诺研究的重点。布伦塔诺认为虽然诸范畴确实具有逻辑和语法的面相,比如第一实体在逻辑上

---

① 亚里士多德:《形而上学》,1003b,李真译,上海人民出版社2005年版,第84页。
② 亚里士多德:《形而上学》,1026a33、1017a7,李真译,上海人民出版社2005年版,第180、130页。
③ Franz Brentano, *On the Several Senses of Being in Aristotle*, ed. and trans. by R. George, Berkeley: University of California Press, 1975, p. 25.

是主词、在语法上是名词等，但其核心意义还是在"存在（是）"方面。他认为亚里士多德的诸范畴是对存在经验的类归，不同的范畴针对着生活中不同类型的疑问。后人可以批判亚里士多德的范畴分类不严格、不彻底（亚里士多德自己有时也游移，比如《范畴篇》中的范畴是十个，到《形而上学》中剔除了"姿态"和"具有"，成为八个），但我们缺乏可靠根据断言他的分类是随意的。

亚里士多德首先把范畴区分为实体和偶性。实体具有不同的层次：第一实体是个体之物，只能做主词；第二实体是"类"概念，既可做主词，也可做宾词。仿效亚里士多德，布伦塔诺也对诸种偶性做出了几层划分：首先将其区分为"绝对偶性"与"关系偶性"，前者又分为固有的（质或量）、行为的（主动或被动）与境域的（何时或何地）等。显然，这些偶性都是述说实体或属于实体的，绝对偶性是实体必定具有的属性。反之，同种属性也只有借助于第一实体才能具体化。尽管可以在扩展的意义上说诸偶性"存在"，但"它们之中没有一个是独立存在的或者能够与实体相分离……现在这些被看成是更加真实的，因为有支撑着它们的某种确定的东西（那就是实体或个体）……是由于这个范畴的缘故，其他的每一个范畴也才成其为'是'"①。实体（这里指第一实体，下同）的存在成为其他范畴存在的根基。由于范畴之在与潜在—现实之在是叠合的，实体之在的基础性也适用于后者。后文将看到，布伦塔诺后来将命题判断转化为存在判断，即将"真意义上的存在"转化为"存在意义上的真"②，随之实体的存在又成为真之"存在"的基础。由于偶性之在最终也需依赖于一个实体，那么就可以说"存在（是）"的四种意义均可归源于实体之在。换言之，实体之在是"存在之核心意义（focal meaning）"，而其他义的存在是"存在之

---

① 亚里士多德：《形而上学》，1028a25，李真译，上海人民出版社 2005 年版，第 190 页。

② Franz Brentano, *The Origin of Our Knowledge of Right and Wrong*, trans. by R. M. Chisholm and H. Schneewind, Routledge and Kegan Paul Ltd., 1969, p. 73.

扩展意义"。通过这番疏解,布伦塔诺得出,"第一流的哲学家必须研究实体的原理和基础"①。因为与其他存在类型相比,实体在定义、认识和时间上都在先。

上文指出,实体有第一类与第二类之分。第二实体也就是"属""种"等这些一般之物,第一实体即个别事物。根据亚里士多德,个体仍可以区分为"形式""质料"及二者的结合体,那么这三者中哪个更为根本,从而能成为真正的第一实体呢?亚里士多德在这个问题上颇费周折。首先,结合体不能为第一实体,因为它后于由以结合的两种因素。如果按照"既不可以用来述说一个主体又不存在于一个主体里面的东西"的实体定义,质料就成了实体。然而抽去了所有属性的纯粹质料与形式相比无法在定义和认识上在先。更为关键的是无任何限定的纯粹质料无法满足"可分离性"和"这个"的条件,而"可分离性和'这个'这两者都被认为是主要地属于实体的"②。形式及形式与质料的结合满足这个条件,而形式又是在先的,所以形式就是真正的第一实体。形式就是"本质"(essence),而本质的公式是定义。比如人的形式是灵魂,人的定义是"理性动物"。"理性"则是动物灵魂与人的灵魂之间的"属差"。如此便确立了"形式"为第一实体的核心意义。

在早年对亚里士多德的"存在"思想予以独特疏解的基础上,布伦塔诺晚年又对其进行了发挥和改造:"'存在'一词有多种意义。在其严格意义上讲,它是被我们理解为'事物'(Ding)的东西的名称。"③布伦塔诺有时也用"实在"(Reales)取代"事物"。这种思想被后人称为"事物论"(Reism)或"实在论"(Realism)。显然,"事物"

---

① Franz Brentano, *On the Several Senses of Being in Aristotle*, ed. and trans. by R. George, Berkeley: University of California Press, 1975, p. 148.
② 亚里士多德:《形而上学》,1029a30,李真译,上海人民出版社2005年版,第194页。
③ Franz Brentano, *The Theory of Categories*, trans. by R. M. Chisholm and N. Guterman, Boston and Dordrecht: Martinus Nijhoff, 1981, p. 51.

是名词性的，它与动名词"存在"（being）及系词"是"（is）大相径庭。"事物"或"实在"是存在领域的最高种，它不仅包含诸实体，还包含绝对偶性，甚至包含亚里士多德意义上的"关系"范畴，"我们也把亚里士多德认为仅仅是偶性的属性归入实体中。它们包括感性性质、空间以及流变的时间等"[①]。偶性如何能归于实体？布伦塔诺首先将偶性名词化。例如"白色的"可化为"白色的东西"，"过去"可化为"过去的东西"，"判断"可化为"判断者"，等等。转化之后的表达式是偶性与实体的结合体，其中实体成为其部分。这就是布伦塔诺独特的"部分论"，其奇特之处在于：实体不是包含着偶性的整体——像亚里士多德所坚持的那样；而是偶性作为整体包含着实体这个"部分"。当然，这个"部分"也是此整体的基础和根据。实体是潜在，偶性是现实。这种理论其实是把实体与偶性更紧密地结合在一起。[②]

在把"实在"或"事物"确定为存在的最高种后，布伦塔诺又对其进行了诸领域的分层，这是颇具特色的一步。它通过对每个成熟心灵都可经验的"心灵指涉"的分析完成："所有心灵指涉都指向事物。"[③]虽然布伦塔诺一再强调心灵所指涉之物并非什么"内容"（contents）或"理想对象"（ideal objects），可有些被指涉的东西在现实中确实不存在，比如"半人半马兽"。这就有必要进一步区分"存在"的类型。布伦塔诺的区分并不是对外在之物的简单归类，而是通过内在的"心灵指涉"划分。心灵指涉可分析为心灵指涉行为（简称心灵行为）与行为指涉对象（简称行为对象）。前者被称为"心灵现象"（包括表象、判断、爱恨等），后者包含的形容词部分被称为"物

[①] Franz Brentano, *The Theory of Categories*, trans. by R. M. Chisholm and N. Guterman, Boston and Dordrecht: Martinus Nijhoff, 1981, p. 92.

[②] 详细讨论可参照 Barry Smith, "The Substance of Brentano's Ontology", *Topoi* 6, 1987, pp. 39-49; W. Baumgartner and P. Simons, "Brentano's Mereology", *Axiomathcs* 1, 1994, pp. 55-76。

[③] Franz Brentano, *Psychology from an Empirical Standpoint*, trans. by A. C. Rancurello, D. B. Terrell and L. L. McAlister, Routledge and Kegan Paul, 1973, p. 291.

理现象"。比如"看到红色之物"中具有明证性的"看"就是心灵现象,"红色"就是物理现象。心灵现象伴有内知觉,它具有"直接性、不谬性和明证性(evidence)"①,也就是说所有心灵现象都具有自知之明,每个人对自己心灵现象的知悉都是绝对可靠的。物理现象被外感知把握,由于感知对象在心灵之外,而感知到的东西又变化不定,所以布伦塔诺才说:"所谓外感知的现象是绝对不可能被推证为是真实的和实在的,哪怕是凭借间接推理也不可能证明这一点。"② 通过以上区分,布伦塔诺得出:"心灵现象是唯一一种既能意向地存在又能真实地存在的现象……物理现象只可现象地和意向地存在。"③ 当然,布伦塔诺很清楚具体的心灵现象只能被个体所知觉,即不同个体有不同的心灵现象;但他也坚信心灵现象诸类型在每个成熟之人的心灵生活中都存在,"以内知觉的方式在我们之中直接发现的东西,通过类比可以推知在他人那里也存在"④。如果把与心灵现象、与物理现象伴随的存在差异运用到"实在"中,就会得出"实在"的不同层次。根据上面提到的属性包含实体的原理,包含个体的心灵现象真实地存在,而包含外物的物理现象意向地存在。由于人类的个体可以类比推知同类的心灵现象,那么不仅每个拥有心灵现象的个体都真实存在,每个个体都知道自己是真实存在,而且每个个体都知道其他每个个体是真实存在。拥有心灵现象的个体成为最核心的"实在",这也构成"实在"的核心意义。外物之为实在则是在"实在"的扩展意义上而言的。"外物"显

---

① Franz Brentano, *Psychology from an Empirical Standpoint*, trans. by A. C. Rancurello, D. B. Terrell and L. L. McAlister, Routledge and Kegan Paul, 1973, p. 91.

② Franz Brentano, *Psychology from an Empirical Standpoint*, trans. by A. C. Rancurello, D. B. Terrell and L. L. McAlister, Routledge and Kegan Paul, 1973, p. 91.

③ Franz Brentano, *Psychology from an Empirical Standpoint*, trans. by A. C. Rancurello, D. B. Terrell and L. L. McAlister, Routledge and Kegan Paul, 1973, p. 91.

④ Franz Brentano, *Psychology from an Empirical Standpoint*, trans. by A. C. Rancurello, D. B. Terrell and L. L. McAlister, Routledge and Kegan Paul, 1973, p. 5.

然是较为统泛的概念，它还可以再次区分。这种区分是通过"直接表象"（presentations in recto）与"间接表象"（presentations in obliquo）的划分进行的。这种划分当然是相对的，比如感知表象（这里均就对象向度而言）与记忆表象相较而言，前者为直接，后者为间接，由于感知拥有具体的空间定位且具时间的当下性，其对象更为真实；记忆表象与想象表象相比，前者更为真实，因为它有感知予料的滞留。

现在有必要对前面特意置而不论的关系范畴略加讨论。一般认为，关系是两个关系项之间的关联，两个关系项在存在上是对等的。布伦塔诺不持这种观点，而是从自己一贯的内在经验立场看待"关系"。"关系"被布伦塔诺区分为意向的关系、比较的关系、因果的关系和时间的关系四种。意向的关系就是心灵对外物的指涉，前者是真实存在，而后者是意向存在；比较关系比如"张三比李四高"，其中张三是直接表象，李四是间接表象，二者真实性亦不同；因果关系类似，我们总是由因寻果或由果寻因，二者也分别是直接与间接表象的对象；时间关系中，"当下"无疑是直接表象，而"过去和将来"则为间接表象。这种两个关系项在存在上不对等的状况也被布伦塔诺称为"拟关系"（relation-like）。

我们跟随布伦塔诺，完成了由存在之多义性向实在之多层性的转渡，其间一个关键性步骤是引入"心灵指涉"和"心灵现象"，这正是下文要讨论的主题。

二、从灵魂到心灵现象

与在"存在"问题上的情形相似，布伦塔诺的"心理学"同样源于对亚里士多德《灵魂论》的疏解。[①] 上文谈到，亚里士多德认为，对

[①] Franz Brentano, *The Psychology of Aristotle*, ed. and trans. by R. George, Berkeley: University of California Press, 1977.

于个体之人而言，作为形式的灵魂是其真正的第一实体。这种"实体"当然不能在有形物的意义上理解，它是功能性概念。具体而言，人的灵魂有五种功能：营养、欲望、感觉、空间运动以及理性思想。[①] 亚里士多德也将拥有第一种功能的称为植物灵魂，拥有第一至第四种功能的称为动物灵魂，而全部拥有这五种功能的称为人的灵魂。对于人而言，这三种灵魂的关系是：低级灵魂是高级灵魂的基础和依托，高级灵魂超出低级灵魂且不可还原为低级灵魂；同时，理性灵魂贯注在动物灵魂之中，但不能贯通于营养灵魂，因为后者属完全无意识的生理过程。比如对"看"这种动物灵魂功能而言，我们在看到某物的同时也知道自己在"看"，这种"知道自己在看"则属理性灵魂的功能。因而伴有理性功能的"看"的行为也属心灵现象。动植物灵魂需以身体为依托，理性灵魂也间接依赖于身体，且贯注于身体之中。布伦塔诺从一开始就超越了流传已久的身心二元论，他认为具有灵魂的才是活的身体，不具灵魂的是死的躯体。

以亚里士多德的灵魂理论为基础，针对当时的心理学发展境域，布伦塔诺提出自己独特的"经验立场的心理学"。"心理学"[②] 本来是指"灵魂的科学"，后来心理学家逐渐放弃了对植物灵魂与动物灵魂的讨论，因为这些内容被归属于一些专门的学科。随之，"灵魂"的范围也得以缩减，"在现代术语中，'灵魂'一词指的是'表象'及其他行

[①] 亚里士多德：《灵魂论及其他》，吴寿彭译，商务印书馆1999年版，第91页。

[②] "心理学"有广义与狭义之分，前者包括亚里士多德《灵魂论》开创的研究传统，后者特指冯特之后成为主流的"科学心理学"——暂且如此称呼。布伦塔诺的"心理学"显然与后者大异其趣。为彰显区别，他曾以 Psychognosy 命名自己的"心理学"，并认为它是"科学心理学"的基础。(参见 Franz Brentano, *Descriptive Psychology*, ed. and trans. by B. Müller, London: Routledge and Kegan Paul, 1982, pp. 137-140) 笔者曾将 Psychognosy 冒失地译为"心识学"(参见郝亿春：《超越的存在、意向的存在与真实的存在——兼论布伦塔诺的"意向性"问题》，《世界哲学》2007年第5期，第83页注释③。该文亦收录于本书，见本书第26—42页)。后颇觉唐突，或许译为"心灵学"更妥。因为布伦塔诺通过其内知觉明证性学说所强调的正是内在精神生活的"灵明性"和"虚灵不昧"。与此相应，"psychischen Phänomenen"译为"心灵现象"。

为的实体承担者"①。当然,在去"实体"(例如柯亨[Hermann Cohen]提出的"无灵魂的心理学")的反形而上学潮流下,人们更乐意称心理学为"关于心灵现象的科学"。其实这只是推延而非取消了对诸如"灵魂不朽"等古老心理学问题的回答。同时,即使坚信灵魂的存在与不朽,也无碍对心灵现象的科学研究。当然,心理学的现代转换也有助于以更为严格的方式进行研究,这种"更为严格的方式"被多数研究者等同于当时盛行的自然科学研究方式。

自然科学的研究方式无非两大要素:观察经验与数学—逻辑运算。布伦塔诺认为这两种方法对真正的心灵现象都派不上用场,对把捉心灵现象真正适用的是"内经验"或"内知觉"的方式。

在实验—观察方法中,所观察的自然现象在观察者之外,观察运用的是外感知。心灵现象则不同,它处于观察者之内,通常意义上的对外物的看、听等外感知无以为用。于是一些心理学家由对自然现象的外观察类比推理出一种针对心灵现象的内观察(Beobachtung)。问题是,当对心灵现象进行内观察时,被观察的心灵现象已经发生了质的变异,从而不成为其自身了。例如愤怒,"如果一个处于狂怒状态的人想观察他的愤怒,那么在他观察之际愤怒也就烟消云散了,因而他最初的观察对象也就消失了"②。鉴于此,一些心理学家如孔德和柯亨走向另一个极端,他们干脆否认任何内在认识的可能性。其结果或是陷入孔德令人不齿的"颅相学",或是陷入心灵现象的不可知论——无意识学说即为例证,或是陷入后世盛行的行为主义。布伦塔诺指出我们每个正常的心灵都具有内在的认知能力,不过并非"内观察":

---

① Franz Brentano, *Psychology from an Empirical Standpoint*, trans. by A. C. Rancurello, D. B. Terrell and L. L. McAlister, Routledge and Kegan Paul, 1973, p. 5.

② Franz Brentano, *Psychology from an Empirical Standpoint*, trans. by A. C. Rancurello, D. B. Terrell and L. L. McAlister, Routledge and Kegan Paul, 1973, p. 29.

就像自然科学一样，心理学在知觉与经验中有其基础。不过，它的首要来源是我们心灵现象中的内知觉。如果我们不通过我们自己的心灵现象中的内知觉知晓它们是什么，我们就不会知道思想、判断、苦乐、欲求或厌恶、希望或恐惧、勇气和失望、决定和自愿等是怎么回事。①

这种必然伴随着心灵现象的内在认知能力就是"内知觉"（Wahrnehmung）。比如我们看到红花，对红花的看属外感知，同时我们知道我们在看，这种"知道"（awareness）由内知觉带给我们。观赏红花产生愉悦，同时我们也知道我们在愉悦，这种对"愉悦"的知晓也是内知觉带给我们的。对于正常心灵而言，这种内知觉的内容是绝对确然的。当然，这种内知觉并非一种独立的心灵行为，它是任何心灵现象的必然伴随，且与它所伴随的心灵现象属同个行为。内知觉会即时地把心灵现象原本地带给意识，或者说，我们之所以对诸种心灵现象的感受和经验是清楚明白的，是因为心灵现象必然伴有内知觉；否则心灵只能处于昏暗不明状态。

显然，内知觉对心灵现象之绝对确然性和明证性的保障是就每个正常个体而言的。也就是说每个个体只可能明证到属于自己的心灵现象，"心灵现象只可能为一个个个体所知觉"②。难道这不会陷入相对主义和唯我论吗？乍一看可能会出现这种结果，实则不然。所谓相对主义，是指对同个对象众说纷纭，莫衷一是。而对于心灵现象而言，只有它的具有者——只要他心智成熟——才具绝对权威，旁人对他心灵现象的判断须以他自己的相关明证为标准，因为"旁人用他们的内

---

① Franz Brentano, *Psychology from an Empirical Standpoint*, trans. by A. C. Rancurello, D. B. Terrell and L. L. McAlister, Routledge and Kegan Paul, 1973, p. 29.

② Franz Brentano, *Psychology from an Empirical Standpoint*, trans. by A. C. Rancurello, D. B. Terrell and L. L. McAlister, Routledge and Kegan Paul, 1973, p. 92.

知觉领会到的关于我的心灵现象不可能比我自己用内知觉领会到的我自己的心灵现象更为真切"①。个体对自己心灵现象的明证因而就成为绝对的真（ἀλήθεια），这种"真"没必要经过数学测量和逻辑推演，数学—逻辑方法在这里完全失效。绝对之"真"甚至比人人认可的普遍性的"真"还真，因为后者不一定具有绝对"明证性"。这种真理论切实保证了个体性的绝对地位。如果把这种观点称作"唯我论"，布伦塔诺也不会在意。不过这种"唯我论"的真理范围非常有限，它仅限于成熟个体对自身心灵行为的即时明证。对于不成熟的个体（比如婴儿或智障者）而言，这种明证的真理就成了问题，因而对其心灵现象的把握就需更多参照外观察经验，以此为基础也只能形成一序相对真理（即正确意见）。

　　成熟个体的非当下心灵现象也难以具有完全的明证性，因为它们通过记忆被带入意识。当然这有赖于对"记忆"的看待，即究竟是把记忆看作早先心灵现象的"滞留"，还是看作"再造"。在《从经验立场出发的心理学》中，布伦塔诺显然将其看作前者："一个人在内知觉中领会到的以及随后在记忆中观察到的所有东西都属心灵现象。"②但后来有所改变："所有指向我们自己心灵经验的记忆或期待是把这些经验作为其一序对象，而将其自身作为二序对象。"③这里的"二序对象"是指当下的心灵现象。如此，记忆中复现的心灵现象也就只具有一序的相对真。同样，通过心灵现象见证者（即当事人）的语言或身体表达，旁人也可以得到有关当事人心灵现象的相对真相——当然，不论是记忆还是表达，都以具有内知觉的心灵现象之存在为其最终前提。通过

---

① Franz Brentano, *Psychology from an Empirical Standpoint*, trans. by A. C. Rancurello, D. B. Terrell and L. L. McAlister, Routledge and Kegan Paul, 1973, p. 37.

② Franz Brentano, *Psychology from an Empirical Standpoint*, trans. by A. C. Rancurello, D. B. Terrell and L. L. McAlister, Routledge and Kegan Paul, 1973, p. 36.

③ Franz Brentano, *Psychology from an Empirical Standpoint*, trans. by A. C. Rancurello, D. B. Terrell and L. L. McAlister, Routledge and Kegan Paul, 1973, p. 278.

语言表达心灵现象首先须真诚，同时须选择得体语词，布伦塔诺相信"当一个有教养的人想表达其内在状态时，他也不会找不到必要的词来表达"①。身体表达心灵现象除了有意的表露外，还包括伴随着特定心灵现象的生理状态，比如惊吓会变得苍白，恐惧会导致发抖，害羞会脸红，等等——虽然反之并不必然。这都为旁人对当事者心灵现象的理解和把握提供了途径，也为纠正当事者的自欺提供了可能。当然，旁人理解和把握当事者心灵现象的前提是，他自己曾经体验过类似的心灵现象。"如果两个个体的心灵生活之间的差异如此之大，以至于彼此毫无共同之处，那么这种描述就是不可理解的，甚至是不可能的。"② 现实经验表明，个体与个体之间的沟通和理解是可能的，这除了上述原因外，还在于"心灵现象可以划分为不同类型，而这些类型在每个成熟的人的心灵生活中都存在"③。

布伦塔诺将心灵现象划分为三种类型：表象、判断和爱恨现象。

表象（Vorstellung）的意思是把某种东西置于心眼前。它是心灵现象的最基层，"心灵现象或者是表象，或者奠基于表象"④。布伦塔诺特别强调，作为心灵现象的表象"并非指被表象的东西，而是指表象活动本身"⑤。上文已指出，被表象的东西是物理现象。就范围而言，看、听、闻、尝、触这五种感觉活动都属表象，除此之外，表象还包括想象行为。这里麻烦的是触觉，比如痛和痒等是否具有"行为"与"对

---

① Franz Brentano, *Psychology from an Empirical Standpoint*, trans. by A. C. Rancurello, D. B. Terrell and L. L. McAlister, Routledge and Kegan Paul, 1973, p. 38.
② Franz Brentano, *Psychology from an Empirical Standpoint*, trans. by A. C. Rancurello, D. B. Terrell and L. L. McAlister, Routledge and Kegan Paul, 1973, p. 38.
③ Franz Brentano, *Psychology from an Empirical Standpoint*, trans. by A. C. Rancurello, D. B. Terrell and L. L. McAlister, Routledge and Kegan Paul, 1973, p. 92.
④ Franz Brentano, *Psychology from an Empirical Standpoint*, trans. by A. C. Rancurello, D. B. Terrell and L. L. McAlister, Routledge and Kegan Paul, 1973, p. 85.
⑤ Franz Brentano, *Psychology from an Empirical Standpoint*, trans. by A. C. Rancurello, D. B. Terrell and L. L. McAlister, Routledge and Kegan Paul, 1973, p. 79.

象"之分。布伦塔诺认为这是不容置疑的,疼痛"一方面是指我们身体的某个部位所呈现的状况,另一方面是指与之相关的痛感"①,其中前者也被称为"特定的空间定位表象"。与后两种心灵现象相比,表象自身不包含对立的意向。上文已谈到,后来随着向实在论的转变,布伦塔诺开始在表象对象方面区分出直接表象与间接表象。需要特别指出的是,作为心灵现象的表象是前语词经验,当然这毫不妨碍它可以通过语词得以表达。作为心灵现象的表象是"表象"的核心意义,作为物理现象的表象是"表象"的扩展意义。只有前者是内知觉的对象。

判断(Urteile)就是对某物的接受或拒绝。布伦塔诺的与众不同之处在于,"这种接受和拒绝也用在内知觉行为与记忆中,而在这些情况中多数论者不会用'判断'一词"②。因为一般认为,判断仅适用于命题层面③,而布伦塔诺却将其推进到心灵现象层面。判断首先是作为"接受"或"拒绝"行为的心灵现象,它自身是明证性的。判断奠基于表象,而表象有表象行为(属心灵现象)与表象对象(属物理对象)之分,因此判断也就有对表象行为的判断和对表象对象的判断。由于前者具有明证性,对它的判断就是明证的;表象对象即物理现象不具明证性,对它的判断则为不具明证性的盲目信念,换言之,我们对于物理现象的判断最多只能是盲目的相信而已。

判断是断定某物的存在(是)或不存在(不是)。伴随着将判断由命题推进到心灵现象,布伦塔诺也将命题判断转变为存在判断。传统

---

① Franz Brentano, *Psychology from an Empirical Standpoint*, trans. by A. C. Rancurello, D. B. Terrell and L. L. McAlister, Routledge and Kegan Paul, 1973, p. 85.

② Franz Brentano, *Psychology from an Empirical Standpoint*, trans. by A. C. Rancurello, D. B. Terrell and L. L. McAlister, Routledge and Kegan Paul, 1973, p. 199.

③ 即使研究布伦塔诺的大家齐硕姆,在这个问题上也做出了错误断定。他说:"我们不能说当每种心灵行为发生时,我们能对其做出明证判断。"(R. M. Chisholm, "Brentano on 'Uncouscious Conciousness'", in *Consciousness, Knowledge, and Truth*, ed. by R. Poli, Kluwer Academic Publishers, 1993, p. 157)

的命题判断是指多个表象或语词的联结，比如"上帝是公正的"（God is just）；布伦塔诺的改变在于，首先，判断并不需要多个表象的联结，如"上帝在"（God is）虽只有一个表象，却也是一个判断。其次，判断并非表象的联结，而是对一个主词（体）的断定，因此，所有命题判断都可改写为存在判断，如上述命题可改写为"公正的上帝存在"（Just God is）。至于判断的真假，则需还原到心灵现象，拥有明证性的为绝对之真（真实存在），不具明证性的既可为相对之真（即普遍同意或正确意见），亦可为假（即虚幻之物）。正如前文提及，这就将亚里士多德"真意义上的存在"颠转为"存在意义上的真"，从而也将逻辑学奠基于存在论。流俗的对布伦塔诺之为心理主义的攻击完全没能看到布伦塔诺判断理论的存在论根基，因而都失之肤浅。

心灵现象除了表象与判断还有情感、意志等，布伦塔诺将这第三类统称为爱恨现象（Phänomene der Liebe und des Hasses）。爱与恨显示的是两种对立的意向，这与判断相似。爱恨现象也奠基于表象，因而有对表象之物的爱恨，也有对表象行为的爱恨。事实上，前者可归源于后者。例如"我喜欢这首曲子"看上去是对"曲子"的爱，其实这表达的是在听这首曲子时伴有愉悦，因而这种"爱"是由听的行为产生的。伴随着表象诸亚种的区分，爱恨也具有相应的区分。爱恨现象与判断有着较为复杂的关系：一方面，作为心灵现象的爱恨具有明证的内知觉，因而对其可以形成明证判断；另一方面，以明证判断为基础的爱恨原则上也是明证的，而以盲目判断为基础的爱恨也是盲目的，"我们情感指涉的本性被奠基于其下的判断的特性所影响"[①]。爱恨现象也有自身的层次，如爱喝酒，爱听音乐，爱朋友，爱智慧，爱上帝，等等。与此相关的价值层次、偏爱选择等更为复杂的内容是下文

[①] Franz Brentano, *The Origin of Our Knowledge of Right and Wrong*, trans. by R. M. Chisholm and H. Schneewind, Routledge and Kegan Paul Ltd., 1969, p. 143.

讨论的主题。

三、从内在价值到伦常生活

布伦塔诺哲学具有强烈的实践旨趣，集中体现为价值哲学。虽然对亚里士多德推崇备至，但由于时代精神变异，纵使对亚里士多德多有援引，可在伦理价值的根本路径上却难以接续，其表征为：亚里士多德伦理学的出发点是"城邦动物"，其路向是从"城邦之善"到"个人之善"："城邦在本性上先于家庭和个人。因为整体必然优先于部分"①；而布伦塔诺认为"在已发现的个体特征的基础上来理解社会及其发展是更为自然的过程"②，也就是说布伦塔诺的路向是从"个体之善"到"共同体之善"。事实上，布伦塔诺的伦理价值思想主要承接于现代价值哲学开启者洛采。洛采虽然已将诸价值根植于心灵中的情感现象，但由于采取的是从最高实在出发的形而上学路向，情感与心灵便难以得到更为切近地把捉。③布伦塔诺对心灵现象的细密分析恰好弥补了这一缺陷。

与心灵现象同物理现象的划分相应，"价值"或"好"也可分为内在的和外在的。每种心灵现象都具内在价值，或者说，内在价值内居于心灵现象。动植物不具心灵现象，故而缺乏内在价值。"每种表象自身都是好东西"④，因为表象活动能够扩展心灵内部的"好"。且不说表象能呈现给心灵更多东西，奠基于表象之上的更高级心灵能力——判

---

① 亚里士多德：《政治学》，颜一、秦典华译，中国人民大学出版社 2003 年版，第 4 页。
② Franz Brentano, *Psychology from an Empirical Standpoint*, trans. by A. C. Rancurello, D. B. Terrell and L. L. McAlister, Routledge and Kegan Paul, 1973, p. 42.
③ 具体可参见郝亿春：《价值之根——价值哲学的心灵主义路向探究》，《哲学研究》2009 年第 11 期。由于研究内容相近，本部分也参考了该文相关部分。
④ Franz Brentano, *The Foundation and Construction of Ethics*, trans. by H. Schneewind, Routledge and Kegan Paul Ltd., 1973, p. 184.

断与爱恨始终离不开表象。判断是实然知识的源头，它自身便是好的。知识除可以充当工具之外，其自身也具自足的价值，哪怕求知过程中获得了错误知识，也比无知好——倘若求知态度是诚恳的。伴随心灵现象的愉悦是本源之"美"的根据，这种美感分布在从自然本能到生活习性再到崇高行为的序列中，它在感受中呈现为不同层次的快乐。譬如品尝佳肴时感到"美"味，这描述的是一种快感；听到"仙乐"不知肉味，这是由听的表象行为引发的愉悦；解出数学难题时兴奋异常，这是伴随着求真的美感；伸手助人时顿觉崇高，这是伴随"爱他人"的愉悦。这里需将二序爱恨行为与一序心灵行为谨慎区分开来，若根基处失之毫厘，结论中便谬以千里。上文已提及，从根基处看，"动人的音乐"并非讲音乐的特性，而是描述倾听音乐时伴随的感动；助人为乐之"乐"绝非助人的动机，而是助人过程中必然伴随的愉悦。那种将道德之善归于美感的理论之所以是错误的，其症结在于混淆了行为"动机"与必然"伴随"。

除了心灵现象中的内在价值，生活中更有大量外在价值——这里是就目的价值而非工具价值而言。外在价值表现为由低到高的序列：出于本能的感性趣味是无公度性的，所谓"口味不争论"；对外在对象的美丑评判受制于趣味和习俗；与前两种情形不同，有关一个对象存在与否的判断必有标准。标准由何而来？在布伦塔诺看来，"如果我们说一个东西是真实的，就是说它能够被一个正确的判断所承认"[①]。当然，这不意味着这个判断必然已被做出。即使没人做出相应判断，一个真实的东西仍然是真实的——它会时刻敞开被正确判断所判定的可能性。不过，严格讲来，尚未被明证的对象不可能真实存在，它至多是正确意见的对象。这便是自然科学的状况：永远处于修正中，永远

---

① Franz Brentano, *The Foundation and Construction of Ethics*, trans. by H. Schneewind, Routledge and Kegan Paul Ltd., 1973, p. 191.

不可能独断地宣告——我发现了绝对真理！在科学知识中，只能有所保留地听凭某种知识传统形成的逻辑对经验材料的整理，并在生活中运用其有效性成果。这种科学观一方面避免了相对主义；另一方面也防止陷入独断论。道德生活领域与科学领域的情形相似。道德生活中的外在价值由正确之爱确定，"一个对象是好的要求指向它的爱是正确的"①。由于只能明证心灵现象内部的正确爱恨，对外在对象的爱恨之正确性的定夺则需依傍习俗生活及日常共识，不少错误爱恨应据此加以调校，例如，守财奴从无休止的聚财中获得极乐便是应当校正的。推论（discursive）理性在外在价值领域有其用武之地。

以上只是在知识中对诸价值进行静态确定，而实际生活每一步涉及的是诸价值的比较与选择。在选择中，所偏爱的价值胜出，换言之，选择建基于偏爱（preference）。偏爱是正确的，以此为基础的选择和行动就是正确的；偏爱是错误的，以此为基础的选择和行动就是错误的。现实生活的复杂性不能保证所有情境下都能做出正确选择，甚至不能保证对所有情境下的正确偏爱拥有明确认识，但这不意味着要放弃正确偏爱与正确选择。事实上，可以运用有关心灵现象的实然知识与先天必然规则给出一些正确偏爱的情形。例如在表象或狭义的审美领域，至少有下述偏爱原则：丰盈表象优于干瘪表象；关于精神性的表象优于关于物质性的表象；关于更高贵东西的表象本身更优越；对某物的原本表象优于非原本表象；清晰表象优于混乱表象；在复合表象中，通过直观而得的优于通过谓述而得的；等等。②在这些原则中，更优的表象意味着伴有更多或更高的愉悦。在判断与爱恨领域，可以运用整体大于部分的"总量原则"进行选择。比如对于快乐而言，同

---

① Franz Brentano, *The Foundation and Construction of Ethics*, trans. by H. Schneewind, Routledge and Kegan Paul Ltd., 1973, p. 191.

② Franz Brentano, *The Foundation and Construction of Ethics*, trans. by H. Schneewind, Routledge and Kegan Paul Ltd., 1973, pp. 198-199.

种快乐强度越大越好；相同强度的快乐，持续时间越长越好。"判断"与"爱恨"孰优孰劣虽难定夺，但二者的总和必定大于其中一方。同样，人们偏爱知胜于无知；偏爱真胜于假；偏爱善的事物而非恶的事物；偏爱被认知为善的东西的存在而非其不存在；偏爱被认知为恶的东西的不存在而非其存在；等等。如此，价值论与存在论又从根本上关联起来。

如果贯彻到底，关于正确偏爱的总量原则必定达致实践活动的"至善"，因为爱的对象"不仅包括自己、亲人、国家，而且包括世界上所有生物；不仅包括现在，而且包括遥远未来"[1]。每个人都在自己力所能及的范围内追求最好，这便是最基本的伦理原则。如果有什么"绝对律令""绝对义务"的话，这就是。这有些像边沁—穆勒的功利主义原则，只是这种新功利主义比老功利主义要造福的范围更为广泛。更为关键的是，老功利主义眼中的一切皆可还原为快乐，而布伦塔诺认为表象、判断不可还原为快乐，它们与爱恨并列为"内在价值"。换言之，布伦塔诺眼中的价值不仅量的差别，更有质的区分。到晚年，布伦塔诺倾向于接受并进一步丰富帕斯卡提出的价值三位序——有形物—心灵—圣爱——思想。布伦塔诺坦言："或许世界包含了一些就其自身而言是坏的或无价值的东西。我也倾向于认为只包含有形之物的世界是无意义的。这个世界不但在位序上低于人的精神，而且也低于拥有感觉和感受的狗灵魂。与这种无精神的世界相对照，现实世界发展出生命、感觉、理性以及高贵之爱。"[2]

布伦塔诺的"实践之至善"原则易被误解为空洞难行的利他主义，如果回顾其整体思想便不难消除此疑虑。布伦塔诺从内在价值出发，以

---

[1] Franz Brentano, *The Foundation and Construction of Ethics*, trans. by H. Schneewind, Routledge and Kegan Paul Ltd., 1973, p. 204.

[2] Franz Brentano, *The Origin of Our Knowledge of Right and Wrong*, trans. by R. M. Chisholm and H. Schneewind, Routledge and Kegan Paul Ltd., 1969, p. 159.

此为基础的行为都是明证性的和正确的,这为树立自知、自尊、自爱的健全人格奠定了坚实基础。他也不会陷入真正的唯我论,因为仅有内在价值由我做主,生活中大量外在价值必须依傍于科学知识、习俗生活及日常共识。诸个体从自身内在价值出发,同时可以宽容、尊重乃至促进他人内在价值实现,这一过程中,仍可能始终不违背公共价值,且尽量促进公共善的实现。诚如是,相得益彰,每个人的内在价值及特定群体的公共善都是"实践之至善"的不可或缺部分。也就是说,从内在价值出发不会陷入不顾他者的利己主义;以"至善"为目的不会陷入无我的利他主义。布伦塔诺遗著的编辑者迈耶尔-海利布兰特(F. Mayer-Hillebrand)称这种伦理思想为"正确主义"(Orthonomous)[①]。

此外,"实践之至善"还能充任人生向之筹划的目标。面对当时颇为流行的叔本华"人生本苦"的悲观主义,布伦塔诺向世人揭示了人生本乐的真实图景。在正确的自爱中,诸内在价值不仅无限增进,而且伴随着快乐或愉悦;在正确地爱他者的同时,自己也体会到无限美感。如此,内在价值与外在价值有机统一为一体,自爱与爱他者相得益彰。个体在自立的同时也获得生活定向;"实践之至善"确立的同时也化为无数人格的正确偏爱与决断。生活中的对立更为坚实、更为内在地融为一体,诸种"价值"更为真实地扎根于心灵现象。这不只是理论,更不是说教,而是心灵对自身情状的真实发现。

经过追本溯源(经验中的明证性之本与思想上的来源),我们发现:布伦塔诺诸思想主题虽各自独立,可深层上又道通为一。如果斗胆对其哲学做一定性,笔者宁愿称其为"明智的经验主义"和"真实的个体主义"。布伦塔诺终生秉持"唯有经验才是吾师"[②]的信条,显

---

① 参见 Franz Brentano, *The Foundation and Construction of Ethics*, trans. by H. Schneewind, Routledge and Kegan Paul Ltd., 1973, p. 381。

② Franz Brentano, *Psychology from an Empirical Standpoint*, trans. by A. C. Rancurello, D. B. Terrell and L. L. McAlister, Routledge and Kegan Paul, 1973, p. xxvii.

然，其中"经验"一词的核心意义为"内知觉经验"，尔后可逐层扩展。所谓"明智"即为过犹不及的实践智慧。布伦塔诺的经验主义彻底而不极端。由此可以理解，他为何间接批评胡塞尔的纯粹现象学"只说明概念而不带有肯定性的经验予料"①。上文看到，无论是"存在""心灵现象"还是"价值伦理"，最终都扎根于"个体"，"不论我们讨论什么领域的主题，最终构成的事物只能是在个体上确定的"②。布伦塔诺并非停留于个体主义的说教，而是更为深入、更为内在地探寻"存在""心灵现象"和"价值伦理"等在个体上的根基，并以此为尊严、平等和仁爱进行全新奠基。因此，可以断言，这种个体主义脱离了教条主义和唯我论，是一种可以构筑共同体生活的真实个体主义。

80年前，布伦塔诺遗著编辑者克劳斯（O. Kraus）断言："布伦塔诺于1917年离世。可他并非昨日的哲学家，而是明天的哲学家。"③这断言已被其后的西方哲学历程充分证明。笔者以为，此断言同样适用于今日之中国。布伦塔诺所讨论的问题及其恰切的研究态度和方法自不必说，其哲学得以立足的"明智经验主义"及"真实个体主义"恰是我们时下之所缺。此外，布伦塔诺哲学与中国传统思想（如阳明心学、唯识学等）有望相互发明。这些只能留待有心人的后续研究了。

该文原载《现代哲学》2009年第4期

---

① Franz Brentano, *The True and the Evident*, London: Routledge and Kegan Paul, 1966, p. 139.
② Franz Brentano, *The True and the Evident*, London: Routledge and Kegan Paul, 1966, p. 137.
③ Franz Brentano, *The True and the Evident*, London: Routledge and Kegan Paul, 1966, p. ix.

[中编]

回到『实践』问题：洛采与马克思的对照

形而上学的开端在伦理学中

—— 洛采形而上学初探

文德尔班在研究19世纪德国哲学时指出,"在德国哲学的继承者中最重要的人物要算R. H. 洛采"①。曾担任过德国哲学学会主席的施奈德巴赫(H. Schnädelbach)也说,"在19世纪哲学史中,洛采是一位关键性人物。他的影响远远超出了仅仅作为价值哲学奠基者所具有的意义"②。然而遗憾的是,对于这样一位重要哲学家的思想,国内哲学界即使不是一无所知,也是所知甚少。本文拟以洛采的形而上学为主题,试图破解他在形而上学结论中所做出的堪称价值哲学第一命题的"形而上学的开端在伦理学中"③,并以此彰显德国哲学在马克思时代的一种学院派走向,而这方面往往是被我们所忽视的。

形而上学向来被当作一种普遍科学,"这种科学把这样一些命题和概念作为探究对象,它们在日常生活及特殊科学的探究中被奉为原则"④。"命题和概念"传统上被当作逻辑学的主题,然而在洛采看来,逻

---

① 文德尔班:《哲学史教程》,罗达仁译,商务印书馆1993年版,第872页。
② H. Schnädelbach, *Philosophy in Germany 1831-1933*, trans. by Eric Matthews, Cambridge University Press, 1984, p. 169.
③ R. H. Lotze, *Metaphysic*, trans. by Bernard Bosanquet, Oxford: The Clarendon Press, 1884, p. 536.
④ R. H. Lotze, *Outlines of Metaphysic*, trans. by G. T. Ladd, Boston: Ginn Heath & Co., 1884, p. 2.

辑学本身就是没有根基的，其例证是：亚里士多德的概念范畴表缺乏制定的原则；康德的范畴表建立在"二元论"的基础之上，即他断然区分了先天范畴与经验事实，这种区分本身在洛采看来就是成问题的。因而在形而上学的探究中，由逻辑学与范畴表所制定的规则与概念不能作为前提与基础。另一方面，谢林、黑格尔这些哲学家的形而上学也不能令人满意，因为他们从通常表象遥不可及的"绝对理念"这个假定开始，并依照一种前后一贯的原则从中演绎出世界的全部内容，在整个推演进程中并没有新源头的汇入①，这就在很大程度上忽视了现实存在。洛采把自己的形而上学定位为"探究"（investigation）而非"演绎"（deduce）。探究的首要任务是"发现真理"，因此必须尽可能从显而易见与众所周知的内容开始，并且允许在前的探究被后来的更为充分的探究所补充与修正。这就是说，形而上学命题的有效性"不能被事先决定，只能在形而上学中并通过形而上学自身来展现"②。洛采因袭传统，把形而上学分为三部分：（1）存在论（Ontology）。讨论事物的本质及其贯通的可能性，还涉及"存在""变化""因果作用"等主题。（2）宇宙论（Cosmology）。主要讨论"实在的诸构成元素被统合在一个有序整体中的形式"③，如对"时空""运动"的直观，以及对"自然物"的观念等。（3）现象论（Phenomenology）。主要讨论"一种关系，在这种关系中，客观世界在使其得以领悟的精神世界面前出立"④。

一、存在论

在洛采这里，形而上学是关于"实在"（Wirklichkeit/Reality）的

---

① R. H. Lotze, *Outlines of Metaphysic*, trans. by G. T. Ladd, Boston: Ginn Heath & Co., 1884, pp. 8-9.
② R. H. Lotze, *Outlines of Metaphysic*, trans. by G. T. Ladd, Boston: Ginn Heath & Co., 1884, p. 11.
③ R. H. Lotze, *Outlines of Metaphysic*, trans. by G. T. Ladd, Boston: Ginn Heath & Co., 1884, p. 10.
④ R. H. Lotze, *Outlines of Metaphysic*, trans. by G. T. Ladd, Boston: Ginn Heath & Co., 1884, p. 10.

科学。"实在"是什么？洛采首先给出了一个初步的界定："实在是这样一种东西，用它可以把能存在的事物（thing）与不能存在的事物区分开来，把能发生的事件（event）与不能发生的事件区分开来，把能实存（exists）的关系与不能实存的关系区分开来。"①洛采提示到，在探究的一开始，最好不用"存在"（Being）来标识形而上学的主题，因为"存在"在日常言谈中一般指称上述"实在"中第一种情况。既然上面所提到的三种情况都属"实在"，那么就不能说哪一个更根本，更不能妄想从一种"实在"演绎出其他种类的"实在"，就像一些前辈所做的那样。形而上学的任务仅仅是，"去发现使实在诸元素得以（共时地或连续地）统一起来的联结规律"②。鉴于"存在"范畴在形而上学中的重要性与歧义性，洛采就从分析"存在"的含义开始。

通常对"存在"有一种静态、孤立的理解，即将之把握为经验的对象。这种理解的一个后果是，很容易把"存在"经验化，其中最为极端的例子是"存在就是被感知"，即只承认感知中的"存在"；另一个后果是，通常对"存在"的理解先行设定了一个"对象"存在，这个对象可以离开任何"关系""经验"而独立实存，这就是通常所谓的"底基"（putting）、"纯存在"（pure being）等范畴所意味的对象。洛采认为，存在应被领悟为动态的"去存在"，"'去存在'意思是'在关系中出立'（"to be" means "to stand in relations"），被感知仅是众多关系中的一种"③。所谓"纯存在"，只是对在关系中出立之东西的抽象，因而它既不同于"实存"，后者是抽象前的各种关系体；也不同于"非存在"（not being），像黑格尔所认为的那样，因为"纯存在"虽

---

① R. H. Lotze, *Outlines of Metaphysic*, trans. by G. T. Ladd, Boston: Ginn Heath & Co., 1884, p. 15. 可参见 R. H. Lotze, *Metaphysic*, trans. by Bernard Bosanquet, Oxford: The Clarendon Press, 1884, p. 1; *Logic* (Volume II), trans. by Bernard Bosanquet, Oxford: The Clarendon Press, 1888, p. 208。

② R. H. Lotze, *Outlines of Metaphysic*, trans. by G. T. Ladd, Boston: Ginn Heath & Co., 1884, p. 16.

③ R. H. Lotze, *Outlines of Metaphysic*, trans. by G. T. Ladd, Boston: Ginn Heath & Co., 1884, p. 19.

然没有实指,却是心智对实存关系的最后抽象,所以在这种意义上仍是一种"关系体"。相反,"非存在"是一种脱离了任何关系、不可想象的东西,对此我们无力把握。不是单纯的"被感知",也不是"纯存在",而是"在各种关系中出立",这就是洛采对"存在"的最初界定。这种"存在"也就是通常所言"事物存在"的基础。因而,事物的存在同样应被理解为在关系中出立。我们只能通过"事物的谓述"对事物有所显示,而不能设定一个事物的存在。① 总之,"所有'存在之物'都在关系中出立,关系之外空无一物"②。

"存在"是"在关系中出立",那么进一步的问题是:"关系"是什么?进入关系中的"事物"是什么?这显然是在寻求对"物性"(thingness)的界定,即在对事物的内容、本质进行探究。试图通过对"事物"的直接感知来规定事物本质的做法是徒劳无益的,因为(1)事物看起来是不可分的整体,其实是由诸多元素构成的,它的可感性质依赖于并随诸构成元素的联结形式而改变;(2)事物的本质属一般之物,试图通过可感性质去寻求一般之物是徒劳的,因为可感性质是随境域变化而变动的,从中无法获得事物的超感本质;(3)可感性质并非被事物本质所固有,而是附着于各种事物上的属性。因此,可感性质不展现事物的真正本质,它最多显示一些事物作用或活动的结果。超感的质同样不能充当事物的本质,因为不论是感性的质还是超感的质,无疑都属于质(quality),而"所有的质都属形容词,不能指示那种作为底基的东西,只能作为断定底基的谓述"③。洛采对事物与质的关系的初步断定是,"事物不是质,它只能拥有质"④。

既然对事物本质的规定如此困难重重,就有必要摆脱成见,从不

---

① R. H. Lotze, *Outlines of Metaphysic*, trans. by G. T. Ladd, Boston: Ginn Heath & Co., 1884, p. 21.
② R. H. Lotze, *Outlines of Metaphysic*, trans. by G. T. Ladd, Boston: Ginn Heath & Co., 1884, p. 24.
③ R. H. Lotze, *Outlines of Metaphysic*, trans. by G. T. Ladd, Boston: Ginn Heath & Co., 1884, p. 29.
④ R. H. Lotze, *Outlines of Metaphysic*, trans. by G. T. Ladd, Boston: Ginn Heath & Co., 1884, p. 31.

同的角度去规定事物及其本质。前面提到，所谓"存在"，就是"在关系中出立"。从关系入手，事物的本质是否可能得到规定呢？洛采认为"关系"可以分为两大类：（1）比较的关系。就是随意把两个东西或它们的意象放在一起比较，这种比较是非本质的和无关紧要的，例如事物间的"大""小""相似"等关系。（2）客观的关系。它表明一种对比，它不仅存在于我们的思想中，更存在于事物本身，即事物在这种对比中发生相互作用和关联。这种关系也被称为"形而上关系"或"客观关系"，"显然，只有这种关系对'事物'本质的界定才是有意义的。因为凡是能被想到的东西，不论是物质的还是非物质的，都具有这种逻辑比较关系"①。如果把"事物"的内容与本质规定为相互作用的"客观关系"，那么事物的本质就不是单一的。因为如果"事物"是单一的质，那么变化就意味着整个事物的变化，这样一来就失去了事物"关系体"的持续性。也就是说，事物的本质与内容必定是多重关系的统一体。在这个统一体中，各部分按照一定的规律联为一体。关于事物的本质或内容，洛采归结如下："'事物'的本质不是单一的，而是统一体。如果这个统一体在思想中能被彻底把握的话，那么这种把握就不能以心智直观的形式发生，因为所直观到的对象只能是一种质；这种把握只能以概念的形式发生，因为概念的内容恰恰是多重性依照规律的联结。"②

"存在"在关系中出立，事物的"内容"或"本质"又是"多重性"按照规律结成的统一体。然而，就像"质"不能穷尽"事物"的内容一样，使多重性联结为事物的规律也不能穷尽"事物"的全部规定性。因为规律仅仅是"存在于我们思想中的，使多重性联为一体的精神图像"③，这种规律至多能指示"事物"的本质，而不能穷尽"现实

---

① R. H. Lotze, *Outlines of Metaphysic*, trans. by G. T. Ladd, Boston: Ginn Heath & Co., 1884, p. 32.
② R. H. Lotze, *Outlines of Metaphysic*, trans. by G. T. Ladd, Boston: Ginn Heath & Co., 1884, p. 34.
③ R. H. Lotze, *Outlines of Metaphysic*, trans. by G. T. Ladd, Boston: Ginn Heath & Co., 1884, p. 35.

事物本身"①。这就是说,在思想中形成的规律与现实事物还是判然有别的,"'规律'只是一种有效规则,或是一种真,这种规则贯穿于我们的观念联结或事件联结中。相反,对于'事物'我们会有更多的要求:我们要求事物成为可以进入事态的底基,并且能够受动与施动"②。"能够受动与施动"也就成为"现实事物"的重要规定,现实事物的存在也被称为"实存"(Existence)。事物的实存包含着规律,但不能完全把现实事物归约为规律。事物的"实存"至少包含下述三层规定的统合:(1)使事物成为事物或使一个事物区别于另一个事物的本质规律;(2)事物得以出立的"物质"或"质料"(stuff);(3)使一种实际的而非仅仅思想之物得以发生的"位置"。③现实事物必定是以上三种情况的合一。单纯的、不与其他方面结合的"规律""质料"以及"位置"只是心智抽象的产物,因而只能成为抽象的存在而非现实的事物。所以,在活泼泼的现实中就找不到脱离形式与位置的纯质料,也没有脱离质料与位置的纯形式,更没有脱离形式与质料的纯位置。

与"实存的"相对应的是"理念的"(ideal),理念保留在我们的思想中,一般来说,凭它自身"不能受动与施动"④。然而,理念可以在现实中展现自身。也就是说,"实存"与"理念"都属"实在"的内容,现实事物中既包含实存因素,也包含理念因素,且这两种因素无先后之分。⑤从这个意义上讲,"理念"与"实存"是两种不同的实在,但这并不意味着二者不能相互联结与转化。实际的情况是:一方面,"理念"要把自己的内容实现到实存中去;另一方面,也只有理念的掺入,实存事物才可能是我们所把握的样子。理念的实在性也预示

---

① R. H. Lotze, *Outlines of Metaphysic*, trans. by G. T. Ladd, Boston: Ginn Heath & Co., 1884, p. 36.
② R. H. Lotze, *Outlines of Metaphysic*, trans. by G. T. Ladd, Boston: Ginn Heath & Co., 1884, p. 37.
③ R. H. Lotze, *Outlines of Metaphysic*, trans. by G. T. Ladd, Boston: Ginn Heath & Co., 1884, p. 38.
④ R. H. Lotze, *Outlines of Metaphysic*, trans. by G. T. Ladd, Boston: Ginn Heath & Co., 1884, p. 41.
⑤ R. H. Lotze, *Outlines of Metaphysic*, trans. by G. T. Ladd, Boston: Ginn Heath & Co., 1884, p. 42.

了另一种实存——灵魂。洛采对灵魂的规定是：（1）灵魂不是无"关系"的空位置，而是"活"，即灵魂在与外部世界的各种作用关系中出立；（2）灵魂不是单一的质，它展示着相互统一且变动着的特殊规律；（3）灵魂并非空洞的理念，而是充满内容的"自我"，这种自我构成了灵魂的实在性。①

以上对事物存在的理解还是不充分的。其中所欠缺的就是对事物"变化"（change）的把握。事物变化与否？如何变化？变化中是否还持有同一性？关于变化的理解在传统中有两种观点。一种观点把事物的变化理解为绝对改变，其后果是，事物变化前后不再具有同一性。这种变化观所暗含的预设是，事物由纯粹流变的现象构成，其自身本质上不具有恒长同一性，也即事物的变化是由 A 到 B 再到 C 等一个无限相异之系列构成。另一种观点则相反，即认为事物本质上永不变化，日常所谓变动仅为外在表象，事物 A 永远都保持其本质 A。这种观点预设了事物的本质诸如"底基""理念"等是永恒不变的。洛采对以上两种变化观都持反对态度。他用公式表示 A 的变化序列，即 A：A_1，A_2，A_3，…。A 与它的变化序列都处于各种关系中，这些关系也被称为条件。洛采认为，所谓变化，仅仅是在特定条件下构成 A 的某种因素或方面发生了改变，但这并不影响 A_1 与 A_2 的前后一致性，因为 A_1 与 A_2 只不过是 A 在不同条件下的变形。如果把条件设为 X，Y，…，则事物的变化及其同一性可分解为：$A+X=A_1$，$A+Y=A_2$，…，公式中作为现存的是 A_1，A_2，…，通过反思、分析不同的条件 X，Y，…，我们领悟到事物变化前后会有一个具有同一性的 A。② 这种对事物变化的分析也与"只有'事物'及其关系实存"③ 的断定相一致。

变化自然会涉及原因。人们通常说，"任何事物都有原因"，这种

---

① R. H. Lotze, *Outlines of Metaphysic*, trans. by G. T. Ladd, Boston: Ginn Heath & Co., 1884, pp. 43-44.
② R. H. Lotze, *Outlines of Metaphysic*, trans. by G. T. Ladd, Boston: Ginn Heath & Co., 1884, p. 51.
③ R. H. Lotze, *Outlines of Metaphysic*, trans. by G. T. Ladd, Boston: Ginn Heath & Co., 1884, p. 56.

说法在洛采看来未免有些夸张，因为只有动变的事物才需要原因，那种在自身中完满的、无条件的绝对存在不需要什么原因，这种看法与亚里士多德的见解一致。原因对有条件的事物才是必要的。另一种流行的说法是，"一个事物只有一个原因"，洛采看来，这只会导致单线决定论，从而抹杀事物变化的丰富性。实际的情形是，事物的变化需要解释，因此因果性概念就成为必需。但我们既不能将因果性条件化，否则会陷入机会主义；又不能走向一种决定论，就像莱布尼兹所持的"前定和谐说"那样。我们最好承认，"因果概念对于理解世界是必不可少的，所有试图撇开因果之实在性而去理解世界过程的企图，都无疑会导致自身受挫。但必须承认因果性之本质是不可解的，也就是说，我们无力表明一般的因果性是以何种方式产生或发生作用的"①。我们同时可以在思想中借助一些辅助性的条件使因果性的内容成为可能。当然，这种因果性的设想必须被限定在具有条件性的特殊存在物中，也就是仅限于解释那些形式、属性和状态都变化着的特殊事物。因果性对无限、绝对的存在是不适用的，这就容易导向以下假定："万事万物最终归于一。也就是说，事物只不过是被特有的关系联结在了一起，从而呈现为种种相对独立的实存；但从开端处看，它们不过是那同一存在的不同样式而已，我们可以把这唯一的存在命名为'无限'，命名为'绝对'。"②"绝对"的出场并不意味着可以此为原则去演绎、解释一切。恰恰相反，即使在"绝对"中，仍有诸多不可解的现象，"即使在'无限'中，一种状态如何产生另一种状态，仍然是完全不可理解的。在这方面我们千万不要自欺欺人。一般的因果活动是如何产生的就像'存在'是如何出现的一样不可理解"③。必须承认人类心智的极限，必须承认有秘不可宣的东西，必须承认"无限"之为无限、"绝对"之为绝对。

---

① R. H. Lotze, *Outlines of Metaphysic*, trans. by G. T. Ladd, Boston: Ginn Heath & Co., 1884, pp. 68-69.
② R. H. Lotze, *Outlines of Metaphysic*, trans. by G. T. Ladd, Boston: Ginn Heath & Co., 1884, p. 72.
③ R. H. Lotze, *Outlines of Metaphysic*, trans. by G. T. Ladd, Boston: Ginn Heath & Co., 1884, p. 73.

二、宇宙论

在关系中出立的事物处于变化中，而特殊事物无不位于特定的境域里，这"境域"又是怎么回事？特殊事物的境域一般被"空间""时间""运动"等所标识。包含诸特殊境域的整全境域又被称为"世界""宇宙"。洛采从分析"空间"开始其宇宙论探究。康德把"空间"看作一种感性直观形式，以此来整理感性杂多，其结果是把空间完全主体化了；与之相对的一种观点则把空间看作一个"空盒子"，其中既可以摆放事物，也可以空无一物。还有人把空间看作"事物关系的总和""事物的排列"或"事物比例的总和"等。洛采认为这些说法都有问题，"事实上，空间根本不是事物一种有限的排列、关系或者形式；而仅为这些样式的可能性：这是个令人困惑的原理，空间自身并无形式、排列和关系，却使无限迥异的事物形式、排列和关系成为可能"[①]。如此看来，空间仅是作为"无限"之有限样式的变化可能性。与对空间性的理解相似，有人（例如康德）把时间也理解为一种感性直观形式，从而将之完全归于主体中；还有一些人把时间理解为无限的流变，果真如此，那么就可能出现难以把握的"空时间"。洛采认为这两种时间观都不可取，时间可以被直观并不意味着时间只是感性直观形式；时间具有流变特性并不代表时间仅仅是空洞的流变。在洛采看来，就像空间是并列之物变化的可能性一样，"时间是相继之物的形式"[②]。因而时间上的"过去""将来"之物也都无一例外地属于"实在"。由于空间与时间都根植于"绝对"之中，因此处于时空中的运动就不能被界定为"地点的变化"，因为这种界定仅仅是把时空作为感性直观形式而对现象进行感性直观的结果。以"相继之普遍性"为内

---

① R. H. Lotze, *Outlines of Metaphysic*, trans. by G. T. Ladd, Boston: Ginn Heath & Co., 1884, p. 82.
② R. H. Lotze, *Outlines of Metaphysic*, trans. by G. T. Ladd, Boston: Ginn Heath & Co., 1884, p. 89.

容的运动规律也必须在这种前提下被领悟。真正的运动应被看作"生成"（becoming），即"在每一时间单位中的有限空间向永恒整体的转渡"①。上文提到的"去存在"，即"在关系中出立"也就是在运动或生成的过程中出立。

照通常的说法，时空中的宇宙（世界）处于运动中，且由物质构成。人们平时都拥有关于物体的经验和感觉意象，并感受到事物的广延与物体的阻抗，人们把这些都归为物质的属性。然而问题是，我们如何能将这些称为"物质一般"（universal matter）？"物质一般"显然是超感的、非广延的实在。对于物质，前人主要有两种解释，一种是实在论的构造说，即认为物质是由特定的相互作用或诸元素的活动构造而成。洛采认为，康德与赫尔伯特（J. F. Herbart）的物质论都属于不同类型的构造论。另一种是唯心主义的演绎论，即认为一个综合而完满的世界理念必定包含着物质。洛采认为这两种观点都失之偏颇，依他之见，"所有实在元素不论距离多么遥远，都能够发生直接作用；正是通过这些作用，它们才在空间中限定了一个个位置，在这些位置中，它们得以呈现"②。这就是说，"物质由实在元素复合而成，其中每种元素都具有超感的本质和非广延性"③。我们平时所说的"物体"或"广延"只是一种同质的可感属性不间断地填充了一个"物质"的空间。与物质相对应的"力"，也就不再是诸实在元素的恒长属性，而是在特定条件下才出现的能力。如此这般的物质概念其实就是把物质看成了唯一实在——"绝对"——的一种属性，这种属性具有整体性，可谓"牵一发而动全身"。总之，被物质所填充的所有空间都由无限数目的实在元素构成，它们就像数学中的点，因而可以成为智性的对象。"通过实在元素间的相互作用，产生了一般的广延，以及属于广延总体

---

① R. H. Lotze, *Outlines of Metaphysic*, trans. by G. T. Ladd, Boston: Ginn Heath & Co., 1884, p. 99.
② R. H. Lotze, *Outlines of Metaphysic*, trans. by G. T. Ladd, Boston: Ginn Heath & Co., 1884, p. 106.
③ R. H. Lotze, *Outlines of Metaphysic*, trans. by G. T. Ladd, Boston: Ginn Heath & Co., 1884, p. 106.

的形式、聚合和阻抗力。"①

　　物质由实在元素复合而成，而"所有物质存在者仅仅是那无限实在的变式"②。那么物质世界究竟是齐一的，还是多样的？这个问题应当最终留给经验去解决。不过至少就目前的经验进展来看，物质的异质多样性也并非不可能，因而就可以推断，"那无限的实在被部分地直接呈现在由异质元素分别构成的系统中"③。正因为诸种物质样式是由同一实在分化而成，因此它们之间就是可以比较和度量的。它们背后有个共同的本质，那就是"物质一般"，这种共同的东西就可以为计算事物提供有用的等式，而无须指涉各异的物质存在样式。必须从两种视域考虑自然事物发生的次序：其一是以限定着事物发生、事情联合的规划（plan）为立足点观看；其二是以规划的每一步都被挑明的程序性的一般规律为立足点观看。第二种视域构成了自然的机械论观点，依此，自然科学得以出现。机械论的要旨是，自然发生的所有事物都依赖于物质元素，这些元素相互之间是可比较的，因而是可计算的。可以说，机械论从根本上所依托的是条件—环境间不可变的必然规律。洛采认为机械论是必要的，但它必须被限定在一定范围内，并且应被根植于更高的规划论之视域中。规划论则从自然的总体过程来考察自然，在它看来，"诸元素的集合被安排进了一种总体性中，这种整体内在统一于关联着的诸元素的相互作用过程"④。这种规划的视域可被称为"有机论"的或"目的论"的。机械论中有个核心概念——力（force），前文提到，所谓力就是其强度在特定条件下能够变化的一种能力。有机论中与力相对应的是"活力"（impulse），"所谓活力，就是复合体能够有所趋向的一种原本能力，这种能力并不完全随实际存在着的环境条

---

① R. H. Lotze, *Outlines of Metaphysic*, trans. by G. T. Ladd, Boston: Ginn Heath & Co., 1884, p. 112.
② R. H. Lotze, *Outlines of Metaphysic*, trans. by G. T. Ladd, Boston: Ginn Heath & Co., 1884, p. 113.
③ R. H. Lotze, *Outlines of Metaphysic*, trans. by G. T. Ladd, Boston: Ginn Heath & Co., 1884, p. 115.
④ R. H. Lotze, *Outlines of Metaphysic*, trans. by G. T. Ladd, Boston: Ginn Heath & Co., 1884, p. 117.

件的变化而改变,而是依傍于一种即将发生但尚未实存的'目的'"①。

这表明,"力"与"活力"就是截然不同的两种能力,前者在特定条件下发生,并体现为原因对结果的作用;后者则是先有一个目的(结果),尔后在此目的之招引下启动,最后实现目的。从这种意义上讲,活力中的结果就是原因。"力"是受动、被动的,而"活力"是自动、主动的。因此,"活力所归属的活泼泼的整体通过其自身的作用限定自身的形式及完善的环节;外在诸物质因素仅在整体自身完善中作为手段被运用"②。洛采把完善着的活力假定为实在的属性,虽然活力自身究竟如何可能永远是未知的。活力的这种自我完善特性最终必定指向一个终极目的,前述的一切元素与环境条件都与这个终极目的相关。问题是,这种在现实中还没有存在的"应然"之目的如何能参与到存在的运作中来呢?一般地看,有两种可能性:一种是实在本身具有意识到终极目的之精神;另一种则是实在不具有这种精神。后者就属于盲目之机械论的特征,而前者才是洛采所认定的实在形式。但认定这种实在形式仅是唤醒了充满目的的活力,仍未表明这种活力如何实现它的目的。活力的发生情况是,"活力根据规划调节实在诸元素无疑是允许的;但只有活力并不会产生任何结果,如果其实现所必需的条件尚未具备的话"③。这就是说,活力同时也就意味着一种协调、整合多种元素之间关系的能力,另外,关系中的整体性先于各元素且具有优先性,"总体的理念优先于其在之中实现的现实"④。相对于现实而言,总体实在就表现为潜在与可能性。这就说明,我们不能指望一位思者思想中关于实在的单纯理念发生现实的效力,如果它不与现实的诸元素相结合的话;并且在实际的结合中也必须遵循相应的规律。然而,这

---

① R. H. Lotze, *Outlines of Metaphysic*, trans. by G. T. Ladd, Boston: Ginn Heath & Co., 1884, p. 118.
② R. H. Lotze, *Outlines of Metaphysic*, trans. by G. T. Ladd, Boston: Ginn Heath & Co., 1884, p. 119.
③ R. H. Lotze, *Outlines of Metaphysic*, trans. by G. T. Ladd, Boston: Ginn Heath & Co., 1884, p. 123.
④ R. H. Lotze, *Outlines of Metaphysic*, trans. by G. T. Ladd, Boston: Ginn Heath & Co., 1884, p. 124.

并不意味着重新回落到机械论中,因为机械决定论与精神自由相抵牾。同时,如果考虑到世界的意义与价值,那么这种机械决定论从根本上说就是不可信的和本末倒置的。"我们的精神并不希求整个世界都是'机械'的,而是应有'自由'的东西;实在并非都由外在条件形成,而是自己形成自身的现在与将在。"① 这就过渡到了现象论的主题。

三、现象论

在上文讨论"实存""绝对""因果性"过程中,洛采都展示出人类心智的限度。心智不能彻底把握大多数"实存",唯独一种"实存"例外,那就是灵魂。只要我们的灵魂处在活动中,就可以期望通过这个对我们而言最为内在的实存去获知"实在"其他方面的本质与属性。上文曾提到,最终、最高的实在是"绝对",其他种类的存在都是它的分延与呈现,各种变化、运动也仅仅是实在自身各元素间的相互作用的结果。因而,灵魂及其高级部分——思想,也都处在与"实在"的其他元素的相互作用中,其作用的结果可以称为"现象"(phenomenon),"现象"是人们能够知晓的东西。因此对于各种"现象",我们不能武断地说它们仅仅是事物的属性,或仅仅是对事物的摹仿,而要看到它们其实是由人们的灵魂与灵魂之外的实在交互作用的结果。我们还应当认清概念以及由概念构成的规律。虽然规律的形成有某种外在的触动,但其内容,特别是其内容的形式方面,主要是由心灵所发动的解释与联结。

因此对于诸现象,我们一方面要看到其外在来源;另一方面则要知道心灵在其成形中的关键作用。对第一方面而言,我们要反对主观唯心主义怀疑论的观点,这种哲学把事物仅仅看作心智想象中的构造

---

① R. H. Lotze, *Outlines of Metaphysic*, trans. by G. T. Ladd, Boston: Ginn Heath & Co., 1884, p. 126.

或自我的设定,其症结在于把主观精神孤立化、绝对化,从而妨碍了对实存的观照。毫无疑问,事物是实存的,这可以通过我们的感觉、直观、领悟性的观念直接感知。当然,事物并不能现实地进入这些精神活动中,而仅仅是对主观精神发生作用。再者,生活中我们时刻都在与外物打交道,我们总不能说这些活泼泼的东西只是我们想象的产物。并且,实存着的个人时常受到一种外力的侵扰,对于这种外力,很多时候我们都感到无可奈何,难道这种不可控之力不来源于人之外吗?因此,无论从哪方面说,断定外物不存在的唯心主义都是草率的和无根据的。

我们同时也必须承认,事物是外在于我们的,也就是说,我们并不能完全知晓事物之自在状态,必须保持"物自身"之神秘性。"事物自己享有自己的状态,而不仅仅具有被我们所设想的状态。也就是说,'实在'是'自为存在'。"① 不过这并不否认精神自我的可知性,"精神是唯一可知的实在。也就是说,只有在精神生活的理念中,我们才能完全清楚地领悟'物质存在'的意味,相反,非精神的'事物'之实在只能通过一组抽象概念的中介来认识,虽然对此还想知道得更多,然而我们却无力使这些概念完全充盈"②。例如对事物而言,我们只能知道它们是"谓述的主词""属性的支撑""状态的底基",此外就不能知道得更多。对于"精神或自我"则不同,因为我们对自身之状态有着活泼泼的体验、经历和感受,因此自知也是最切实可靠的。当然,事物从根本上的不可知并不意味着它不能给出确定无疑的状态。恰恰相反,灵魂的多种状态都直接源于事物的影响,例如感觉、对事物存在的信念,以及对事物最终状态的神秘感等,这些全都源于事物对人的灵魂状态所施加的确定影响。"我们说通常'事物'的'影响和作用',

---

① R. H. Lotze, *Outlines of Metaphysic*, trans. by G. T. Ladd, Boston: Ginn Heath & Co., 1884, p. 138.

② R. H. Lotze, *Outlines of Metaphysic*, trans. by G. T. Ladd, Boston: Ginn Heath & Co., 1884, p. 139.

但只有当这种'影响'被实际地遭受了才有真实的意义,也就是说,被情感或其他精神状态所遭受。"[1] 然而,不论是事物还是精神生活,都是无限实在——"绝对"——的样式,它们之间的相互作用在这种意义上就是"绝对"的内在运作。

与唯心论相对立的是认识上的反映论,即认为精神所获得的认识仅仅是客观世界的摹本,从而是一种表象,是一种完全被客观世界决定的伴随者。这种观点是不能成立的,因为就连通常看来最为"客观"的色彩和声音之获得都必须有我们感官的参与,因而根本无法寻得一种能够离开精神活动的现象。如果说以上观点属于庸俗唯物主义的话,那么另一种则是谢林与黑格尔所谓"思维与存在同一"的学说。洛采认为这种理论走向了另一个极端,即把整个世界历史、万事万物都"绝对精神"化了,如此一来,整个世界就全都成了精神。在思维与存在关系的问题上,洛采认为,存在显然并不能等同于"被思想"。因为如果存在等同于被思想的话,那么那些盲目纷乱的"存在者"也都成了思想,这有悖于思想的清明本性。"思存同一"所包含的合理思想仅仅是,事物的本质与存在同精神的本质与存在其实并非截然对立,但二者也绝不能同一。必须承认事物的存在除了能被形式地决定的思想成分外,还具有直接可感的东西,也就是说,思想并不能穷尽"存在"的内容;这种可感的东西只有在活泼泼的经验中(例如在当下的快乐和痛苦中)才能体验得到,在现实的感受中如果只运用单纯的概念就会失去本真的经验内容。"作用与影响"也只有被切实地感受方可获得其内容,为此就必须动用我们的情感经验。如此看来,"思存同一"仅为一种设定,其意义在于以形式化的逻辑思想去把握、确定存在的内容,这也是黑格尔以逻辑学取代存在论的用意所在。

对"存在"精神化的设定到费希特那里趋于明朗,他认为精神自

---

[1] R. H. Lotze, *Outlines of Metaphysic*, trans. by G. T. Ladd, Boston: Ginn Heath & Co., 1884, p. 140.

身就具有实现的倾向。不过这种思想也不能令人满意,因为在费希特那里,"实在仅作为人类行动的手段而存在,这种行动也是从形式的方面被考虑,相反,作为活动性与自我决定性,值得实现的唯一内容却被忽视了"①。在洛采看来,"绝对"所呈现的不仅仅限于像费希特所说的人类"道德善好"(morally Good),而是万事万物所追随的"至善"(highest-good),其中还包括"美好之物"(the beautiful)、"幸福"(the happy)或"神恩"(blessedness),"这些内容与善好一同构成了拥有价值的综合体"②。"拥有价值"(has value)对人而言也就是"值得"(worth)追求,在追求"至善"这种实在的过程中,人成其为人,社会成其为社会;在"至善"这种"绝对"的招引下,万事万物成其自身,世界成其秩序。

令人费解的是,这种"至善"的价值综合体中唯独没有"真"。在洛采看来,"真"是各门具体科学及其基础形而上学这门科学的主题,不过"所有形上的真只存在于以下形式中,这些形式必定是被依赖于善好原则的世界所设定"③,也就是说,作为形式的形而上学仅仅是人们通达价值领域的阶梯,而且只有以通向价值领域为鹄的,形而上学才是有意义的。正是在这种意义上,洛采断言"形而上学的开端在伦理学中"。这里的"伦理学"并非指当时流行的某种伦理学体系,甚至从根本上说也不是指作为哲学一个门类的伦理学科;从其语境看,"伦理学"标示一种应当以"至善"为其追求目标的伦常生活。因而,我们似乎可以将上述核心命题替换为:"形而上学肇始于'至善'。"

"至善"达到了形而上学探究的极限,通过这种界限,一切原则与现象就达到了整体性。因此,"至善"也就成为一切设定、经验以及精神形式的源泉和依据,虽然从中并不能演绎出形而上学真理。"至善"

---

① R. H. Lotze, *Outlines of Metaphysic*, trans. by G. T. Ladd, Boston: Ginn Heath & Co., 1884, p. 151.
② R. H. Lotze, *Outlines of Metaphysic*, trans. by G. T. Ladd, Boston: Ginn Heath & Co., 1884, p. 151.
③ R. H. Lotze, *Outlines of Metaphysic*, trans. by G. T. Ladd, Boston: Ginn Heath & Co., 1884, p. 153.

并非形式与质料的分离，而是一种活泼泼的、实在的善，这种善也被洛采称为"自为精神"。在洛采这里，"无限""绝对""至善""自为精神"乃至"神"都是同实而异名。它从根本上说是精神性的，"世界的实质性'根基'是种精神，我们的认识能够赋予其本质的仅仅是生活的及实存的善。所有有限之物都是这种'无限'的运作"①。因此，不论是事物、事件，还是依照规律的机械论及自然科学，甚至连同形而上学都不过是"至善"在较低阶段上的实现形式，是"自为精神"的贯通与分延。"终极原则贯通到所有精神形式之中，这种贯通如此一致、如此按部就班地依照规律，以至于对这些精神形式而言，必定会在它们之外的空间中呈现出一个由实体的与有效的'事物'构成的世界。然而，普遍规律的意义——'绝对精神'借此在表象世界的产生、保持与统治中延续下去——可以在其成为善理念的结果中被发现，这恰是它的本质。"②这就是说，普遍规律不是外在于事物的形式（就像康德所认定的那样），而是在事物的实存过程中现实地起作用，"如果将'规律'与'真'理解为有效的话，那它们就不会在世界中单独存在，也不会在'事物'之前、之外、之间或之上存在，只有当'规律'或'真'作为一种'状态'或'活动'在活泼泼的实存中实现之际，它们才存在或起作用"③。或者说，"规律""真"是以"起作用"的方式存在，而诸种"起作用"的方式说到底无非是"至善"的贯通与分延。

世间形形色色的现象只不过是"无限"的展开，"由于神展开了无限的行动，这些行动就成为它与有限精神的知识对象，因此，与那多种行动相对照，这种知识就能领悟普遍命题中的共同意义。由于这些

---

① R. H. Lotze, *Outlines of Metaphysic*, trans. by G. T. Ladd, Boston: Ginn Heath & Co., 1884, p. 155.
② R. H. Lotze, *Outlines of Metaphysic*, trans. by G. T. Ladd, Boston: Ginn Heath & Co., 1884, p. 155.
③ R. H. Lotze, *Outlines of Metaphysic*, trans. by G. T. Ladd, Boston: Ginn Heath & Co., 1884, p. 157. 可参见 R. H. Lotze, *Logic* (Volume II), trans. by Bernard Bosanquet, Oxford: The Clarendon Press, 1888, p. 211.

命题在被造的世界中都有效，它们就首先允许在与世界各特殊部分的相互关联中被考虑，甚至当其对象还没被感知或尚未发生时，这些命题就已被作为预期的规则"①。这并不意味着规律、命题是控制所有应然之物的力量，从而先行于实在，甚至先行于不可思议的命运，因为如此一来，"神""绝对""无限""自为精神""命运"也就会落入规律、命题的掌控之中，这在洛采看来是完全本末倒置的。为了从根本上避免这种情况发生，他建议人们"必须恪守反思的限度，以避免提出不可回答的问题"②，例如，我们不能去问"终极存在是如何产生的？"诸如此类超出人类认识限度的问题。即便用一种类比推理，就像中世纪神学所做的那样，仍会误入歧途，因为类比推理也是"属人"的推理。而"终极原则及其最初的活动形式永远不允许被'解释''构造'或'演绎'。我们的认识即使在最有利的情形下也只能掌握依赖于这些原则的次一级的规则。至于这些基本原则自身如何能'存在'或'起作用'，是不可回答的，这种追问本身就是误入歧途的"③。这里其实已指向神（恩）—宗教领域，它联同"善好""美好"一道构成了指引伦常生活的重要内容。

该文原载《德意志思想评论》第二卷（2004）

---

① R. H. Lotze, *Outlines of Metaphysic*, trans. by G. T. Ladd, Boston: Ginn Heath & Co., 1884, p. 158.
② R. H. Lotze, *Outlines of Metaphysic*, trans. by G. T. Ladd, Boston: Ginn Heath & Co., 1884, p. 158.
③ R. H. Lotze, *Outlines of Metaphysic*, trans. by G. T. Ladd, Boston: Ginn Heath & Co., 1884, p. 159.

洛采与现代价值哲学之发起①

笛卡尔以降,"心"②"物"二元成为哲学的基本事实。另一个事实是,没有哪种彻底的哲学不致力于打破二元对峙。以科学主义或自然主义为基础的唯物哲学,不论在本体上还是在认识上都试图把"心"化为"物"的"副现象"。相反,在意识现象学中达到顶峰的认知主义的工作前提便是"悬置"物的存在——即便涉及"物",也是"心"中反思之"物"。后期海德格尔试图取消主体(观)主义与客体(观)主义的对峙,提出"存在之思"取而代之。然而,摆脱"二元"的"存在"及其替代样式因其玄远而容易走向虚无。

那么,究竟有没有一种哲学力图和解"心""物"二元之对峙呢?答案是肯定的:由洛采发起的现代"价值哲学"正是着力于此。价值哲学不仅力图和解"二元"本体论,同时也致力于与之相应的"二元"世界观与"二元"伦常—实践论的沟通。就后一种意义而言,价值哲学是实践哲学悠久传统的现代样态。

一、"价值"与"二元"本体论之和解

"心""物"二元对峙的实质在于把二者均作为平行并列且不可相

---

① 谨以此文纪念洛采100周年诞辰。
② 这里的"心"是与"物"相对的"灵魂""心灵""思维""意识"等能力的统称,意指可以在具体语境中得以确定。

互派生的"本体"。洛采对之进行和解的方式是指明在形而上层面有一个更为高阶的"现实性"（Wirklichkeit），不论"心"还是"物"，都属"现实性"："我们称某物是现实的，也即它存在，与之相反则是不存在；某一事件是现实的，也即它正在发生或已经发生，与之相反则是没发生；一种关系是现实的，也即它被具有，与之相反则是不具有；最后我们也称一个命题是现实的，也即它有效（Geltung），与之相反则是其有效性是成问题的。"① 其中的"事件"（event）既指心灵活动的发生，亦指事物的发生。如此，就得到四种"现实性"：事物的存在及其发生的现实性、心灵活动发生的现实性、具有关系的现实性以及"有效"的现实性。如果把"关系"这种非独立的"现实性"暂且搁置——正如洛采通常所做的那样，那么就得到"事物之存在"—"心灵之发生"—"有效"三重"现实性"。这就是说，在"心""物"之外，又出现了"有效"这种"现实性"。洛采进一步强调："我们必须像看待'存在'与'发生'那样把'有效'看作最终的和不可派生的。"② 但问题是，究竟"什么""有效"？

虽然上文的"有效"是就"命题"提出的，可并不意味着"有效"的范围仅限于命题领域。在洛采看来，这种作为"有效"之"现实性"的典型领域是柏拉图最先发现的"理念"领域，只是后者并未成功找到合适的范畴以标示"理念"这种不同的"现实性"。其后果是，在这一形而上领域引发了后学长久的混淆。其中一种典型的混淆是：把"理念"与"事物"都作为"存在"，可为了区分二者，又把前者标示为"本质"（essence），后者标示为"实存"（existence）。如此，"本质"必须参照"实存"得以理解，否则"理念"便成为神秘之物。

---

① R. H. Lotze, *Logic* (Volume II), trans. by Bernard Bosanquet, Oxford: The Clarendon Press, 1888, p. 208.

② R. H. Lotze, *Logic* (Volume II), trans. by Bernard Bosanquet, Oxford: The Clarendon Press, 1888, p. 209.

然而，在洛采看来，"理念"既不需要参照"存在"或"实存"得以理解，又并非不可理解的神秘之物。作为理念之"现实性"的"有效"在心灵中能够有所展现："诸理念——只要它们在我们的心灵中有所显现——具有事件那样的现实性，它们在我们之中发生。因为表象行为并非静止的存在，而是一种持续的事件；可以从这种心理行为抽取出的且这种行为所指向的内容却既不能被称作'发生'，也不能被看作是像事物那样'存在'，我们只能说这种内容'有效'。"① 这里出现了与上文"现实性"的三重结构对应的心灵表象的三分结构：表象行为（发生）、表象对象（存在）和表象内容（有效）。② 在这种三分结构中，"理念"及其"有效"可在心灵中展现并不意味着其离开心灵便不再具有现实性。相反，即使未在心灵中展现，理念也是永恒有效的："理念具有永恒的自身同一性含义，它通常都是其所是，不论是否有事物分有它从而使其展现在外部世界中，也不论是否有精神思考它使其展现在心灵事件的现实性中。"③ 因而，在这一意义上完全可以说，理念是"永恒有效"的。通常所谓"理念"，比如"美本身"，也正是就这一意义上而言的。

众所周知，在柏拉图那里，最高的是"善理念"，因而洛采对柏拉图理念论的改造也就不仅仅限于命题和"真"的领域，而是涵盖所有——包括"美""善""圣"等理念领域。在漫长的哲学史中，正是洛采最先以"价值"（Wert）来意指由近现代哲学中的道德之"善"扩展而来的一切领域中的"善好"（good）理念："我们在道德善之外也把美、幸福与神圣统一到这个全部都具有价值的善之综合体中。"④ 如

---

① R. H. Lotze, *Logic* (Volume II), trans. by Bernard Bosanquet, Oxford: The Clarendon Press, 1888, p. 209.

② 这种三分结构后来也被弗雷格与胡塞尔借鉴。

③ R. H. Lotze, *Logic* (Volume II), trans. by Bernard Bosanquet, Oxford: The Clarendon Press, 1888, p. 210.

④ R. H. Lotze, *Outlines of Metaphysic*, trans. by G. T. Ladd, Boston: Ginn Heath & Co., 1884, p. 151.

此，"价值"便可取代柏拉图那里"善"理念的地位，即"价值"以"有效"的方式而成为"现实性"。正如后来李凯尔特所言："价值的实质在于它的有效性（Geltung）。"①

与洛采把命题之"有效"扩展为理念之"有效"，又最终扩展为"价值"之"有效"相应，心灵表象三分结构中的"表象行为"也有待扩展。虽然洛采基本沿用了康德从沃尔夫学派继承下来的知、情、意三分的心灵划分方式，但与康德不同，他更加强调这三种能力的协调统一性而非独立性："心灵的展现不会如此这般地支离破碎，即，其中一部分清醒，另一部分却沉睡；相反，在它的每一次活动中，整个心灵都发用。"②也只有触动和引发了心灵的"情""意"部分，我们才能说某表象对象有"价值"；否则，对象便是无价值的"冷漠之物"（indifference）。而这种触发机制恰恰是"价值"之永恒有效转化为其对心灵有效的方式。当然，这种转化是通过"表象对象"的中转而完成的。正如上文三分结构所表明的那样，心灵活动直接面对的是存在着的事物或事态，而当心灵的"情""意"受到事物的触动，那么就说这个事物是有"价值"的，也即，以被触动的心灵确证某物"分有"了永恒有效的"价值"。洛采也用可见的"红"来类比这种"价值本身—价值物—价值显现"的关系：眼睛在一朵"红花"中看到了"红"本身→心灵感触"美景"从而显现出"美"本身。换言之，对我们而言的价值物之有效虽然最终源于自身永恒有效的价值，可"价值"的实际显现却一方面需要具体情境中相关价值物的触发，另一方面则需要活泼泼心灵（living soul）的感受和体验。大约半个世纪后，永恒价值及其显现以更为精致与彻底的方式出现在舍勒的价值现象学中。

总之，通过洛采引入的永恒有效之"价值"，传统二元本体论中的

---

① 李凯尔特：《文化科学和自然科学》，涂纪亮译，商务印书馆1986年版，第78页。
② R. H. Lotze, *Microcosmus* (Volume I), Edinburgh: T. & T. Clark, 1885, p. 180.

"心""物"对峙便转化为"心"与"物"在"价值"中的相互引发。这不但没有取消其中某一方的"现实性",反倒使对峙双方在和解中向永恒价值敞开。

二、"真"价值与"二元"世界观之和解

近现代以来的心物二元对峙不仅体现在本体论方面,更体现在世界观方面,即建基于自然科学的机械论世界观与建基于诗意情感的浪漫主义之尖锐对立。机械论把世界看作一部其运作符合必然性的大机器,自然科学对这部机器的每个部件、构造与机制都了如指掌。在这种世界观看来,人无非是一部更为精微的机器,凡是不符合必然科学的也都是虚假的、无意义的和需要去魅的。如此,世界的意义、生存的价值在科学面前便需要为自身进行辩护。与此相反,浪漫主义者无视现代自然科学的突飞猛进,他们充满幻想而渴求返回原初的"精神家园",担忧机械论世界观的后果"会使所有生命、自由以及诗意从世界上消失"①。

洛采价值哲学的一个重要任务就是回应"精神需求与人类科学成果之间持存着的这场悬而未决的争执"②。在他看来,这种二元的冲突并没看上去的截然对立和水火不容。事实上,如果采取适当的哲学视角——就像洛采自己的价值哲学所做的那样——两种世界观能够得以和解。

一方面,就科学主义而论,科学的前提与基础并非全然僵化的经验与事实。首先,洛采借用康德对科学何以可能的追问结构,不同的

---

① 洛采:《〈小宇宙〉导论》,郝亿春译,载冯平主编:《现代西方价值哲学经典·先验主义路向》上册,北京师范大学出版社2009年版,第30页。
② 洛采:《〈小宇宙〉导论》,郝亿春译,载冯平主编:《现代西方价值哲学经典·先验主义路向》上册,北京师范大学出版社2009年版,第26页。

是，他更强调范畴、规律中的确信、假定等难以摆脱情感信念的因素。如果没有这些因素，仅凭僵化的感觉材料，是无法形成对外在世界的理解和科学规律的："那种认为自然从始至终都被一个连续的规律体系所充斥的断言不能建立在经验的证据上，而必须建立在确信的基础上，这种确信使所有实在的系统联结成为一种基本的确定性。"① 其次，科学之所以发生，要么是出于人之求知天性，即对事物为何如此的惊讶；要么是出于解决生存问题之需要。不论是哪种情形，都是在满足人的情感或欲求："期待也会被认为包含在那些出于需要、希望和想望而从心灵中升起的需求中；当注意力被唤向期待时，它就会强烈要求由外在世界来实现。"② 在《小宇宙》中，洛采进一步指出："在其真理性中，权威甚至科学会迫使我们认同其演绎结果的那些首要原则最终正是依赖于直接信念。"③ 因而，如果离开这种奠基性的期待、确信、欲求、信念等"情""意"因素，科学之"真"便无法呈现。

情感和价值因素不仅内在地进入科学规律的构造过程，而且也成为科学求真活动的目的性前提："如果人类所有的探究目的只是在认识中产生世界如其所是的反映，那么在这种探究中付出的辛劳又有什么价值呢？……除非'真'的发现在所有情形下都能获得某种'善'，这种'善'珍贵到足以匹配在获得'真'的过程中所付出的辛苦。"④ 如此，"真"价值并不能离开"善"价值而独立呈现；具体到心灵活动，呈现"真"的表象与认识并不能完全离开呈现"善"的情感与意志而

---

① 洛采：《〈形而上学〉导论》，郝亿春译，载冯平主编：《现代西方价值哲学经典·先验主义路向》上册，北京师范大学出版社 2009 年版，第 8 页。
② 洛采：《〈形而上学〉导论》，郝亿春译，载冯平主编：《现代西方价值哲学经典·先验主义路向》上册，北京师范大学出版社 2009 年版，第 6 页。
③ 洛采：《〈小宇宙〉导论》，郝亿春译，载冯平主编：《现代西方价值哲学经典·先验主义路向》上册，北京师范大学出版社 2009 年版，第 28 页。
④ 洛采：《〈小宇宙〉导论》，郝亿春译，载冯平主编：《现代西方价值哲学经典·先验主义路向》上册，北京师范大学出版社 2009 年版，第 27 页。

独立发生。这也符合前文提及的心灵活动之基本原则:"每一次活动中,整个心灵都发用。"

这种对科学以及"真"何以可能的解释是把情感—目的因素引入科学,这在某种程度上为作为科学对象的僵化事实与规律注入了意义与价值,从而突破了科学之为绝对必然性的成见。如若没有上文表明的心灵情感与欲求能力以及"善"与"价值"的介入和奠基,是不可能获得科学规律和理论之真的。纵观历史,古往今来科学的不断变化也充分表明其具体形式并非一劳永逸和永恒不变,而是随着时代的情境、信念、需求、期望系统的变化而不断调整自身的存在样态。差不多一个世纪之后,在科学哲学领域引领风潮的波普证伪理论及库恩的范式理论正是洛采这种思想的进一步推进。

另一方面,情感—浪漫主义认为,机械论的世界观以及必然性的科学都是僵死和无意义的,因为它们褫夺了艺术、道德、信仰的地盘,扼杀了生活的价值。在洛采看来,情感哲学确实抓住了生活的根本,但这并不意味着对科学视而不见,更不意味着要拒斥科学发展的成果:"一个人可以在情感世界中以这种信念为乐,可他在实际生活中的每一步都无法避免利用科学的便利,因而就心照不宣地承认了科学真理。"①显然,无视现代自然科学的成就是自欺欺人。事实上,浪漫的怀古并不能抵制现代科学无往而不胜的前进步伐。因而,更为恰切的做法是:一方面正视自然科学的发展和成果,及时抛弃虚幻的浪漫主义和复古主义空想;另一方面则要融会更为重要的价值因素为科学奠基,从而把现代科学恰如其分地运用于人类的整体生活之中。

在洛采看来,从某种意义上讲,不仅自然科学的基础在情感与价值中,而且对科学及全部存在进行反思的形而上学的基础也在伦理学

---

① 洛采:《〈小宇宙〉导论》,郝亿春译,载冯平主编:《现代西方价值哲学经典·先验主义路向》上册,北京师范大学出版社2009年版,第28页。

中:"形而上学的真正开端在伦理学中"①。洛采价值哲学试图完成的一项重要工作正是"以'应是之物'为'所是之物'奠基"②。这似乎又回到"事实"与"价值"的二元对峙,可如果参照他所划定的"现实性"之三重结构,这里"所是之物"显然包括"存在"与"发生",而"应是之物"则属于"价值"。可见,洛采想要表达的无非是以"价值"来和解"心""物"二元论以及相应的机械世界观与浪漫主义之对峙。

三、"善""美""圣"价值与"二元"伦常—实践论之和解

与以"真"价值化解机械论与浪漫主义世界观之冲突相似,洛采也试图以"善"价值来沟通规范主义与快乐主义伦理学长久以来的二元对峙。

在康德那里达到极致的规范主义伦理学以理性律令作为道德善的最终原则,从而把情感与意志放在完全从属的地位。相反,形形色色的快乐主义则把情感或欲望的满足程度作为道德与生活之善的标准。在洛采看来,上述双方都是对"善"价值的片面表达,作为价值的善"本身"既被伦常规范分有,亦被情感欲求呈现。

就规范主义伦理学而言,洛采并不认为康德所制定的律令主义是伦理学的恰当形态,因为古往今来实际生活中起作用的是源于生活传统自身的礼法习规,而非人为律令。这些礼法习规随着时代的变化而相应地进行自我调整,其中也必定容纳了各个时代的情感、意志等心灵因素。而就快乐主义伦理学而言,洛采认为其自身便包含着张力:如果所追求的快乐仅仅表现为"自爱"的结果,那么就会出现霍布斯式的"一切人反对一切人的战争"这种极端的图景。可这并不是事实,

---

① 洛采:《〈形而上学〉结论》,郝亿春译,载冯平主编:《现代西方价值哲学经典·先验主义路向》上册,北京师范大学出版社 2009 年版,第 25 页。
② R. H. Lotze, *Metaphysic*, trans. by Bernard Bosanquet, Oxford: The Clarendon Press, 1884, p. 536.

洛采认为人之初更为基本的生存情境是对"自己人—朋友"与"陌生人—敌人"的辨识。① 一个人从出生起便位于某种共同体中，比如家庭、族群、社会、国家等等，因而其"自爱"必定会扩展至某种程度的"仁爱"（benevolence）。而这种呈现善"价值"的仁爱行为所伴随的并非低层的快乐，而是高层的"愉悦"。同时，这种由"自爱"之快乐向"仁爱"之愉悦的提升也并非盲目任意，其中实则有"规"可循。洛采正是通过如此表明规范主义与快乐主义伦理学相互包含而使其达到和解，而与规范融为一体的"情""意"更能恰如其分地呈现"善"价值，这便是"良心"的机制与发用："在所有尝试过的快乐中发现事物的内在优越，在各个方面寻求经验……让事物和事件的价值为良心而存在。"②

在伦常生活中实施的"仁爱"行为所伴随的愉悦本身即为一种"美感"。"美"正是洛采最为倚重的价值，这种价值主要显现于心灵的情感体验中："我们人类高级文化中相当部分是这种情感持续显现的结果"③，而"愉悦自身便是那光亮，存在着的东西在这光亮中显现出其优与美"④。可以说，"美"价值是洛采整个价值哲学体系的拱顶石，其他领域中一切矛盾和对立在某种程度上都可通过"美"价值得以和解。上文提到的二元论及其世界观的对立亦可通过"美"价值达成和解：当不再把外在对象看作被占有之物，不再把自然科学看作满足欲望的工具时，外在对象及其规律便上升为审美中的因素，从而能展现出自身的优美：静观与沉思之美。而与之对立的浪漫主义如果抛弃虚幻的想象而投身现实的审美之中，也就完成了两种世界观的根本和解。这种和解方式恰恰是对海德格尔所批评的、主客二分之后再把价值作为

---

① 参见 R. H. Lotze, *Microcosmus* (Volume I), Edinburgh: T. & T. Clark, 1885, p. 705。
② R. H. Lotze, *Microcosmus* (Volume I), Edinburgh: T. & T. Clark, 1885, p. 713.
③ R. H. Lotze, *Microcosmus* (Volume I), Edinburgh: T. & T. Clark, 1885, p. 242.
④ R. H. Lotze, *Microcosmus* (Volume I), Edinburgh: T. & T. Clark, 1885, p. 695.

"物的现成规定性"①的对象性哲学之克服,在这个意义上,可将其看作海德格尔本人后期以游戏审美方式开展世界的先导。与此相似,在道德生活中如果把限于"自爱"的快乐提升到从事"仁爱"活动的愉悦以及对他人"仁爱"行为的鉴赏之中,正如洛采所言"每个时代的道德原则……是被一种具有鉴赏力的情感所颁受的"②。那么"自爱"与"仁爱"的对立便会消失。

同样,在对"崇高"与"无限"的敬仰与"活泼泼的爱"(living love)之中,我们这种"有限者"与至善这种"无限"的鸿沟在某种程度上也被跨越,而这也恰恰是"神圣"价值显现的过程。正如伽达默尔在谈及洛采思想时所言:"最高度的美也拥有着无条件性,这使得它与道德的无条件性地位相当。"③如果这里所谓的"道德无条件性"指的是康德哲学的话,那么洛采显然是以审美游戏之愉悦取代了康德对道德律令之敬畏而成为最高价值的显现方式。

如此看来,"有限者"向"无限"接近与敞开的审美活动便成为最为本真的价值显现过程。当然,洛采一再提醒,我们这些"有限者"要守住本分而不能僭越;作为涵括真、善、美、圣等一切永恒价值的"最高善"及其运作只能在希望中领会和信靠,它们的实情对"有限者"而言终究是个谜:"至高原则及其运作的最初形式永远不允许被'解释''构造'和'演绎'。我们的认识即使在最为有利的情形中也只能把握依赖于这些原则的次级秩序,而对于这些原则自身是如何能成其自身或如何运作的这个问题而言,则是不可通达和徒劳无益的探究。"④这种作为"谜"的"无限"恰恰可以为"有限者"提供永恒

---

① 海德格尔:《存在与时间》,陈嘉映、王庆节译,生活·读书·新知三联书店2006年版,第116页。
② R. H. Lotze, *Microcosmus* (Volume I), Edinburgh: T. & T. Clark, 1885, p. 247.
③ 伽达默尔:《伽达默尔集》,严平编选,邓安庆等译,上海远东出版社1997年版,第286页。
④ R. H. Lotze, *Outlines of Metaphysic*, trans. by G. T. Ladd, Boston: Ginn Heath & Co., 1884, p. 159.

的真、善、美、圣之价值,而这也正是"应是"为"所是"奠定的目的—动力机制。

一旦触及"无限"这种至善,便可以返身而成我们这些"有限者"的边界。如此,真、善、美、圣这些价值既可以是从其自身而言的无限永恒的"有效",也可以是对我们而言的"有效"。后者虽然最终源于前者,可前者的现实呈现却一方面需要具体情境中相关价值物的激发,另一方面则需要活泼泼心灵的感受和体验。正是在对诸价值的情感体验与追求过程中,我们这些有限的"所是"成其所"应是"——这也正是洛采被称为"目的论"者的根本缘由。①

需要强调的是,为了避免陷入价值的主观相对主义,洛采尤其强调了人类文明的历史教化及有教养者的普遍典范作用;而为了避免价值的绝对主义和独断论,洛采也严格区分了"有限者"与无限的"最高善",前者由于其位置与视域的特殊与局限而在根本上对后者"无知"。不过,洛采终究还是相信"有限者""向价值而在"——而非"向死而在"——的过程中趋向"无限",就此而论,洛采的确是积极的乐观主义者与理想主义者。

四、洛采之后:现代价值哲学的分殊

面对种种二元困境,洛采把自己的工作方式定位于为整全领域进行和解与调停的"解释说明"(Erklärung),而非在某一领域深入探究的"严格科学"。洛采之后,价值哲学逐渐向"区域化"与"严格性"推进。同时,"和解二元对峙"的核心问题意识也被诸价值哲学各自的问题意识所取代。

洛采的学生文德尔班更关心"价值"在认识或"评价"(valuation)

---

① 参见 G. Santayana, *Lotze's System of Philosophy*, Indiana University Press, 1971, p. 224。

中的落实。他抓住价值之"有效"一端,不论是命题还是评价,如果追问其何以"有效"必定溯源到一种普遍的"规范意识"(normal consciousness),而有关真、善、美、圣的命题均为规范意识立法之结果。① 然而,在文德尔班看来,规范意识立法之结果并非都是普遍规律。只有在自然科学领域才形成体现"真"价值的普遍规律,而历史领域的事件"之所以有价值,仅仅在于它是一次性的"②。这种通过研究对象之"价值"的差异而进行"自然科学"与"历史科学"之划分的思路被其学生李凯尔特传承并改造,后者就此提出"自然科学"与"文化科学"的区分。③ 不论"历史科学"还是"文化科学",其研究内容最终都被马克斯·韦伯收归更具涵盖性的"社会科学"名下。随着韦伯提出的适用于一切科学研究的"价值中立"原则的确立,"价值"领域本身则沦为"诸神之争"的场所。如此,不仅永恒有效的"价值"本身,就连洛采为"科学何以可能"所增添的价值要素也不见踪迹了。

与上述新康德主义"评价—认知"型的价值哲学路向不同,布伦塔诺在洛采开拓出的心灵领域积极推进,并试图以此为伦常生活中的"价值选择"奠基。他利用内意识之光照亮所有心理现象类型,从而也照亮高层心理现象的意向对象——价值物;与此同时,永恒有效的"价值"本身由于缺乏明见性而被置而不论。与康德及洛采对心灵能力的"知情意"三分不同,布伦塔诺借鉴亚里士多德的"灵魂"区分方式而将心理现象划分为"表象、判断与爱恨现象",并且把洛采用以显现价值的"愉悦之光"扩展为几乎包含一切情感与欲求且更为积极主动的"爱",于是道德之善也就成为正确爱恨的意向对象。④ 同时,作

---

① 参见 H. Schnädelbach, *Philosophy in Germany 1831-1933*, trans. by Eric Matthews, Cambridge University Press, 1984, p. 182.
② 文德尔班:《历史与自然科学》,王太庆译,载洪谦主编:《现代西方哲学论著选辑》上册,商务印书馆 1993 年版,第 76 页。
③ 参见李凯尔特:《文化科学和自然科学》,涂纪亮译,商务印书馆 1986 年版,第 22 页。
④ 郝亿春:《存在·心灵·价值——布伦塔诺哲学疏论》,《现代哲学》2009 年第 4 期。该文亦收录于本书,见本书第 43—63 页。

为心理现象的表象、判断与爱恨现象也成为更具本原性的"内在价值"（intrinsic values）。这种以内在价值及其明见性奠基的价值论虽然提出与正确判断类比的正当情感来避免道德价值上的相对主义，但还是被一些同行诟病为心理主义——这也是相对主义的代名词。而当布伦塔诺的后学艾伦菲尔斯（C. V. Ehrenfels）把"价值"作为个体欲望的对象时，价值的相对主义便水到渠成了。①

相比较而言，致力于重整现代生活与心灵秩序的舍勒基本接手了洛采哲学的"三重性"结构，他试图以本体性的"价值存在"为伦理学和道德生活奠基。舍勒对"价值"与"心灵"向度进行了双重推进和加固：一方面，他认为具有"自在存在的价值王国"，诸价值及其位序以本质的形式存在，它们对于人格而言，都具有先验的被给予性②；另一方面，他对价值现象的感受体验一端进行了严格而细腻的现象学分析，这也为作为"本质"的"价值"之显现奠定了更为"严格"的基础。然而，舍勒所指明的价值位序就其自身而言究竟如何普遍"有效"则成为问题。同时，有人也担心这种森严排序的价值体系会导向"价值的僭政"："更高的价值有权利和义务征服较低的价值，而价值本身有理由消灭作为非价值的非价值。"③

结语

由洛采发起的价值哲学在当代之所以被普遍忽视并非由于其不重要，恰恰相反，这是因为随之产生的"价值"观念与思维已深深植入

---

① 参见 B. Smith, *Austrian Philosophy*, Open Court, 1994, p. 283。
② 参见伽达默尔：《伽达默尔集》，严平编选，邓安庆等译，上海远东出版社1997年版，第268页。
③ 施米特：《价值的僭政——一个法学家对价值哲学的思考》，朱雁冰译，《道风：基督教文化评论》（香港）2002年第16期。

时代的思想与生活之中，以至于我们熟视而"无睹"。事实上，如果离开洛采开启的"价值"概念，便难以找到一个恰切的用语来涵括真、善、美、圣这些善好之物。当亚里士多德废弃柏拉图的"理念"之后，他是以广义的"善好"（ἀγαθός/good）来统括所有美好之物①。然而，当近现代思想逐渐把"good"收缩于道德"善"之后，我们便无法找到一个合适的范畴来涵括其他领域的"善好"，其后果便是各领域的"善好"分崩离析。正是洛采通过创发性地改造柏拉图的"理念"而得的"有效""价值"解救了这一困境。如今我们如此自然地在广义"good"的意义上使用"价值"概念足以表明洛采工作的重要性。

在此提及另外一种"价值"概念并非多余，即如今同样惯用的经济"价值"，如果没有误解，这种"价值"概念源自亚里士多德在讨论"分配正义"时提出的"值得"（ἀξίαν）②，这也是如今广为流传的"价值学"（axiology）的词源。在近现代的国民经济学中，特别是在与洛采同时期的马克思"劳动价值论"中，这种"价值"概念获得了更为充沛的含义。当然，这并不意味着两个谱系中的"价值"概念毫不相干，相反，它们之间存在着复杂而微妙的互动关系，并且相互交融的两个——哲学的与经济学的——奥地利"价值"学派便是显证。③

总之，洛采发起价值哲学有其思想与时代的必然，但意义远超其时代。如果放眼科技、文化、政治、传统等领域，甚至可以说，如今种种二元乃至多元的对峙不仅少有缓和，反而在某些方面愈发激烈。这就需要当代价值哲学自我更新以重担"和解"之使命。

该文原载《哲学研究》2017 年第 10 期

---

① 亚里士多德：《尼各马可伦理学》，1094a2。已出版的汉译本，可参见廖申白译本，商务印书馆 2003 年版。按照惯例，正文引文后只标明标准页码。

② 参见亚里士多德：《尼各马可伦理学》，1131a28。

③ 参见 B. Smith, *Austrian Philosophy*, Open Court, 1994, p. 281。

马克思哲学中"意识的内在性"问题
——兼与吴晓明先生商榷

如今,在形形色色的"后现代"语脉中,马克思哲学正遭受着种种曲解和侵凌。海德格尔——"我们时代唯一伟大的思想家"(利奥·施特劳斯语)——的下述论断使马克思哲学的正当性问题变得尤为急迫:马克思哲学属于形而上学①;"由于形而上学作为形而上学乃是本真的虚无主义"②,顺理成章,"马克思达到了虚无主义的极致"③。国内吴晓明先生④勇敢地迎接了这一挑战。撇开枝节问题,吴先生的基本论证逻辑可概括为下述三段式:"意识的内在性构成近代以来全部形而上学的主导原则和基本建制"⑤;马克思哲学"彻底贯穿并瓦解了意

---

① 海德格尔:《关于人道主义的书信》,载海德格尔:《路标》,孙周兴译,商务印书馆2000年版,第400页;亦可参见海德格尔:《晚期海德格尔的三天讨论班纪要》,丁耘译,《哲学译丛》2001年第3期。

② 海德格尔:《尼采》,孙周兴译,商务印书馆2002年版,第973页。

③ 参见海德格尔:《晚期海德格尔的三天讨论班纪要》,丁耘译,《哲学译丛》2001年第3期。

④ 此处"先生"并非客套,也不止于敬仰,更是师长之谓。笔者在复旦从事博士后研究期间,曾受教于吴先生。笔者之所以敢于造次,乃受吴先生下述愿望所激发:"为了引起学界的讨论与批判……使之成为我们与学界同志继续共同前进的新起点。"(参见吴晓明、王德峰:《马克思的哲学革命及其当代意义》,人民出版社2005年版,"前言"第16页)

⑤ 吴晓明:《论马克思哲学中的主体性问题》,载赵剑英、孙正聿主编:《中国化马克思主义哲学新形态》,社会科学文献出版社2006年版,第177页。

识的内在性"①；因此，马克思哲学表明"全部形而上学的终结"②，有关马克思哲学"达到了虚无主义极致"的指责自然失去根据。笔者基本认同吴先生的结论，而对于"大前提"与"小前提"却不敢苟同。本文试图表明，把"意识的内在性"作为近现代形而上学的"基本建制"源于海德格尔对"意识的内在性"的误识；马克思哲学所"贯穿并瓦解"的并非"意识的内在性"，而是意识的盲目独断性；"意识的内在性"——如果被正确理解的话——是马克思哲学的题中应有之义；持守"内在意识"现象不仅不会陷入近现代形而上学，反倒有助于从根本上克服当代虚无主义。由于笔者才疏学浅，不当之处请吴先生及同仁谅解并指正。

一、"意识的内在性"是近现代形而上学的基本建制吗？

吴先生坦言，"意识的内在性"是借用"海德格尔的说法"③，具体讲，是"晚期海德格尔的三天讨论班"（下文简称"讨论班"）中的说法。这个讨论班在20世纪60年代末到70年代初举行，标明这个时间并非多余，因为在20世纪30年代，海德格尔的思想发生了著名的"返转"（Kehre），即由"此在"→"存在"路向返转为"存在"→"此在"路向。"返转"之后，他也批评自己以《存在与时间》为代表的前期思想"有违自身的意愿而进入那种危险之中，即：只是重新成为一种对主体性的巩固"④。"讨论班"中对"主体性"的批判，包括对马克思"人的根本就是人本身"思想的批判，因而亦可以看作晚期海德格

---

① 吴晓明：《论马克思哲学中的主体性问题》，载赵剑英、孙正聿主编：《中国化马克思主义哲学新形态》，社会科学文献出版社2006年版，第181页。
② 吴晓明、王德峰：《马克思的哲学革命及其当代意义》，人民出版社2005年版，第101页。
③ 吴晓明：《形而上学的没落》，人民出版社2006年版，第361页。
④ 海德格尔：《尼采》，孙周兴译，商务印书馆2002年版，第825页。

尔对自己前期思想的批判。之所以批判主体性哲学，是因为它将"人"作为存在的中心，其他存在者被人所宰制，从而陷入"人类中心主义"。特别考虑到近现代以来人类增强的感性——享乐化倾向，把自然物作为人自身无限膨胀的感性欲求对象，把自然界作为"能量库"，从而一方面引发了自然物及自然界的存在危机，另一方面也使人自身深受其害乃至流离失所。

海德格尔之"返转"是要使人返回到源初的"家园"，即"天—地—神—人"的"四方体"，其中每一方与其他三方都进行着相互映射的游戏，在这种互射游戏中，天、地、神、人、物各成其为自身，物得以安顿，人得以"诗意地安居"。不消说，海德格尔的思想是深刻的，境界是高远的。问题是，其境界是否过于高远，以至于在其中人变得有些不食人间烟火，有些飘飘欲仙了？罗森（Stanley Rosen）便如是看："海德格尔的'返回'过于极端，因为这种返回引导我们退回到一种处于我们历史之外的时间中，并……建议我们做出一种不同的决断，这种决断如此不同，乃至于只有在我们将自己连根拔起之后方能做出。"[①] 谨慎的施特劳斯所断言的"海德格尔从未相信过伦理学之可能性"[②] 要表达的也正是这个意思。问题是，返转后的海德格尔为何要刻意地目中无"人"？除了担心重又陷入"人类中心主义"外，海德格尔认为"人"在近现代已经被一套固定的解释模式所框定。人就是主体，与主体相对的是客体或对象，"对象是通过表象被构成的。而表象在自己面前对设对象，以至对象绝不可能首先由自身而在场"[③]。这又通向"人类中心主义"，只不过所突出的是人的"表象"和"设定"，

---

① 罗森：《维特根斯坦、施特劳斯与哲学的可能性》，郝亿春译，载张志林、程志敏选编：《多维视界中的维特根斯坦》，华东师范大学出版社2005年版，第196页。
② 施特劳斯：《海德格尔式生存主义导言》，丁耘译，载贺照田主编：《西方现代性的曲折与展开》，吉林人民出版社2002年版，第123页。
③ 海德格尔：《晚期海德格尔的三天讨论班纪要》，丁耘译，《哲学译丛》2001年第3期。

即人的意识活动。

在海德格尔看来,意识或"我思"一方面是一个封闭的领域,"它根本没有某物得以进出的窗户"①;另一方面,"我思"会按照"我"来思对象,因而会把异质的对象同质化。如此看来,封闭或内在的意识,即"意识的内在性"理所当然成为近现代形而上学的根源,因为近现代形而上学无非是以人的某种特性,诸如"感觉""反思""自身意识""情感""意志"等,来表象和设定其他存在者和存在。要摆脱近现代形而上学,也就理应从贯穿并瓦解意识的内在性开始。海德格尔用以贯穿意识内在性的是此—在(Da-sein),需要注意的是,这里的此—在与《存在与时间》中的"此在"(Dasein)不同,后者主要指人,而前者是"此向着悠远敞开的在"(das-Da-der-offenen-Weite-sein)。这种此—在表达了"在……之外……存在",它守护着一种"在外"。由此可见,在海德格尔这里,意识与此—在、内在与外在是水火不容、势不两立的,它们不仅不能同时作为根基,毋宁说,"意识根植于此一在之中"②。这也就是说,意识本是"无根"的。

海德格尔瓦解意识内在性显然主要针对的是其师胡塞尔,也正是胡塞尔把意识哲学发挥到极端。蹊跷的是,这两位师徒的思想起点竟然是同一位思想家——布伦塔诺。不过海德格尔还是强行做出了区分,他强调:"胡塞尔的哲学出发点是布伦塔诺,《出自经验立场的心灵学》(本节下文简称《心灵学》)的作者。我自己的出发点……是同一个布伦塔诺,但并非以上著作;我的起点毋宁说是《按照亚里士多德论"存在"的多重含义》……我的布伦塔诺……可是亚里士多德的布伦塔诺!"③问题是,布伦塔诺的上述两部著作真能如其所愿体现

---

① 海德格尔:《晚期海德格尔的三天讨论班纪要》,丁耘译,《哲学译丛》2001年第3期。
② 海德格尔:《晚期海德格尔的三天讨论班纪要》,丁耘译,《哲学译丛》2001年第3期。
③ 海德格尔:《晚期海德格尔的三天讨论班纪要》,丁耘译,《哲学译丛》2001年第3期。译文略有改动。

出"希腊思想与经院近代思想的差别"吗?特别考虑到写作《按照亚里士多德论"存在"的多重含义》时作者仅仅是二十出头的博士候选人,而写作《心灵学》时他已近不惑之年;况且布伦塔诺在思想上对亚里士多德的承接与转化终生不辍。布伦塔诺虽然晚年转向"实在论"(Reism),但这种转变还是以《心灵学》为基础的。我们将看到,海德格尔不遗余力地贯穿和瓦解意识的内在性与他对《心灵学》思想精髓之错失不无关系。

《心灵学》中的"经验"主要指一种"亲历"性,即体验(Erleben)。比如我(或任何一个心灵成熟的个人)眼前呈现出一个东西,这个东西可能是时空中的实物,也可能是不在时空中的想象之物;在黑夜,我可能把这个东西看作一个树桩,也可能看作一个人。这些是在日常意义上的"经验",这种经验所侧重的主要是所经验的东西,它是可错的。与此完全不同,还有另一种意义上的经验,即动词态的"经验"。我可能看错,但即使看错了我也在看,比"看到的东西"这种"看作"更为源始的是"看"这种经验行为。布伦塔诺将"经验"行为称为"心灵现象"(psychischen Phänomenen),而将所经验的东西称为"物理现象"(physische Phänomenen)。心灵现象在古代被包含在灵魂现象中,亚里士多德有些地方将其分为"理智"和"欲求"两部分,前者是包含"逻各斯"的部分,后者既有包含"逻各斯"的高层情感,也有不包含"逻各斯"的低层欲望。① 近现代以来心灵现象被称为"我思"或"意识","我思"包含着"怀疑、领会、肯定、否定、愿意、不愿意、想象、感觉"等现象②;而意识或"心灵的原能力"(康德)被区分为"知、情、意"三种现象。布伦塔诺在前人基础上将心灵现象或意识现象分为"表象"(Vorstellen)、"判断"(Urteilen)与"情感"或

---

① 参见亚里士多德:《灵魂论及其他》,吴寿彭译,商务印书馆1999年版,第165页。
② 笛卡尔:《第一哲学沉思集》,庞景仁译,商务印书馆1986年版,第27页。

"爱恨现象"（Liebe oder Hassen）三类。① 这里的"表象"并非仅仅指看到或想到的东西，而主要是指"看"或"想"这些行为本身；我们可以对看到的东西承认或拒绝、肯定或否定，也可以对看的行为本身承认或拒绝、肯定或否定，不过这些都还是对"什么东西"存在与否的判断，而非判断行为自身，即不是承认或拒绝、肯定或否定行为本身；同样，爱恨可以是对什么东西的爱恨，而真正的爱恨现象是爱恨情感本身。如此，出现了心灵行为的对象或内容与心灵行为自身的分野。布伦塔诺发现，只有心灵行为自身才是心灵现象或意识现象的最终根基。这又是如何可能的呢？

这是因为在经验行为中包含着一种"内知觉"（innere Wahrnehmung）或"内意识"（inneren Bewusstsein），我们所有的心灵现象都可被其所伴随的内知觉当下、直接地觉知到。当看的时候同时知道在看，当想的时候同时知道在想，当承认或肯定的时候同时知道承认或肯定，当爱的时候同时知道在爱，等等。内知觉与相应心灵行为的"同时性"根本区别于"反思"或"内观察"（innere Beobachtung）与相应心灵行为的"间隔性"。由于内知觉具有"直接的、不谬的明见性（Evidenz）"②，它就有资格成为意识的最基层，也就是说，内知觉或内意识不再需要其他知觉或意识形式保障。如此，心灵行为本身与伴随着它的内意识也就构成了一种关系，布伦塔诺称之为"内在对象性"（immanent Gegenstandlichkeit）。因而，对于同种心灵现象而言，就存在着两类"对象性关系"：看的行为与看到的东西构成一种对象性；看的行为与对看的行为的内知觉构成"内在对象性"。与"内在对象性"相对照，我们也可以将前一种对象性称为"外在对象性"。布伦

---

① 对诸类心灵现象及其关系的讨论，请参照郝亿春：《正确的判断与正当的情感——对布伦塔诺"内在价值论"的探析》，《浙江学刊》2003 年第 3 期或《人大复印报刊资料·外国哲学》2003 年第 9 期。该文亦收录于本书，见本书第 9—25 页。

② Franz Brentano, *Psychology from an Empirical Standpoint*, London: Routledge, 1995, p. 91.

塔诺也称外在对象性中的对象为"一序对象"(primärem Objekt),内在对象性中的对象为"二序对象"(sekundärem Objekt)。比如看到黄色(的东西)①,黄色(的东西)是一序对象,而"看"这种行为则是二序对象。这两种对象的根本差别在于:在两种对象性中,对外在对象(一序对象)的意识是盲目的,即不具有明见性;而内在对象(二序对象)是明见的。在看时,无法保证所看对象的明见性。我们可能看错,也可能什么也没看到(比如在漆黑的夜晚),也可能看"对"。这时的"对"只是在日常意见(δόξα)的意义上讲的。具体到心灵行为而言,"对"也就是给外在对象的存在加了一种盲目信念,即相信看到的黄色(的对象)是存在的;至于它究竟存不存在,则无法获得进一步的明见。与此相反,对"看"这种行为拥有一种明见的内知觉,不论看对看错,也不论看没看到东西,总会有"看"这种行为存在。这种明见性的差异对于所有类型的心灵现象都成立:想的对象是盲目的,"想"本身是明见的;判断对象是盲目的,判断行为本身是明见的;爱恨的对象是盲目的,爱恨行为本身是明见的;等等。总之,外在对象(一序对象)的存在是盲目的,即只具有"现象的或意向的存在";而内在对象(二序对象)的存在是明见的,即它具有"真实的存在"(wirkliche Existenz)。②

海德格尔对意识内在性的瓦解与贯穿只有对处于上述"外在对象性"中的意识方可成立。因为对于"内在对象性"中的意识而言,并

---

① 布伦塔诺的思想在 1905 年前后发生了重大变化。他自己讲:"我思想中最为重要的改变是,心灵关系所指向的对象只能是实在物(Reales)而不能是其他东西。"(Franz Brentano, *Psychology from an Empirical Standpoint*, London: Routledge, 1995, p. xxvi)这可例示为,由前期的"看到黄色"转变为"看到黄色的东西"。(可参见 Franz Brentano, *The Theory of Categories*, trans. by R. M. Chisholm and N. Guterman, Boston and Dordrecht: Martinus Nijhoff, 1981)

② 关于各种"存在"及其关系,可参见郝亿春:《超越的存在、意向的存在与真实的存在——兼论布伦塔诺的"意向性"问题》,《世界哲学》2007 年第 5 期或《人大复印报刊资料·外国哲学》2007 年第 11 期。该文亦收录于本书,见本书第 26—42 页。

未将外在对象"嵌入意识的内在性之中"①，也没有"在自己面前对设对象"，相反，内在对象即心灵行为本身完全是"由自身而来的在场者"②；另一方面，如果返回到实事本身看，即使在海德格尔将思想迁入的"新居"即此—在中，心灵现象中的内在对象性也不可或缺。此—在的出离性或超越性或许有其他方面的根据，可此—在的安居中必定少不了心灵行为在内在对象性方面的根据，否则就不能称之为真正的安居——试想，一个废弃自己最真实的"内心"和"灵魂"的人能够真正安身立命吗？海德格尔将"意识的内在性"作为近现代形而上学的基本建制不能不说过于草率，其结果正如罗森所言是对作为此在的我们"连根拔起"。严格来讲，"意识的内在性"中只有"外在对象性"才对形而上学负有责任。而在意识的外在对象性中，只有将外在对象存在的盲目性看作确实性，并将有关外在对象的意识进一步独断地作为宰制外在对象的根据时，才会出现相应的形而上学形式。保持心灵行为的明见性和丰富性，以及意识到关涉外在对象的表象之抽象性，意识到对外在对象的存在断定的盲目性，并守住界限不随意僭越，则不会陷入形而上学。就海德格尔对"意识内在性"简单化的误识及轻易废弃而言，他的思想中确实带有某种独断的形而上学因素，"由于形而上学作为形而上学乃是本真的虚无主义"，那么海德格尔之思就更容易陷入虚无主义，这是需要我们特别警惕的。

二、马克思贯穿与瓦解意识的内在性吗？

这个问题又可分解为相互关联的两个问题：马克思自己有没有批判意识的内在性？如果答案是肯定的，那么他以什么来贯穿和瓦解意

---

① 海德格尔：《晚期海德格尔的三天讨论班纪要》，丁耘译，《哲学译丛》2001年第3期。
② 海德格尔：《晚期海德格尔的三天讨论班纪要》，丁耘译，《哲学译丛》2001年第3期。

识的内在性且最终是否成功？对于这两个问题，吴先生都做出了肯定的回答。诚然，"意识的内在性"问题最先是由海德格尔明确提出的，但这不妨碍马克思以间接的形式提出这一问题。吴先生引证《1844年经济学哲学手稿》中的一段话："神秘的主体—客体，或笼罩在客体上的主体性，作为过程的绝对主体，作为使自己外化并且从这种外化返回到自身的，但同时又使外化收回到自身的主体，以及作为这一过程的主体；这就是在自身内部的纯粹的、不停的圆圈。"① 他随后断言："根本不需作任何附带的说明，这里所谈论的就是意识的内在性。"② 联系到上文对意识内在性的分疏，我们最多可以说，"这里所谈论的只是意识的内在性之一种"。意识之内在性中的内在对象性这里并未涉及，外在对象性中的感觉表象与爱恨—情感现象也未涉及，这里所涉及的最多只有想象表象与判断：真实的人想象出"绝对主体"，并断定它是存在的；他又进一步把"绝对主体"想象为真实的人和真实的自然界的"主语"。这样说当然不是否定马克思对黑格尔的批判，而是要表明，马克思并非批判黑格尔"意识的内在性"思想，而是批判黑格尔把想象出的存在当作绝对真实的存在，其结果是：一方面设定并抽空了自然存在物，使之成为"非存在物"；另一方面，人本身无法真正进入"世界"之中，从而成为"唯灵论的存在物"。这里马克思当然也没有否认意识的想象行为与判断行为，甚至没有否认意识的抽象能力，而只是反对以想象之物、抽象之物冒充真实存在。

那么马克思到底有没有在内在对象性的意义上，以及在感觉表象与爱恨现象的意义上涉及意识的内在性呢？当然有。不过不是在批判的意义上，而是在肯定的意义上涉及的。早于他的"博士论文"中，马克思就在内在对象性的意义上认可了意识的内在性。他在谈到对

---

① 马克思：《1844年经济学哲学手稿》，人民出版社2000年版，第114页。
② 吴晓明：《论马克思哲学中的主体性问题》，载赵剑英、孙正聿主编：《中国化马克思主义哲学新形态》，社会科学文献出版社2006年版，第181页。

"神"存在的证明时说:"对神的存在的证明不外是对人的本质的自身意识(Selbstbewusstsein)存在的证明……当我们思考的时候,哪种存在是直接的呢?自身意识。"[①]显然,这是在说,神的存在仅仅是意识行为的盲目设定,因而不具有明见性。而当思考神的存在的时候,由于"思考"这种心灵行为伴有内意识或自意识,具有充分明见性的就是"思考"这种意识行为自身的存在。这里讲的不是内在对象性意义上的意识之内在性又会是什么呢?在《1844年经济学哲学手稿》中仍有类似表述:"人是自身的(selbstisch)。人的眼睛、人的耳朵等等都是自身的;人的每一种本质力量在人身上都具有自身性(Selbstigkeit)这种特性。但是,正因为这样,说自身意识具有眼睛、耳朵、本质力量,就完全错了。毋宁说,自身意识是人的自然即人的眼睛等等的质,而非人的自然(本性——引者加)是自身意识的质。"[②]显然,马克思这里所批判的是黑格尔将自身意识作为"主语",他所认可的是"看""听"等这种属于人的本质力量的人的自然官能本身具有自身意识,即它们处于意识的内在对象性之中。

"异化劳动"思想构成被吴先生喻为"马克思哲学的秘密和诞生地"的《1844年经济学哲学手稿》的核心主题之一,可是如果离开内在的意识根据就无从得出异化劳动的结论。异化劳动的第一个规定即劳动产品的异化是第二个规定即劳动行为本身异化的必然结果,由于劳动构成生命的基本活动,劳动异化就意味着人的生命自身的异化,马克思也称之为"自身异化"(Selbstentfremdung)。问题的关键是,作为个体的人凭借什么知道自身活动的异化呢?马克思说:"他在自

[①] 马克思:《论德谟克利特的自然哲学和伊壁鸠鲁的自然哲学的差别》,《马克思恩格斯全集》(第一卷),人民出版社1995年版,第101页。译文略有改动。此处Selbstbewusstsein译为"自身意识"是为了与Ichbewusstsein(自我意识)区分开来,二者的具体关系可参见倪梁康:《自识与反思》,商务印书馆2002年版,第205页注释②及272页等处;为了保持学术的严格性,引文中凡涉及"selbst"的德文词都译为"自身"。

[②] 马克思:《1844年经济学哲学手稿》,人民出版社2000年版,第102页。

己的劳动中不是肯定自己，而是否定自己，不是感到幸福而是感到不幸……工人只有在劳动之外才感到自在，而在劳动中则感到不自在，他在不劳动时觉得舒畅，而在劳动时就觉得不舒畅。"①总之，工人在劳动中感受到的不是使自己的丰富性与全面性充实和完善，而是感受到自己的生命活动从自身中脱落，感受到"无力"和"去势"。这种"感受"是劳动之为异化劳动所必需的，也即，劳动是被活动者"感受"为异化劳动的，如果没有这种感受，也就不可能出现"异化劳动"。"感受"当然属于情感现象，从而也必定属于内在的意识行为。异化劳动的第三个规定，即人同自己的类特性异化同样需要意识的内在性作为保障。因为"自由的有意识的活动恰恰就是人的类特性。……人则使自己的生命活动本身变成自己意志的和自己意识的对象。他具有有意识的生命活动。……有意识的生命活动把人同动物的生命活动直接区别开来"②，没有意识，也就不会出现"普遍的类"，也就不会"能动地、现实地使自己二重化"③。异化劳动的第四个规定，即"人同人相异化"，它首先意味着每个人都处于异化状态，这不仅指工人的劳动及其产品是处于异化状态的，而且更是指每个人的感觉都是被异化的，"一切肉体的和精神的感觉都被这一切感觉的单纯异化即拥有的感觉所代替"④；人与人的关系不是友爱和相得益彰，而是仇恨和对抗。感觉的丰富性和爱恨现象无疑属于内在性的意识。如果留心察看，在整部《1844年经济学哲学手稿》中，马克思对意识内在性的肯定与依傍俯拾皆是。

对于第二个问题，吴先生认为马克思以"对象性活动"或"感性活动"成功地贯穿和瓦解了意识的内在性。吴先生引用了《1844年

---

① 马克思：《1844年经济学哲学手稿》，人民出版社2000年版，第54页。
② 马克思：《1844年经济学哲学手稿》，人民出版社2000年版，第57页。
③ 马克思：《1844年经济学哲学手稿》，人民出版社2000年版，第58页。
④ 马克思：《1844年经济学哲学手稿》，人民出版社2000年版，第85页。

经济学哲学手稿》中的一段话:"当真实的、肉体的、站在坚实的呈圆形的地球上呼出和吸入一切自然力的人通过自己的外化把自己真实的、对象的本质力量设定为异己的对象时,设定并不是主体;它是对象的本质力量的主体性,因此这些本质力量的活动也必须是对象的活动。……因此,并不是它在设定这一行动中从自己的'纯粹的活动'转而创造对象,而是它的对象的产物仅仅证实了它的对象活动,证实了它的活动是对象的自然存在物的活动。"① 然后,吴先生断言:"在这里,伴随着意识之内在性的贯穿……"② 可以肯定的是,马克思提出的"对象活动"确实提供了看待世界的新起点,也确实开启了生活和世界的新境域。然而,这丝毫不意味着他对意识内在性的贯穿和瓦解。马克思这里所强调的无非是要在真实的对象活动中理解包括人在内的万事万物,这种活动不是从利己的"自我"出发"设定"和宰制对象,而是从对象及对象活动的结果出发反观和确证自身。在对象活动过程中,意识行为中的外在对象性并没被取消,而是被重新奠基于对象活动之上,比如,看到一个东西是因为人具有"看东西"这种对象性的本质力量。在外在对象性意义上的真假,或者说关于一序对象真假的判断无一不是盲目的,它需要实践活动的奠基;而意识的内在对象性却是每种对象活动必然伴随的,因为所有对象活动都是"有意识的生命活动"。也正是在这种意义上,马克思同时将人的这种根本性的活动称为"感性活动"(sinnliche Tätigkeit)——对象是感性的对象,人是感性的、受动的、有激情的人。对象活动与感性活动并非两种不同的活动,而是对同种活动的不同看待角度,即前者是从外在的对象关系来看,后者是从内在的心灵现象来看。"感性"当然包含着人的丰富

---

① 马克思:《1844年经济学哲学手稿》,人民出版社2000年版,第105页。为了与 Gegenständlichkeit(对象性)区分,gegenständlich 译为"对象的"。

② 吴晓明:《论马克思哲学中的主体性问题》,载赵剑英、孙正聿主编:《中国化马克思主义哲学新形态》,社会科学文献出版社2006年版,第183页。

意识现象。也就是说，人们的真实生活过程既包含着外在性的对象活动及其实际条件，也包含着内在性的感性行为、心灵行为。因而，结论就不像吴先生所言，对象活动贯穿和瓦解了意识的内在性；毋宁说，对象活动为意识的外在对象性进行了深层奠基，同时每种对象活动都以内在意识作为其基本前提。

三、真实的个人与虚无主义的克服

形而上学被弃之如敝屣是因为"形而上学乃是本真的虚无主义"。与马克思同时代的尼采终生都在与虚无主义搏斗，他将虚无主义理解为"最高价值自行贬黜"，其中最高价值主要指"上帝"。尼采发明出具有"强力意志"的"超人"，试图填充偶像跌落后空出的最高位序。职是之故，海德格尔深刻地指出，"尼采之所以认识并且经验了这种虚无主义，是因为他本人以虚无主义的方式进行思考"[①]。也就是说在海德格尔看来，尼采仍然以形而上学的方式在思考，即把"存在"表象和设定为"强力意志"。当然，在海德格尔看来，全部形而上学无非是作为"存在的历史"，或"存在的烙印"。在形而上学这一历史长河中，无一例外地都将"'存在'表象为具体存在者的普遍性。存在仅仅偶尔在这种或那种命运性的烙印中：自然、逻各斯、一、相、实现、实体性、对象性、主体性、意志、强力意志、求意志的意志等等"[②]。因而，从"存在历史"上看，虚无主义就是"存在"的流离失所。从上面所罗列的一串"存在烙印"中也不难看出，代替"存在"的"存在者"的人为一任意性越来越强。海德格尔之思的意图是要克服人为的强制性，从而使"存在"泰然任之。然而，由于海德格尔为人这种存

---

① 海德格尔：《尼采》，孙周兴译，商务印书馆2002年版，第693页。
② 海德格尔：《形而上学的存在—神—逻辑学机制》，孙周兴译，载《海德格尔选集》，上海三联书店1996年版，第837页。

在者所设想的生活过于缥缈，乃至于只有当人将自己"连根拔起"后方可进入。从这种意义上讲，海德格尔所倡导的无非是虚无主义之一种——神秘主义。把他对尼采的评判回敬给他自己也别有意味："海德格尔之所以认识并且经验了这种虚无主义，是因为他本人以虚无主义的方式进行思考。"这也是强制贯穿和瓦解意识内在性的必然后果：具有明见性和丰富性的心灵现象被弃而不用，只能任由"存在"这种盲目信念摆布。此种盲目信念在极端情形下会形成疯狂、致命的运动，比如"纳粹"和"文革"。施特劳斯就敏锐地觉察到"海德格尔思想和纳粹思想之间在气质和取向上的亲缘关系"①，这也是以海德格尔的定向解读马克思哲学所应当警惕的，因为正如吴先生所言，哲学批判要"有助于人类向着未来开展其历史—实践的真正筹划"②。

问题依旧：如何才能从根本上克服缠绕着人类生活的虚无主义？马克思提出的且被正确理解的"真实③个人"为我们提供了一种可能性。马克思哲学的出发点是"个人"，"全部人类历史的第一个前提无疑是有生命的个人的存在"④。这种个人不仅仅是"现实的、肉体的、站在坚实的呈圆形的地球上呼出和吸入一切自然力"，而且也是具有表象、判断和爱恨—情感行为的，即有意识的、有心的。这就与当今从想象的共同体出发的"社群主义"区别开来。"个人"在马克思看来应是"全面发展"中的个人，即完善中的个人。这是马克思哲学的一以贯之之"道"。早在中学毕业作文中马克思就表露："在选择职业时，我们应该遵循的主要指针是人类的幸福和我们自身的完善

---

① 施特劳斯：《海德格尔式生存主义导言》，丁耘译，载贺照田主编：《西方现代性的曲折与展开》，吉林人民出版社 2002 年版，第 117 页。
② 吴晓明：《论马克思对现代性的双重批判》，《学术月刊》2006 年第 2 期。
③ 鉴于马克思哲学旨归的"未来"维度，Wirklichkeit 译为"真实性"而非"现实性"，Wirklich 相应译为"真实的"。
④ 马克思、恩格斯：《德意志意识形态》，《马克思恩格斯选集》（第一卷），人民出版社 1995 年版，第 67 页。

（Vollkommenheit）。"①《1844年经济学哲学手稿》《德意志意识形态》《共产党宣言》等文稿中"人的全面发展"俯拾即是。到《1857—1858年经济学手稿》中，马克思仍然强调发展及发展的基础"也和个人的最丰富的发展相一致"②。那么个人如何能达到全面发展或完善呢？首先需明了自己的存在境况：事实上并无抽象、孤立的个人，所有个人都存在于对象性的关系中，"对象"可能是人，也可能是物。之所以存在于对象性关系中，乃是因为从根本上讲个人就是进行"对象活动"者。个人的完善因而也需在对象活动中进行。对象活动从行为者方面看是个人本质力量的体现，然而仅限于行为者方面远远不够，因为如此一来，对象活动又可能成为"利己主义的"。这种本质力量必须要以自己之外的存在者为旨归和定向，那又会是什么呢？是纳入对象性关系中的对象。由于"人懂得按照任何一个种的尺度来进行生产"③，所以他就能够"为了物而同物发生关系"④。行为者此时已完全涤除了利己主义倾向，而可以出于物且为了物而对其进行看护；此时不是出于私利对物，对自然随意宰制，而是时刻保持一种无私的虚怀敞开，使物和自然也达到完善，即"人和自然之间斗争的真正解决"，"自然的完全复活"。

当对象活动所涉及的对象是人时，情形相似，只是更为复杂。因为其中既涉及物，也牵扯到人与人的关系即社会关系。在《詹姆斯·穆勒〈政治经济学原理〉一书摘要》手稿的结尾部分，马克思具体描述了作为处于真实个人之间的对象活动的"生产"。每个人的个性、每个人的本质力量都在他人身上得以体现。每个人在自己完善的同时都促进了他人的完善，或者说，每个人在促进他人完善的同时也

---

① 马克思：《青年在选择职业时的考虑》，《马克思恩格斯选集》（第一卷），人民出版社1995年版，第459页。
② 马克思：《1857—1858年经济学手稿》，《马克思恩格斯全集》（第三十卷），人民出版社1995年版，第540页。
③ 马克思：《1844年经济学哲学手稿》，人民出版社2000年版，第58页。
④ 马克思：《1844年经济学哲学手稿》，人民出版社2000年版，第86页。

实现了自己的完善。这只不过是马克思中学所树理想的具体而微："人只有为同时代人的完善、为他们的幸福而工作，自己才能达到完善。"①同时，在这种互相促进的对象性关系中生成真正的共同体，从而促使"人和人、存在和本质、对象化和自我确证、自由和必然、个体和类之间的斗争的真正解决"②，实现"每个人的自由发展是一切人自由发展的条件"的真正共同体。这一过程同样是"真实的个人"——与利己主义毫不相干——的生成过程，与之相对的是"史前史"中的个人，即市民社会或利己主义的个人，我们今天尤其被卷入其中。

由于以真实的个人为起点能够实现人与自身、人与他人、人与社会、人与物、人与自然的和谐相处与总体完善，世界万物自然各归其位、各安其序，存在者流离失所、无家可归的虚无主义状态自然不攻自破。更需强调的是，作为马克思哲学拱顶石的"真实个人"不仅需要从外在的对象性方面把握，更需要从内在的心灵行为方面经验。只有既保持外在对象活动的敞开性，又葆有内在对象行为即心灵行为的明见性和自持性，既看护外在之"物"，又涵养内在之"心"，方可成己、成人、成物、成社会、成天下，方可从根本上摆脱虚无主义的纠缠。

然而，这只是身处"史前史"中的我们向着未来的筹划。

该文原载《江西社会科学》2008 年第 3 期

---

① 马克思：《青年在选择职业时的考虑》，《马克思恩格斯选集》（第一卷），人民出版社 1995 年版，第 459 页。

② 马克思：《1844 年经济学哲学手稿》，人民出版社 2000 年版，第 81 页。

马克思哲学之为"虚无主义"的来龙去脉
——在"存在学"与"实践学"之间

针对海德格尔对马克思哲学之为虚无主义的判定,汉语学界已有不少学者进行了回应。然而,就笔者目力所及,鲜有学者从形而上学的根本机制方面破题,而这恰恰是海德格尔判定马克思哲学之为形而上学进而陷入虚无主义的深层根据。另一方面,对马克思哲学的衡定不仅可通过存在学路向,更可通过实践学路向。那么,从实践学路向来看,马克思哲学还是不是虚无主义?通过对马克思哲学与虚无主义关系的追溯,我们还需进一步思考的是:如果虚无主义是西方文明的宿命,那么,在这个"全球一体化"的时代,"我们"如何才能最大程度地抵制虚无主义?

一、海德格尔的判定及其依据

德国哲学家海德格尔堪称判定其德国同胞马克思之为"虚无主义"的第一人,这个判定是在其晚年的《四个讨论班》中做出的:"我对马克思的解释……并非政治的。这个解释向着存在而思,向着存在送出自己的方式而思。从这个观点和角度看,我可以说,马克思达到了虚无主义的极致。"[①] 为何"向着存在而思"就会得出"马克思达到了虚无

---

① 海德格尔:《晚期海德格尔的三天讨论班纪要》,丁耘译,《哲学译丛》2001年第3期。

主义的极致"呢？其间有没有一种内在的理路可循？

自亚里士多德起，"存在"（ὄν）便成为形而上学的主题。根据海德格尔的解释，形而上学从一开始便在"什么—存在"与"如此—存在"的"二重性"中运作，在希腊之后的漫长时期前者也被称为"本质"（essentia）领域，而后者也被称作"实存"（existentia）领域，"本质与实存的区分代表着一切形而上学"①。海德格尔也把"本质"看作根本的存在者，而把"实存"看作存在者的存在，前者是现成名词性的，而后者则是动词化的"在场"。比如，在亚里士多德形而上学中，作为第一本体的存在者是"形式"（εἶδος），具体到人这种动物中则是"灵魂"，而人之灵魂的存在或在场便是"活动"（ἐνέργεια）。海德格尔把这种"存在者"与"存在"的相对区分也称为"存在学差异"。②之所以是"相对区分"，是因为"存在始终而且处处被叫作'存在者的存在'……存在者始终而且处处被叫作'存在的存在者'"③。因而，"存在"并非作为存在者的总和或整体与存在者并置，毋宁说，存在是存在者的根据与开显方式，反过来，存在也在存在者身上得以绽出与透露。用海德格尔本人的话说便是："没有存在者，存在决不现身成其本质，而没有存在，也决没有一个存在者存在。"④

上文引述的海德格尔所谓"向着存在而思"，首先便意味着把"存在"的上述二重性运作作为形而上学的核心课题；换言之，凡是在这种存在的二重性中运思的哲学，都必然地属于形而上学，即便那些口口声声反形而上学的哲学家也概莫能外。因而，海德格尔针对马克思

---

① 海德格尔：《尼采》，孙周兴译，商务印书馆2002年版，第1036页。对此问题的详尽论述，可参见孙周兴：《本质与实存——西方形而上学的实存哲学路线》，《中国社会科学》2004年第6期。
② 海德格尔：《尼采》，孙周兴译，商务印书馆2002年版，第834页。
③ 海德格尔：《形而上学的存在—神—逻辑学机制》，孙周兴译，载《海德格尔选集》，上海三联书店1996年版，第834页。
④ 海德格尔：《路标》，孙周兴译，商务印书馆2000年版，第357页。

的说法"向着存在而思",首先便意味着他试图指明,马克思哲学中的"存在"是在上述二重性中运思的,因而必然是一种形而上学。那么马克思究竟是否是在这种二重性中运思的呢?海德格尔在马克思的《〈黑格尔法哲学批判〉导言》中挑选出一句话:"对宗教的批判最后归结为人是人的最高本质这样一个学说……"① 虽然马克思自己以此是想表明,与宗教把神异化为人的最高本质不同,其实,人是人的最高本质。可海德格尔从中看到的却是马克思对人的"本质"的强调,即马克思哲学中具有形而上学的"本质"维度。

可是,马克思哲学中的"实存"维度又在哪里呢?同样是在《四个讨论班》中,海德格尔又引述了马克思另一句脍炙人口的警句:"哲学家只是以不同的方式解释世界,而问题在于改变世界。"② 通过什么方式来改变世界呢?海德格尔指出是通过"生产实践",人以及由人构成的社会通过生产而生产自身。因而,海德格尔得出:"对于马克思来说,存在就是生产过程。"③ 这里的"存在"当然是"实存",这也与海德格尔的下述断定相吻合:"生产之实践性概念只能立足在一种源于形而上学的存在概念上。"④ 作为"本质"的人这种存在者是以"生产实践"这种"实存"样式存在着的。在海德格尔看来,正因为马克思哲学中存在着"本质"与"实存"、"存在者"与"存在"的二重性运作,因而可以理直气壮地断定:"肯定要把马克思的命题理解为形而上学命题。"⑤ 这个断定当然不是海德格尔一时心血来潮,早在二三十年前他就做出过类似的断定:"马克思在某种根本的而且重要的意义上从黑格尔出发当作人的异化来认识的东西,与其根源一起又复归为现代人的

---

① 海德格尔:《晚期海德格尔的三天讨论班纪要》,丁耘译,《哲学译丛》2001年第3期。
② 海德格尔:《晚期海德格尔的三天讨论班纪要》,丁耘译,《哲学译丛》2001年第3期。
③ 海德格尔:《晚期海德格尔的三天讨论班纪要》,丁耘译,《哲学译丛》2001年第3期。
④ 海德格尔:《晚期海德格尔的三天讨论班纪要》,丁耘译,《哲学译丛》2001年第3期。
⑤ 海德格尔:《晚期海德格尔的三天讨论班纪要》,丁耘译,《哲学译丛》2001年第3期。

无家可归状态了。这种无家可归状态尤其是从存在之天命而来在形而上学之形态中引起的，通过形而上学得到巩固，同时又被形而上学作为无家可归状态掩盖起来。"① 即便当海德格尔断言"马克思完成了对形而上学的颠倒"②时，进一步的蕴含必定也是：这种"颠倒"本身便是另一种形而上学。

那么，从马克思的哲学在形而上学机制中运作又如何推论出"马克思达到了虚无主义的极致"呢？这种推导是通过海德格尔的另一个一再重复的命题——"形而上学作为形而上学是本真的虚无主义"③——而进行的，这到底是如何推出的呢？还需回到形而上学的根本机制："本质"（存在者）与"实存"（存在）的二重性运作。就本质或存在者层面而言，"形而上学意指存在者整体"④，"我把形而上学规定为存在者之为存在者和存在者整体的问题。存在者整体的整体性乃是存在者的统一性，后者作为产生着的根据而统一起来"⑤。也就是说，各种形而上学总是要为存在者整体找出一个"根据"，不论这个根据是"相""善""神""主体"，还是其他什么。从形而上学历史来看，为存在者整体寻找根据是在两个向度上展开的："一方面是在其最普遍的特性意义上来表象存在者之为存在者整体；而另一方面也在最高的、因而神性的存在者意义上来表象存在者之为存在者整体。"⑥ 这便是海德格尔揭示出的著名的"形而上学的存在—神学机制"。不论是其"存在学"向度，还是其"神学"向度，都无一例外地以一种存在者的本

---

① 海德格尔：《路标》，孙周兴译，商务印书馆 2000 年版，第 400 页。
② 海德格尔：《哲学的终结和思的任务》，孙周兴译，载《海德格尔选集》，上海三联书店 1996 年版，第 1244 页。
③ 参见海德格尔：《尼采》，孙周兴译，商务印书馆 2002 年版，第 973、980 页等处。
④ 海德格尔：《路标》，孙周兴译，商务印书馆 2000 年版，第 436 页。
⑤ 海德格尔：《形而上学的存在—神—逻辑学机制》，孙周兴译，载《海德格尔选集》，上海三联书店 1996 年版，第 829 页。
⑥ 海德格尔：《路标》，孙周兴译，商务印书馆 2000 年版，第 447 页。

质来规定存在者整体,"一便是一切,一切便是一"。如此,存在者整体中其他种类存在者的本性便被遮蔽,甚至被替代,从而成为"无"。这也是海德格尔后期一直强调万事万物之"自然"涌现、竭力恢复种种存在者由其自身显现的缘由。

这种从存在者之丰富性被遮蔽与替代而言的"虚无主义"仅仅是本真性虚无主义的现成性表现,尚未达到虚无主义的根本。对存在者之存在即实存的揭示将把对虚无主义的追问推进一步。也就是说,不论是"相""善"还是"神""主体"等等,都还是现成性的存在者,而形而上学所追究的更是存在者的存在,即实存。比如,"相"的实存是"静观""沉思";"善"的实存是"活动"或"实现";而"主体"的实存是"表象""意志""生产";等等。传统的形而上学往往执着于对作为存在者整体的"本质"的维护,因而一方面陷入了上面指出的虚无主义,另一方面则遗忘了对作为本质的存在者之存在的追问。这倒不意味着对存在者之存在的追问与揭示会克服上述的虚无主义,毋宁说,这种追问与揭示进一步加剧了虚无主义。首先,对存在者之存在的揭示其实是对作为本质的存在者进行了更为深层的奠基,这反过来便更加巩固了作为本质的存在者之统治地位。其次,种种"实存"把自己开显为绝对"当下",如此,种种非本质性存在者的本真存在便难以开显与在场,这便进一步加剧了它们的遮蔽与虚无化。再次,"实存"的当下在场同时也是对积极意义上的"虚无"的排挤与遮蔽。海德格尔把"究竟为什么存在者存在而无反倒不存在"确定为形而上学的首要问题,这里的"无"便是积极意义上的虚无,它为存在者的开显提供了可能的空间与机运,并使存在者的存在得到根本的限定,"无是作为存在而成其本质的"[①]。比如,由对"无"的"畏"打开了"本真此在",并使后者得到限定。由此可见,排挤本真之"无"意义上

[①] 海德格尔:《路标》,孙周兴译,商务印书馆2000年版,第356页。

的"虚无主义"非但不是"虚无"的在场参与,反倒是"虚无"的根本不在场、"虚无"的缺席。与此相关,最后,在形而上学的历史中,"存在本身"一直处于悬缺之中,在存在者及其存在的显现中,"存在本身是缺席的"①,而"虚无主义"的本质性展现乃是"存在之为存在的悬缺"②。虚无意味着:根本没有存在。显然,这里的"存在本身"既非存在者,也非存在者的存在。为了突显这种新的"存在"与形而上学机制下的"存在"之根本差别,海德格尔后来干脆在"存在"上面打了"×"。这种打叉的存在便是馈赠一切的"本有"(Ereignis),它在既去蔽又遮蔽的"二重性"——一种全新的"二重性"——中运作,海德格尔也把这种运作方式称为"神秘":"存在之真理就是作为这种神秘而成其本质的。"③ 在这种存在之神秘中,天、地、神临显,这种临显并非在光天化日中,而是在"疏明"(Lichtung)之下,仿佛林中那树荫斑驳的空地。人与此三者构成四重整体,而"终有一死者的人通过安居而在四重整体中存在"④。这种安居便是对种种存在者之存在的呵护,而人自身之存在也在四重体的神秘运作与馈赠中得到庇护。通过这种根本的"存在"转向,形而上学得以终结,虚无主义得以克服,人得以重生,本有得以居有。

勾勒出为何形而上学是本真的虚无主义之后,让我们再回到海德格尔对马克思哲学之为虚无主义的判定。既然马克思哲学属于形而上学,形而上学作为形而上学又是本真的虚无主义,那么顺理成章,马克思哲学是虚无主义便确定无疑。不过,仅仅从理路上指出马克思哲

---

① 海德格尔:《尼采的话"上帝死了"》,孙周兴译,载《海德格尔选集》,上海三联书店1996年版,第816页。
② 海德格尔:《尼采》,孙周兴译,商务印书馆2002年版,第1016页。
③ 海德格尔:《尼采的话"上帝死了"》,孙周兴译,载《海德格尔选集》,上海三联书店1996年版,第817页。
④ 海德格尔:《筑·居·思》,孙周兴译,载《海德格尔选集》,上海三联书店1996年版,第1193页。

学属于虚无主义尚显不足，为了更具说服力，还必须具体指明马克思哲学中哪些因素体现了虚无主义。

首先，从"本质"方面看，马克思从一开始就只把"人"（而非其他存在者）作为"那个事情"，作为存在者整体的本质，因而陷入虚无主义的现代形态——主体主义与人类中心主义。其次，从本真存在的"悬缺"方面看，马克思"人是人的最高本质"的思想中最终论证和确认的是"作为存在的存在对于人不再存在"[①]。"人"构成对存在本身的遮蔽和替代，从而陷入"虚无主义"。再次，从"实存"方面看，作为存在者本质的人的"实存"方式是"生产"，这就意味着，其他一切类型的存在，包括人自身的存在都必须经由"生产"而被带入"存在"；而这恰恰也正是其他存在者本性的丧失过程。具体而言，一方面，生产需要相应科学技术的指导，而也正是为了更好地生产，现代的科学理论逐渐被抹平为"均质性"的，这是为了对作为对象的自然物更好地表象与计算，从而"有助于对作为对象的存在者进行控制和统治"[②]。另一方面，技术以及技术产品的积累形成海德格尔所谓的"支架"（Ge-stell），而支架的进步强制又导致了一种生产强制，这种强制转而成为人的尺度，人之为人的自身尺度与本性不再彰显进而陷入荒芜。更有甚者，人以及由人构成的社会都无一例外地被卷入生产以及对产品的无度消费之中，而人便在这种强制性的生产与消费中生产自身同时也损耗自身。这种强制性生产及其支架正是"形而上学历史的最后形态"，同时也是"存在天命的最后形态"[③]。当然，这也堪称虚无主义的最后形态。因而，海德格尔才断言"马克思达到了虚无主义的极致"。

显然，海德格尔对马克思哲学之为虚无主义的判定无疑是出于其

[①] 海德格尔：《晚期海德格尔的三天讨论班纪要》，丁耘译，《哲学译丛》2001年第3期。
[②] 海德格尔：《晚期海德格尔的三天讨论班纪要》，丁耘译，《哲学译丛》2001年第3期。
[③] 海德格尔：《晚期海德格尔的三天讨论班纪要》，丁耘译，《哲学译丛》2001年第3期。

"存在学"视域的。透过存在学的有色眼镜来看,"哲学即形而上学"①。因而,包括马克思在内的几乎所有哲学家都统统被归摄于形而上学也就不足为怪了。确实,随便翻开马克思任何一篇哲学著作,"形而上学"语汇便会扑面而来:"存在""本质""实存""主体""客体""对象性""人""活动""意识""感性""生产"……然而,马克思的哲学难道只能透过存在学路向来看待么?进而言之,对于马克思哲学而言,有没有更合乎其"实事"本身的衡定路向?

对于马克思哲学而言,另一个众所周知的事实是,与上面罗列的"形而上学"词汇相比,还有另外一个出现频率更高的词汇,那就是"实践"。比如,在被看作马克思新哲学确立之标志的《关于费尔巴哈的提纲》中,"实践"不但高频率出现,而且成为马克思新思想的起点与归宿。甚至在被作为马克思哲学成熟标志的《德意志意识形态》中,为了与旧唯物主义进行区分,马克思直接把自己的哲学命名为"实践的唯物主义"②。当然,如果从海德格尔的"存在学"路向看,"实践"既可以是"活动"的别名,也可以是"生产"的代称,而后者复又沦为存在者的实存样式。这也难怪,因为海德格尔自我标榜的"存在之思"只在存在学层面上运作,从而"超越一切实践的行为"③。海德格尔也明言自己对马克思的解释"并非政治的"④。也就是说,对于本真的——而非被"实存"化了的——"实践"而言,海德格尔存在学的路向对之是视而不见的。因而,如果对"本真实践行为"的描述属于"实践学"的话,那么海德格尔的存在学与实践学就是完全错离的。

---

① 海德格尔:《哲学的终结和思的任务》,孙周兴译,载《海德格尔选集》,上海三联书店1996年版,第1242页。
② 马克思、恩格斯:《德意志意识形态》,《马克思恩格斯选集》(第一卷),人民出版社1995年版,第75页。
③ 海德格尔:《路标》,孙周兴译,商务印书馆2000年版,第426页。
④ 海德格尔:《晚期海德格尔的三天讨论班纪要》,丁耘译,《哲学译丛》2001年第3期。

二、实践学路向中的马克思哲学

何谓"实践学"路向?这须返回其开端亚里士多德那里方能获得根本界定。

在亚里士多德的《尼各马可伦理学》[①]中,"实践"(πρᾶξις)一词基本上与"活动"(ἐνέργεια)一词在相同意义上使用。由于活动专指目的在自身之中的行为,而这类行为又可分为两类:沉思活动与伦常—政治活动,前者是纯粹的逻各斯之运作,而后者必然与情、欲相关。故而"实践"也可以分为沉思实践与伦常实践,其中伦常实践则是"实践"的核心意义。由于技艺性创制行为的目的不在自身中,因而不能被称为严格意义上的"活动",从而也就不属严格意义上的"实践"。不过,亚里士多德在一些地方也把技艺—创制行为类比性地称作"实践"(1147a27)。由于目的在自身之中的实践高于目的在自身之外的实践,那么创制性实践在价值上便天然地低于伦常实践与沉思实践。从城邦人员构成上看,这三类"实践"大致对应三类人:劳作者、伦常—政治人与哲人。

由上可见,实践学与存在学的最根本区别在于:存在学总是以"一种"本质或实存来贯穿存在者整体;而实践学则分门别类地来对待事物,"在每种事物中只寻求那种题材的本性所容有的确切之物"(1094b25)。与此相关,存在学试图把存在者整体同质化,而实践学则尊重各种事物的异质性。

如果从上述实践学的路向来看,马克思哲学又会呈现出何种面貌呢?

马克思博士论文的主题内容虽然可以从典型的存在学路向来看待,

[①] 引文可参照亚里士多德:《尼各马可伦理学》,廖申白译,商务印书馆2003年版。按照惯例,正文引文后标明标准编码。

即被看作以伊壁鸠鲁的"感性"取代赫拉克利特的"理性"而成为"自我意识"的实存。可从实践学的路向看，理性活动无疑属于沉思实践，而感性活动则应归属于伦常实践。此时，创制实践尚未进入马克思的视野。他在博士论文中试图论证的无非是：感性伦常实践要高于沉思实践，这已初步显示出对亚里士多德实践观的颠转了。在马克思看来，虽说"哲学的实践本身是理论的"，可这种作为理论的哲学却不能仅仅停留在沉思实践中，它必须实质性地介入世界，也就是说使之世界化，而这一过程同时也是世界的哲学化："世界的哲学化同时也就是哲学的世界化。"① 如此看来，早在写作博士论文时期，马克思已经开始着手消解作为沉思实践的哲学了。这也成为使哲学现实化，从而消灭哲学的先声："不使哲学成为现实，就不能够消灭哲学。"② 当然，这里所要消灭的是以黑格尔哲学为代表的思辨形而上学。根据马克思的看法，哲学的消除并非其终结，而是转化为另一种存在形式——实践批判。

实践批判就是批判实践。这里的批判"已经不再是目的本身，而只是一种手段。它的主要情感是愤怒，它的主要工作是揭露"③。也就是说，"批判"其实是一种作为手段的伦常—政治实践。而所批判的"实践"则是伦常—政治实践领域中种种"异化"现象："真理的彼岸世界消逝以后，历史的任务就是确立此岸世界的真理。人的自我异化的神圣形象被揭穿以后，揭露具有非神圣形象的自我异化，就成了为历史服务的哲学的迫切任务。于是，对天国的批判变成对尘世的批判，对宗教的批判变成对法的批判，对神学的批判变成对政治的批判。"④ 这

---

① 马克思：《论德谟克利特的自然哲学和伊壁鸠鲁的自然哲学的差别》，《马克思恩格斯全集》（第一卷），人民出版社1995年版，第76页。
② 马克思：《〈黑格尔法哲学批判〉导言》，《马克思恩格斯全集》（第三卷），人民出版社2002年版，第206页。
③ 马克思：《〈黑格尔法哲学批判〉导言》，《马克思恩格斯全集》（第三卷），人民出版社2002年版，第202页。
④ 马克思：《〈黑格尔法哲学批判〉导言》，《马克思恩格斯全集》（第三卷），人民出版社2002年版，第200页。

里批判所涉及的不论是"天国"还是"尘世",不论是"宗教"还是"法",不论是"神学"还是"政治",统统属于伦常—政治实践的核心事务。马克思进一步的批判表明,伦常—政治的实践并无独立自存性,它奠基于"市民社会"之中,而市民社会自身的基础便是"私有财产"。那么私有财产是否是最终的事实呢?当然不是。"私有财产是外化劳动……的产物、结果和必然后果。"① 外化劳动的过程同时也就是异化劳动的过程,而异化劳动恰恰是对真正劳动实践的异化。如此,劳动实践便成为全部实践批判的最后基地,同时,也只有生产劳动实践能够作为全部社会历史的基础,特别是作为家庭、国家、法、道德、哲学、宗教等伦常—政治实践领域的基础。

实践批判最终达到的生产劳动实践既会以某种异化形式出现,也能以非异化形式出现。比如在私有制条件下,劳动便仅仅是谋生的手段。这种劳动便与亚里士多德区分出的制作性实践相吻合,其活动的目的不是内在于自身,而是外在于自身。与此相反,"在共产主义社会高级阶段……劳动已经不仅仅是谋生的手段,而且本身成了生活的第一需要"②。这种成为生活第一需要的劳动是人之为人的本质力量的对象化,同时也是自由自知的感性生命活动:"劳动是自由的生命表现,因此是生活的乐趣。"③ 马克思在作为其思想成熟之标志的《德意志意识形态》中对这种本真的劳动实践有过更为动人的描述:"在共产主义社会里,任何人都没有特殊的活动范围,而是都可以在任何部门内发展……因而使我有可能随自己的兴趣今天干这事,明天干那事,上午打猎,下午捕鱼,傍晚从事畜牧,晚饭后从事批判……"④ 如果从实

---

① 马克思:《1844 年经济学哲学手稿》,人民出版社 2000 年版,第 61 页。
② 马克思:《哥达纲领批判》,《马克思恩格斯选集》(第三卷),人民出版社 1995 年版,第 305 页。
③ 马克思:《1844 年经济学哲学手稿》,人民出版社 2000 年版,第 184 页。
④ 马克思、恩格斯:《德意志意识形态》,《马克思恩格斯选集》(第一卷),人民出版社 1995 年版,第 85 页。

践学的路向看，这种自由自知的感性劳动实践首先是目的在自身之中的活动①，这种劳动实践堪称人之为人的实践活动的典范。换言之，在亚里士多德那里作为非典型实践意义的制作活动在马克思这里反倒成为核心"实践"意义的劳动活动。也就是说，相对于亚里士多德而言，马克思对实践的核心类型进行了替换，即以劳动实践替换了伦常—政治实践。这种"替换"也意味着，马克思把亚里士多德所认定的目的在自身之外的制作活动提升为目的在自身之中的劳动实践（与之相应的是"劳动者"取代了"伦常—政治人"的社会核心地位），而"目的之内在性"恰恰是实践之为实践的核心规定。

非但如此，马克思还以改造过的核心实践对亚里士多德的核心实践进行了修正与奠基。上文看到，在亚里士多德那里的沉思实践，被马克思改造为实证性的实践批判。这倒不是说，马克思完全否弃了沉思活动与伦理—政治活动，而是把这些活动作为被生产劳动实践决定了的意识形态或社会关系生产。这里的"决定"至少包含两层含义：伦常—政治实践与沉思实践是随着劳动实践发展到一定阶段即出现真正的分工之后才成为可能的；在消灭私有制及其伴随的分工之后，前两种实践也就失去了其存在的现实基础，因而便会自行消亡，取而代之的是与现实生产实践直接相应的意识形式或实证科学以及由生产决定的社会组织形式。当然，对旧的意识形态、上层建筑以及市民社会的实践批判并不足以撼动其根基，只有进行现实而物质化的革命实践，原有的生产实践方式及其支撑的伦常—政治实践与沉思实践才会土崩瓦解。

即便如此，在马克思哲学中，不论是作为核心地位的劳动实践，

---

① 这种把本真的劳动实践作为目的在活动自身中的想法是马克思一直持有的，比如在《1857—1858年经济学手稿》中，马克思说："在资产阶级经济以及与之相适应的生产时代中，人的内在本质的这种充分发挥，表现为完全的空虚化；这种普遍的对象化过程，表现为全面的异化，而一切既定的片面目的的废弃，则表现为为了某种纯粹外在的目的而牺牲自己的目的本身。"（马克思：《1857—1858年经济学手稿》，《马克思恩格斯全集》[第三十卷]，人民出版社1995年版，第480页）

还是可以取代哲学的实践批判，甚至包括推翻旧制度的革命实践，仍然无一不属于"实践学"的范畴，虽然这种实践学与亚里士多德的实践学已大相径庭。因而，如果仅仅从"存在学"的路向——就像海德格尔所做的那样——来看马克思哲学，就必定会错失其哲学中丰富而现实的实践内涵与意蕴。问题是：即便从"实践学"的路向来看，马克思哲学就能够摆脱"虚无主义"的诟病吗？

三、施特劳斯的判定及其依据

深谙实践之学的里奥·施特劳斯对虚无主义有着不同于自己德国老师的独特判定："虚无主义是对文明本身的拒斥。"[①] 文明（civilisation）不同于文化（culture），后者可以是野蛮的也可以具有极端对立的多元形态，而前者则是人类之为人类所具有的一般性因素。用施特劳斯的话说："文化这个说法并未规定要教化养成些什么，文明这个字眼立刻表明了这样一种过程：将人变成公民而非奴隶；变成城邦的而非乡村的居民；变成热爱和平而非战争的人；变成彬彬有礼而非粗野凶暴的人。……我们把文明理解为有意识的人性文化……理解为有意识的理性文化。"[②] 这种作为理性文化之文明的支柱便是道德与科学。因而，虚无主义首先便会拒斥道德与科学。

然而，作为"正当、高尚行为之规则"的道德不仅应当从现代的道德概念来理解，更应放到久远的德性传统来理解。德性传统的奠基者亚里士多德认为："德性是一种关乎选择的品质，它存在于相对我们而言的适度中，这种适度是由逻各斯确定的，亦即，明智的人会确定

[①] 施特劳斯：《德国虚无主义》，丁耘译，载刘小枫主编：《施特劳斯与古典政治哲学》，张新樟等译，上海三联书店2002年版，第751页。

[②] 施特劳斯：《德国虚无主义》，丁耘译，载刘小枫主编：《施特劳斯与古典政治哲学》，张新樟等译，上海三联书店2002年版，第752页。

它。"（1106b36）需要特别指出的是，这种"适度"是所有方面的综合性适度，而非某一方面的适度，有德性的人是明智的，而"有了明智就有了所有伦常德性"（1145a2）。因而，如果仅仅执着于一种德性而忽视其他，则会陷入虚无主义中。比如仅仅对勇敢这种尚武之德强调，结果便是如此："德国虚无主义则宣称，种种武德，特别是作为承受身体痛苦能力的英勇，是剩余的唯一德性……纯粹潜在的文明或文化阶段的特有德性只是勇气，没有别的。因此，德国虚无主义是德国军国主义的激进形态。"① 亚里士多德"德性"界定中的"合逻各斯"，也就是合科学，因为"科学是理解宇宙与人的尝试；因此它和哲学是一回事，倒未必与现代科学是一回事"②。由此看来，施特劳斯眼中的科学更接近沉思实践，而道德便是伦常—政治实践。

如果从施特劳斯所提供的路向看，海德格尔既拒斥道德又拒斥科学。前面已经看到，海德格尔——或许是故意——没把伦常—政治实践纳入自己的眼界。虽然他对《尼各马可伦理学》第六卷的核心部分有专门解读③，但其根本用意是以自己的存在之真来化解亚里士多德的实践智慧，从而把亚里士多德的实践学扭转为自己的存在学④。正因为海德格尔没有进入本真的实践学层面，因而便难以为"此在"之生存确定方向。这也是为何《存在与时间》中一再谈及"决断"，但却从未给出决断之何所向。也就是说，离开道德，便难以确定决断之何所向。乍看起来，这种筹划之方向性似乎在后期艺术性的存在之思中给

---

① 施特劳斯：《德国虚无主义》，丁耘译，载刘小枫主编：《施特劳斯与古典政治哲学》，张新樟等译，上海三联书店2002年版，第761页。
② 施特劳斯：《德国虚无主义》，丁耘译，载刘小枫主编：《施特劳斯与古典政治哲学》，张新樟等译，上海三联书店2002年版，第753页。
③ 参见海德格尔：《对亚里士多德的现象学阐释》，孙周兴译，载海德格尔：《形式显示的现象学：海德格尔早期弗莱堡文选》，孙周兴译，同济大学出版社2004年版。
④ 参见罗森：《实践智慧或本体论：亚里士多德和海德格尔》，聂敏里译，载聂敏里选译：《20世纪亚里士多德研究文选》，华东师范大学出版社2010年版，第445—461页。

出了,但这种给出却是以一种对传统伦常—政治生活连根拔起的方式完成的:天—地—神—人的四重体游戏让我们感觉如入梦幻般的仙境。同时,也正是这种充满诗情画意的存在之思,取代了作为哲学或科学的形而上学。因而,从施特劳斯的路向看,海德格尔主义是对现代文明的矫枉过正,他们"把孩子和洗澡水一起倒掉了"①,其结果必定陷入虚无主义。

当然,在施特劳斯看来,海德格尔及其精神导师尼采对现代文明的矫枉过正所要"矫"的"枉"首先是共产主义:"他们所能绝对确定的,只是当今世界及其一切潜能均须摧毁,以便阻挡否则必然来临的共产主义终极秩序:毫不夸张地说,在他们看来,随便什么(虚无、混乱、丛林、野蛮的西方、霍布斯的自然状态)都无限优于那个共产主义—无政府主义—和平主义的未来。"②因为共产主义作为仅仅致力于生产与消费的太平盛世"恰恰是人性的最大堕落,是人性的完结,是末日的来临"③。这种与尼采倡导的"超人"社会极端对立的"末人"社会当然会被尼采主义贬斥为虚无主义,而尼采及其学徒海德格尔之所以陷入虚无主义,一个重要原因便是对共产主义的矫枉过正。

施特劳斯断言:"对于战后德国来说,所有德国人(其实也是所有哲人)中影响最大、最该对德国虚无主义的产生负责的,乃是尼采。"④那么,尼采之为德国虚无主义渊薮的断定是否会对冲尼采主义对共产主义之为虚无主义的攻击呢?进而言之,如果按照施特劳斯的标准来

---

① 施特劳斯:《德国虚无主义》,丁耘译,载刘小枫主编:《施特劳斯与古典政治哲学》,张新樟等译,上海三联书店2002年版,第765页。
② 施特劳斯:《德国虚无主义》,丁耘译,载刘小枫主编:《施特劳斯与古典政治哲学》,张新樟等译,上海三联书店2002年版,第744页。
③ 施特劳斯:《德国虚无主义》,丁耘译,载刘小枫主编:《施特劳斯与古典政治哲学》,张新樟等译,上海三联书店2002年版,第743页。
④ 施特劳斯:《德国虚无主义》,丁耘译,载刘小枫主编:《施特劳斯与古典政治哲学》,张新樟等译,上海三联书店2002年版,第764页。

看，马克思的共产主义究竟算不算虚无主义呢？他的回答是："如果共产主义革命是虚无主义的，这是就其结果而非意向而言。"① 也就是说，共产主义自身并非"意欲虚无"（velle nihil）。

由前文可见，马克思当然想成就人之为人的本质力量，想恢复人的感性丰富性，想促进人的全面发展。不过这种种"理想"都是以对沉思实践与伦常—政治实践的替换以及某种程度的否弃为前提的。哲学被转化为实践批判，转化为"描述人们实践活动和实际发展过程的真正的实证科学"②，这也就大大缩减了理性的范围，使理解宇宙整体的哲学与形而上学不再可能。另一方面，这种理性范围的缩减与核心实践领域的扭转也是相应的，与哲学活动的被改造相应的是伦常与政治领域的被决定。以生产劳动为核心实践的共产主义，不再需要宗教、道德，也不再需要法、国家，因此，人们纵情释放的场所也就只能是生产——对象的生产与人自身的生产。由此看来，共产主义社会的非道德非哲学特征也就暴露无遗。就此而言，马克思哲学及其倡导的共产主义无疑属于施特劳斯意义上的虚无主义。

结语

至此，我们得出一个令人悲观的结论：无论从存在学路向看还是从实践学路向看，马克思哲学都难以摆脱其为虚无主义的判定。然而，在实践学的开创者亚里士多德那里，以及从实践学路向衡定虚无主义的施特劳斯那里，就能完全摆脱虚无主义的纠缠吗？答案似乎是否定的。亚里士多德不仅是实践学的开山，也是存在学的鼻祖。"本质"的

---

① 施特劳斯：《德国虚无主义》，丁耘译，载刘小枫主编：《施特劳斯与古典政治哲学》，张新樟等译，上海三联书店 2002 年版，第 756 页。

② 马克思、恩格斯：《德意志意识形态》，《马克思恩格斯选集》（第一卷），人民出版社 1995 年版，第 73 页。

化约与"实存"的在场便肇端于亚里士多德的《形而上学》，因而，在"形而上学之为形而上学是本真的虚无主义"的意义上说亚里士多德是虚无主义的开端并不为过。即便从实践学上而言，究竟沉思实践为本还是伦常实践为本亚里士多德一直犹豫不决。沉思实践为本则会导致道德无据，而伦常实践为本则会导致科学无根，不论是道德无据还是科学无根，在施特劳斯看来都是虚无主义的征兆。那么施特劳斯本人又如何呢？他虽然强调了道德与科学的统一性："无道德的科学会沦为犬儒主义，这样也就摧毁了科学努力自身的根基；无科学的道德则沦为迷信，从而往往成为狂热的野蛮。"① 可是，如果科学属于"自然"领域而道德属于"正当"领域的话，那么"自然正当"（natural right）本身又如何可能？这会不会是个可欲而不可得的"金苹果"呢？在人类"历史"突飞猛进、生活情境日新月异的当下，难道"自然正当"不会沦为一个"高贵的谎言"吗？

如此看来，虚无主义倒像个挥之不去的幽灵，一直在西方文明上空盘旋。"我们"的情况又如何呢？自从实质性地与西方文明碰触之后，我们也无时无刻不得不面对尼采意义上的积极虚无主义与消极虚无主义。我们又该从哪里获得抵制当今虚无主义的有效资源呢？

该文原载《现代哲学》2014 年第 2 期

---

① 施特劳斯：《德国虚无主义》，丁耘译，载刘小枫主编：《施特劳斯与古典政治哲学》，张新樟等译，上海三联书店 2002 年版，第 753 页。

[下编]

回到『实践』问题：亚里士多德之路

第一本体与内意识
—— 兼及一种可能的道德主体性

一、引言：现代哲学中的主体性问题

就思想的深度及广度而言，海德格尔无疑是现代哲学的代表性人物。30 年代后，海德格尔逐步深入反思"主体性"（Subjektivität）问题。他甚至认为《存在与时间》已经踏上的道路和已经开始的尝试"有违自身的意愿而进入那种危险之中，即：只是成为一种对主体性的巩固"①。在他看来，近代"主体性"哲学虽然从寻求自身确定性的"主观性"领域开始，但它远远超出了后者的范围。一方面，在知识中，"客体"或"客观"经由主体的"表象"而被构造；另一方面，在生产中，自然界被主体的"强力"作为任人宰割的"能量库"。事实上这两方面又相互加强，共同绘制着现代生活的真实画面。我们可权且将前者称作"知识主体性"，将后者称作"生产主体性"。虽然这两种"主体性"在现实生活中的贯穿已是不争的事实，但我们仍可能按照海德格尔的方式追问：它们"是从哪里得到确定的？以什么方式被确定的？凭什么权利被确定的？被哪种权威确定的？"②这种追问其实是在

---

① 海德格尔：《尼采》，孙周兴译，商务印书馆 2002 年版，第 825 页。
② 海德格尔：《晚期海德格尔的三天讨论班纪要》，丁耘译，《哲学译丛》2001 年第 3 期。

追究上述"主体性"之为"主体性"的根据。无论如何,依照海德格尔的理解,上述"主体性"凸现所引发的重大后果之一便是"人类中心主义",是"作为存在的存在对于人不再存在"①。

在三四十年代有关尼采的系列讲座中,海德格尔勾勒出西方哲学思想由古希腊的"基体"(hypokeimenon)到拉丁思想的"一般主体"(subiectum)再到现代"主体"(subject)的流变环节。他认为直到"一般主体"阶段,现代意义上的"主体性"仍隐而未彰,"根据这个关于'一般主体'的本质概念,我们首先必须避开'人'的一般概念,因而也避开'自我'和'自我性'的概念。石头、植物、动物也是主体,即一个从自身而来放在眼前的东西,丝毫不亚于人"②。也就是说,在这一阶段,尚未形成现代意义上的主—客对峙局面,因而也尚未出现知识主体性与生产主体性对他者的暴力。

问题是,离开"人"或"自我"的切入点,我们是否还另有通达"自身""他者"乃至"存在"的可靠途径?从"人"或"自我"出发必定会导致对"他者"及"存在"施暴的知识主体性与生产主体性吗?这就有必要尝试对"主体性问题"以及与之相关的"存在问题"重新检讨。

二、基体与第一本体

正如海德格尔指出的那样,"一般主体"是希腊文"基体"的拉丁文对译。在古希腊哲学家中,对"基体"涉猎最多的恐怕要数亚里士多德。然而,在亚里士多德思想③中,"基体"的含义并不易把握。《范

---

① 海德格尔:《晚期海德格尔的三天讨论班纪要》,丁耘译,《哲学译丛》2001 年第 3 期。
② 海德格尔:《尼采》,孙周兴译,商务印书馆 2002 年版,第 774 页。
③ 本节《范畴篇》《形而上学》《灵魂论》等的引文,主要参照苗力田主编:《亚里士多德全集》(第一版),中国人民大学出版社。引文改动部分,主要参照牛津修订全集本(Princeton,1995)。依照惯例,文中引用亚里士多德文字只标明其标准编码。

畴篇》一开始,亚里士多德便根据"基体"对最广义的"事物"进行了划分:(1)谓述却不依存于一个基体;(2)依存于却不谓述一个基体;(3)既谓述一个基体,又依存于一个基体;(4)既不依存于又不谓述一个基体。(1a20)显然,作为"谓述"对象的"基体"便是语法结构中的"主词",也就是说,这表明的是"基体"在语法中的角色。而作为"依存"对象的"基体"便是日常的可经验之物。这表明,亚里士多德并未像现代学者那样将"语言"抽取出来单独分析,而是将之纳入与日常可经验之物的对照之中,且后者具有奠基性地位。亚里士多德自己也说,"我们必须研究在每一特殊场合我们应当如何来表达,当然更为重要的是事实实际上是怎样的"(1030a29),这种立场也是后文的分析要时刻记取的。

亚里士多德将上述第(4)类事物称为"第一本体"(ousia):"就其最严格、最基本及最首要的意义而言,本体就是既不谓述一个基体,又不依存于一个基体的东西。"(2a11)而除此之外任何其他事物要么谓述第一本体,要么依存于第一本体。(2a35)前者是第二本体,而后者是除"本体"之外的所有范畴——这里的"范畴"亦是语言所表达的日常可经验之物。以上只是借助"基体"对最为广义的事物进行了几层划分,而对"基体"本身却未曾界定。在《形而上学》第七卷第三章中,亚里士多德对"基体"进行了界定:"基体就是其他事物谓述它而其自身不谓述其他事物的东西。"(1028b36)这与第一本体的界定基本相同。就"基体"的字面意思而言,是"躺在下面"的意思。因而,可以说,基体与"第一本体"是异名同义的。亚里士多德自己也得出这个结论,他说最终的基体就是(第一)本体(1049a35)。

上文已看到,基体或第一本体在诸事物之中占据着基础性的地位。亚里士多德指出:"如果没有第一本体存在,就不可能有其他东西存在。"(2b6)这表明第一本体或曰基体不仅是其他范畴的依托,而且也是"存在"(on)本身的核心。更为详尽地看,亚里士多德将"存在"

的意义归结为下述四个方面，而在每种意义上，"第一本体"都具有核心意义。（1）依偶性之存在：虽然这类存在不能成为科学的对象，但无论多么偶然，它都会依存于第一本体，否则它便无法出现。（2）依诸范畴之存在：这便是上文提到的第一本体与诸范畴之存在，其中前者是后者的依存之所。（3）作为真的存在：真、假判断必定有谓述的对象，而最终的谓述对象便是第一本体。（4）潜能与现实之存在：不论何种形式的潜在与现实，都是某种东西（第一本体）的潜在与现实。（参见1017a7-b9、1026a33-b2）亚里士多德在另一个地方归结道："一个东西在多种意义上被称作'存在'，但这些意义都关联于一个核心点，关联于一种确定之物，并且这几种意义不属于'同名同义'……一些东西被称为'存在'是因为它们是本体，另一些是因为它们是本体的属性，再有一些是因为它们是趋向本体的过程，或本体的毁灭、缺乏或性质，或本体的制造或产生，或是与本体相关的东西，或是对这些东西或本体自身的否定。"（1003b5-11）这里的"本体"自然指"第一本体"（下文"本体"一词如不做特别说明，均指"第一本体"）。这表明，"第一本体"是"存在"的核心意义（focal meaning），而"存在"的其他意义则为其扩展义。广义的"存在"依存于"第一本体"或"基体"。因而，在这种意义上可以讲，"存在问题"便是"本体问题"。亚里士多德自己也断言："存在是什么，也正好是这个问题：什么是本体？"（1028b4）

从《形而上学》第七卷第三章开始，亚里士多德试图引入一种对"第一本体"或"基体"更为深入的划分，其候选项为：（1）质料；（2）形式；（3）质料与形式的结合。（1029a1-7）（3）由（1）和（2）构成，在逻辑次序上显然后于（1）与（2），因而不为最终的第一本体。质料与形式相比较而言，质料更像"躺在下面"的"基体"，因而易被当作最终的第一本体。然而，亚里士多德又引入了两个新的标准，即"可分离性"（separation）与"这个"（tode ti）。依据这种新尺度，抽取掉任何性状的纯质料无法被指认为"这个",同时,"纯质料"自身也无法独立出来;而作为"本质"(to ti en einai)的形式却满足这两个条件。因而"形式"或"本质"便成为最终的第一本体。在讨论这个问题时,余纪元先生认为:"为了排斥质料,抬举形式,亚里士多德便改变了第一本体即是基体的观念。"① 笔者难以认同余先生的断言。其一,即使在区分了本体的三种候选项之后,亚里士多德还是都将其称为基体或本体:"基体是本体,而这在一种意义上是质料,在另一种意义上就是公式或形式,第三种意义就是这两者的结合。"(1042a27)这表明三种候选项都可称之为"基体",就像都可称之为"本体"一样。其二,亚里士多德不少地方明确地将人的形式"灵魂"称为"基体",例如在前面谈到事物根据"基体"进行划分时,他为"依存于却不谓述一个基体"提出的例证便是"某一点语法知识依存于灵魂这个基体"(1a27)。同样的使用可参见 1b1、1b8 等处。因而,无论在哪个阶段,并无充分理由断言亚里士多德改变了其"第一本体"即为"基体"的基本看法。

三、灵魂与自身觉知

上文提到,最终的第一本体或基体是"形式"或"本质",亚里士多德也称之为"定义"或"公式"。他举例说,人或动物的本质是"灵魂"(1035b14、1037a5 等处)。那么具体个人的本质便是他具体的灵魂。然而,对于这种具体的灵魂或第一本体又如何研究和通达呢?亚里士多德坦然承认有关"本质"的研究是"最复杂的"(1029b1)。这种复杂性在于"本质"并非日常经验中的可感之物。对此,亚里士多德特别插入了一段对"本质"之认识方式的讨论:"我们的任务是从对

---

① 余纪元:《亚里士多德论 ON》,载宋继杰主编:《BEING 与西方哲学传统》,河北大学出版社 2002 年版,第 223 页。

一个人自身而言更为可知的东西出发,并使本性上可知的东西对他自己成为可知的。……一个人必须从那几不可知却对他自身而言可知的东西出发,并且试图去理解什么在其本性上是可知的,正如谈到过的,通过一个人恰好理解的东西前进。"(1029b1-13)问题是:什么是"对一个人自身而言更为可知的东西"?由于这段内容是针对"本质"的讨论,难道要寻求的东西莫非是一个人的本质?前文提到,一个人的本质即是他的"灵魂"。在亚里士多德这里,作为第一本体的灵魂本身包含某些功能性因素。具体而言,人的灵魂功能包括营养、感觉欲求和思想(414a31)。营养功能是所有生物共有的,因而不能作为属人灵魂的特性。欲求由感觉引起(414b5),同时感觉又是意象(phantasy)的先决条件(428b13);思想在某种程度上虽具独立性,但它同样是以感觉为基础的:"思想对象在可感形式之中——不论抽象对象还是可感之物的状态与属性都概莫能外。因而离开感觉便不能学习或理解任何东西。"(432a5-9)这表明,感觉是属人灵魂中奠基性的东西。

亚里士多德指出,感觉可区分为感觉行为与感觉对象,比如视觉由"看"和"色(或有色之物)"构成。在感觉中,我们可以就外在之物形成印象、信念、意象等内在因素。然而,凭借这些,我们并不能本真地通达外物,因而它们也难以成为"对一个人自身而言更为可知的东西";那么究竟什么东西以及通过何种方式才可能成为"对一个人自身而言更为可知的"?在讨论了五种感觉及共通感之后,亚里士多德话锋一转:"由于我们是通过感觉觉知到我们在看或在听,那么情况必定是:要么我们是通过视觉觉知到'看',要么则是通过视觉之外的其他感觉觉知到它。……如果觉知视觉的感觉与视觉不同,我们就必定要么陷入一种无穷后退,要么必定在某处设定一种觉知其自身的感觉。既然如此,我们就认为这种情形出现于第一种感觉中。"(425b13-18)这种能够"觉知其自身"的感觉行为是自己觉知自己,因而属于"对一个人自身而言更为可知的东西",这也成为属人灵魂认识和通达自身的入口。

作为灵魂功能的感觉行为能够自身觉知，那么奠基于感觉之上的其他灵魂功能诸如情感、欲求、意象、信念、思想等又如何呢？在亚里士多德哲学中，只有对思想的相关论断："思想自身是可思想的，恰如思想对象是可思想的那样。"（430a3）感觉觉知自身，思想思想自身，照此推论，其他灵魂功能也会觉知自身。不过对相关主题的详尽探究是近现代哲学的兴趣。

笛卡尔在对《第一哲学沉思集》的第六组诘难的答辩中谈道："下述情形是千真万确的，即除非一个人知道思想是什么以及存在是什么，他才会确定他在思想或他存在。但这并不需要反思性知识或是通过论证的方式而获得的知识；更不需要一种关于反思性知识的知识，亦即知道我们知道，从而知道我们知道我们知道等等以至无穷。这类知识很可能会一无所获。我们通过先于反思知识的内觉知（inner awareness）就可以十分充分地知道它。这种关于思想与存在的内觉知对所有人都如此内在，以至于纵使我们被偏见所占据并且望文生义地说我们不具有它，可我们实际上也不能不具有它。"[1] 在《哲学原理》中笛卡尔讲得更为简洁："我将思维理解为所有那些在我们之中如此发生的事情，以至于我们从我们自身出发而直接地意识到它。"[2] 显然，这种"内觉知""直接地意识到"与亚里士多德所讲的"感觉觉知自身""思想思想自身"涉及的是基本相同的事情。

四、心灵现象与内意识

到 19 世纪，"灵魂如何认识和通达自身"的问题被心理学接手。

---

[1] Rene Descartes, *Meditations on First Philosophy*, Cambridge University Press, 1986, p. 69.
[2] 转引自倪梁康：《自识与反思》，商务印书馆 2002 年版，第 54 页。

虽然亚里士多德也将有关"灵魂"的科学称为"心理学",但随着之后植物学、动物学及生理学的独立,心理学便成为专门研究"心灵"的科学。问题是,这种心理学能够运用现代自然科学所通行的认识方法吗?

众所周知,现代自然科学所通行的认识方法是观察与实验,即依靠我们的外感官对外在对象所呈现出的现象运用数学或逻辑进行归纳总结,最后得出规律性的系统。需要注意的是,这里涉及的是通过感觉所获得的"现象",而非外物本身。这种情形对于"心灵"同样成立。我们总是在认识有所"现象"的心灵,如果"心灵"处于浑然不觉状态,比如在无梦的睡眠中或昏迷中,我们便无法本真地认识它。因而,心灵如何能本真地认识与通达其自身也就转化为心灵现象如何能通达其自身。我们可以运用像自然科学所通行的观察与实验的方式吗?答案是否定的。因为当我有意观察自己的现时心灵状态时,我便脱离了这种心灵状态。比如处于愤怒中的我在观察自己的"愤怒"时,这种愤怒便已烟消云散。实验的方法同样不可用。因为实验是以对一个人的生理或行为的观察为基础,而生理或行为显然不是一个人的本真心灵状态:脸红既可能是害羞也可能是生病;一个窃喜的人完全可以装出生气的样子。即便如此,我们能得出"心灵现象从根本上无法认识"这样的结论吗?似乎不能。因为我们在发怒的时候确实知道自己在发怒,在欢喜的时候也知道自己在欢喜,等等。那么,这种"知道"又是一种怎样的认识呢?

这种"知道"便是上文亚里士多德所讲的"感觉觉知自身""思想思想自身"以及笛卡尔所指出的"内觉知""直接地意识到"等内在于成熟个人的知觉能力。布伦塔诺称之为"内知觉"(innere Wahrnehmung)。这种内知觉直接伴随着所有心灵现象,不仅伴随着感觉、思想,而且伴随着判断、苦乐、欲求或厌恶、希望和恐惧、勇气和失望等等。记忆与反思之所以可能,是因为它们的对象曾被内知觉觉知过。试想,如果某种心灵现象不曾被内知觉之光照亮过,它又如何能被后来的回忆和反思所再现呢?或许可以说,记忆和反思之光仅为内知觉之光的逐渐暗淡而已。此外,言谈与举止自然也是一个人表露其心灵现象的常用途径,因而我们也可以通过察言观色在某种程度上得知一个人的心灵现象。然而,不论是记忆反思还是言谈举止,都必须以具有内知觉的心灵现象为其根本源头。前者可能出错,而内知觉则永不会出错。因而心理学研究虽然可以借助记忆反思及观察实验,但从根本上讲,作为真知的心理学必须借助某种途径回溯到具有内知觉的心灵现象。

如此也就出现了两种现象:一种是在感觉、观察、记忆或反思中呈现;而另一种是在当下的内知觉中呈现。布伦塔诺称前者为"物理现象",后者为"心灵现象":"心灵现象乃是唯一一种能被真正觉知到的现象。据此我们还可以进一步说,它们也是唯一一种既能意向地存在又能实际地存在的现象。像认识、欢乐、欲望这类心灵现象是实际地存在的;而诸如颜色、声音、热这类物理现象则只可现象性地和意向性地存在。"① 物理现象在心灵行为中呈现,而心灵行为在自身活动中呈现自身。这种作为"关于对象的意向的内实存"的心灵现象恰恰也是"意识"(识—在/Bewusst-sein)的含义,也就是说"意识"与心灵现象、心灵行为是同义的。由于心灵现象无时不具有内知觉,因而也就不会出现无意识的意识状态或心灵状态。"无意识的意识"这个表述本身在布伦塔诺看来即为一个悖谬。

对于物理现象与心灵现象的划分,可能会出现下述疑虑。如果以听到声音为例,听是对声音的表象,而对听的内知觉是对声音的表象的表象,对听的内知觉的内知觉是对声音的表象的表象的表象,如此以至于无穷。这种"无穷后退"体现在两个维度:一个是内知觉维度;另一个则是在后来的"无穷"表象中所包含"声音"的无限复杂性。

---

① Franz Brentano, *Psychology from an Empirical Standpoint*, London: Routledge, 1995, p. 97.

对于第一个维度，每个心智成熟的人都会以自己的明证经验成功反驳。因为如果不是偏执于抽象推理的话，每个人在生活中都知觉着自己的心灵行为，知觉着自己的看听闻尝和喜怒哀乐。对于第二个维度，布伦塔诺提出："我们是根据对象变化的数目决定表象变化的数目呢，还是根据表象对象的心灵行为的数目来决定其数目。"① 如果是前者，那么确实存在着不止一个有关物理现象的表象。因为对听（即声音的表象）的表象确实会以某种形式包含"声音"。然而根据我们日常明证性经验，物理现象是在心灵现象中呈现的，在这个意义上它附属于心灵现象："声音表象与对声音表象的表象构成**一种**（黑体字均为引者强调）心灵现象……在声音呈现于我们心灵的**同一种**心灵现象中，我们**同时**领会到心灵现象自身。"② 这也意味着"听"主要指向"声音"，而对它自身的领会则是附带性和伴随性的。布伦塔诺也将物理现象称为"一序对象"，心灵现象称为"二序对象"；对一序对象的意识称为一序意识，对二序对象的意识称为二序意识。针对第二个维度的疑虑，布伦塔诺回应道，一序对象不会多次出现，"颜色即使在看的行为与看的表象中都呈现于心灵，它仍只被表象一次"③，因为二者实际上是同一种行为。这里的一序、二序是就逻辑先决条件的次序而言，真正的"听"必定会听某种声音，没有声音就不会发生"听"；但二者在时间上并无先后之分，而是在同一次心灵现象中同时性地呈现。两种意识只是随注意力程度不同而变换，并且可以在回忆或反思中分别领会而已。这里需要注意的是：二序对象中的"对象"的含义与一序对象中的"对象"是完全异质的，前者是自己向自己呈现自身。

前文提到，心灵现象或心灵行为就是意识。而在一次心灵行为中，既有对物理现象的表象，又有心灵现象自己表象自己。因而，一种意

---

① Franz Brentano, *Psychology from an Empirical Standpoint*, London: Routledge, 1995, p. 127.
② Franz Brentano, *Psychology from an Empirical Standpoint*, London: Routledge, 1995, p. 127.
③ Franz Brentano, *Psychology from an Empirical Standpoint*, London: Routledge, 1995, p. 134.

识既会意识到一序对象，同时也会意识到自身。布伦塔诺也将后者称为"内意识"(inneren Bewusstsein)。前面已提及，内意识与一序意识是同一个意识过程，只是其所识侧重不同而已。内意识不仅是对心灵现象的知觉或表象，同时也是对心灵现象存在与否的判断。这种判断体现为对相应心灵现象的绝对确信："每种内知觉都被绝对确信所伴随，这种确信内在于所有类型的当下明见认识之中"①。对物理现象的意识便不会伴随这种"绝对确信"，而只能伴随盲目信念。上文所断定心灵现象是"既能意向地存在又能真实地存在的现象"，"真实存在"便是这种"内判断"所断定的结果。除此之外，还会有第三种内意识，即伴随着特定心灵现象的"情感"。看到"好色"自然会有个"好"的情感，闻到"恶臭"自然会有个"恶"的情感。这种好恶并非出现在"看"与"听"的心灵行为之后，毋宁说它们是同时发生的。另外，明证性经验告诉我们，对于这种好恶或快乐与不快不会单独再有一种表象或判断或情感去伴随，因为其自身便会明见而决然地呈现给我们。

至此，我们看到了意识或心灵现象非常复杂的层次。在一种心灵现象中同时性地融汇有一序对象、二序对象、内表象、内判断及内情感。不论被称为"心灵现象""心灵行为"还是"意识"，这种复杂性都不会减少。布伦塔诺总结道："每种心灵行为，甚至最为简单的行为，以我们的考察看也具有四种不同的方面。它可被看作对一序对象的表象，正如我们在考察听的行为时对声音的知觉那样；然而，它也可被看作是对其自身的表象，对其自身的认识，以及朝向自身的情感。……不仅自表象被表象，自认识被认识及被表象，而且自情感(Selbstgefühl)也被感受(gefühlt)、被认识及被表象。"②也就是说，虽然诸"内意识"不会被进一步的"内意识"所伴随，但它们却可以

---

① Franz Brentano, *Psychology from an Empirical Standpoint*, London: Routledge, 1995, p. 143.
② Franz Brentano, *Psychology from an Empirical Standpoint*, London: Routledge, 1995, p. 154.

相互内在地分有彼此。尽管每种心灵行为或意识都具有多重性与复杂性，但其本身又毫无例外地是**一个**统一体，因为它们是在同一种心灵行为中同时性地呈现的。不仅自表象、自认识、自感受是这个统一体中不可或缺的因素，而且"对一序对象的认识与对二序对象的认识也并非两种不同的现象，而是同一个整体现象的两个方面"①。

更加复杂的是，心灵现象本身又有不同的种类。除了基础性的表象，还有"判断"与"爱恨现象"。后两种现象均奠基于表象之上，同时也都必然伴随着三种内意识："我们看到伴随每种心灵现象的内意识包含朝向这种心灵现象的表象、认识与情感。显然，每种内意识现象都伴随着三类心灵行为。"②因而，心灵现象便表现出更多维度的多重性与复杂性：表象伴随着内表象、内判断、内情感；奠基于表象之上的判断伴随着内表象、内判断、内情感；奠基于表象之上的情感伴随着内表象、内判断、内情感。然而无论多么复杂，它们都同时性地发生于同一次心灵行为之中。

五、自意识与体验

我们看到，虽然布伦塔诺的内意识理论与亚里士多德及笛卡尔的相关理论有相通之处，但仍存在关键性差异。其根本不同在于内意识不仅包含知觉、认识，还包含情感。

近几十年来，在西方认知与分析哲学界又掀起了关于自意识与意识关系的讨论。这种讨论从语法形式出发：对于"意识"的不及物动词形式而言，可以说"我在意识"，比如"我在烦"。那么一个人是如何知道他的"正在意识"的状态的呢？有人提出存在着一种更

---

① Franz Brentano, *Psychology from an Empirical Standpoint*, London: Routledge, 1995, p. 155.

② Franz Brentano, *Psychology from an Empirical Standpoint*, London: Routledge, 1995, p. 265.

高阶的独立的意识状态,它意识到"正在意识"。罗森塔尔(D. M. Rosenthal)等人认为这种高阶意识是思想型的(thought-like),而阿姆斯特朗(D. M. Armstrong)等人认为高阶意识是知觉型的(perception-like)。不论是思想型还是知觉型,它们都设定了另外的意识状态,而且这种意识状态独立于前种意识状态,如此,便不自觉地陷入布伦塔诺前面所小心避免的两种困境:其一,第二种意识要意识自己还必须存在第三种意识,如此陷入无穷后退之中;其二,第一种意识包含于第二种意识之中,然后二者又包含于第三种意识之中,如此第一种意识状态永远不可被意识到。这两种困境表明认知或分析哲学在考察意识或心灵问题上的根本不足,即为了保证知识的所谓"客观普遍性",仅从旁观者的第三人称视角出发考察心灵现象或意识,而不是从直接经验者的第一人称视角进入意识。布伦塔诺早已令人信服地指出内观察是不可能的,我们也发现在意识意识自身的问题上,第三人称视角的悖论与困境是不可避免的。

丹·扎哈维(Dan Zahavi)对上述高阶意识理论提出批评,认为其无法达到真正的自意识,并提出以一阶意识理论取而代之。扎哈维的做法是,借助胡塞尔的相关思考,在意识中区分了知觉(Wahrnehmen)与体验(Erleben):"在前反思中,一个人知觉了知觉对象,但他却体验了知觉。"[①] 一个人自己的"体验"必定是出于第一人称视角的,它弥补了旁观者立场即第三人称视角的不足,同时也避免了第三人称的悖论与困境。然而,体验必定具有"自意识"的结构形式吗?换言之,是否每种体验都具有自意识或自觉知呢?扎哈维坦然承认"存在着不被觉察或不被注意到的体验"[②],这也意味着存在着有意识的体验与无意识的体验之分。后者自然不具自意识,而前者中的

---

① Dan Zahavi, "Back to Brentano?" *Journal of Consciousness Studies* 11 (10-11), 2004, p. 82.
② 丹·扎哈维:《主体性和自身性:对第一人称视角的探究》,蔡文菁译,上海译文出版社2008年版,第30页。

"意识"便是自意识。动物和新生儿无疑是有体验的,但我们很难说它们具有自意识。这至少表明体验与自意识并不必然伴随。我们可以说没有体验就不会有自意识,但却不能反过来说没有自意识就没有体验。也就是说体验的范围涵盖自意识范围,也超出后者。

体验与内意识的关系更为复杂。无意识体验必定是不具内意识的。有意识体验中的意识是自意识,而自意识便源于内意识中的内表象。对于内判断与内情感而言,无疑可以说它们都是体验,而且是有意识的体验。虽然多有交合,但体验与内意识在意义取向上仍根本不同。体验侧重的是自身投身于其中的流变,或曰生命本身的延展;而内意识侧重的是对这种流变和延展本身的知觉、认识及正误定向。也就是说体验自身是不顾定向的,而内意识自身却要顾及定向。当然,不论是体验还是内意识,它们都处于前反思、前语言、前对象化领域。就此而言,扎哈维对布伦塔诺内意识理论的最大担心——其二序意识仍然是"对象"意识[①]——是完全没必要的。前文已指出,布伦塔诺这里的"对象"是在类比意义上用的,它完全不同于一序"对象"的意识。我们完全可以说"好好色"中的"看"到好色是"好"的对象,但却不能否认它们是同一个心灵现象。也就是说并不是先有一个对"好色"的看,然后再有一个对这种"看"的"好"。事实毋宁是,在"看"的同时已经有了"好",即二者属于同一个心灵或意识现象,它们都在前反思、前语言、前对象状态中同时发生。

更为关键的是,无论是高阶意识(不管是思想型的还是知觉型的)、自意识,还是体验,都遗漏了内意识中的"情感"。这种情感并非无意识的体验,而属"明证"的意识,同时其自身便具有正误之分。比如"好"好色的"好"必定是正确情感;而"恶"好色则是一种"误",它要么是自欺,要么是变态。高阶理论错失了本真的心灵现

[①] Dan Zahavi, "Two Takes a One-Level Account of Consciousness", *Psyche* 12 (2), 2006, p. 5.

象；而一阶理论把自意识作为体验的一种可能伴随，这会导致两种后果：一方面有走向盲目体验的可能；另一方面则放弃了判断体验自身正误的可能性。

结语：第一本体、内意识及一种可能的道德主体性

亚里士多德的存在论及本体论在当时或许依于常识，或许基于自明性，但在当今看来却是基于假定。从近现代以来追求确定性的视角看，必须从明证的认识出发方能证成本体论和存在论。亚里士多德自己也曾进行过类似尝试："如若一个人在看就感觉到他在看，听就感觉到他在听，走就感觉到他在走；同样，在进行其他活动时也都有一个东西感觉到他在活动，因而如果感觉就感觉到自己在感觉，思考就感觉到自己在思考，而感觉到自己在感觉和思考也就是感觉到自己存在着。"（1170a30-32）不难看出，这与后来笛卡尔对于"我思，故我在"的论证思路基本是一致的。

然而，以这种思路所证成的"我"最多只能是一种心灵现象或意识。也就是说，只有心灵现象或意识才具有这种明证性。而其他"本体"或"存在"仅仅是推定的结果，这当然不是在否认"推论（discursive）理性"的意义。表面看来，这似乎会导致一种唯意识论或怀疑论的后果，可如果进一步考察的话，这恰恰倒是"认识"对自身的限制，即除了心灵现象或意识对自身的觉知，其他种类的认识都不具绝对明证性。或者说，处于心灵现象的内意识之外的知识都或多或少带着某种假定和推定。在亚里士多德明言"一个人并不比一头牛更真正的是本体"（2b29）时，一种可能的理解便是，对"牛的世界到底是怎样的？"这个问题我们最终并无绝对明证的知识，因而也无理由将其置于比人更低的位置。照此来看，人类的绝对知识其实少得可怜，平日称作知识的绝大部分仅仅是日常的盲目信念和纷乱意见而已。这

便导致对近代以来形成的以自然科学知识为范本的知识主体性的根本动摇。通过与明证知识相对照，我们会发现日常知识的妄自尊大，也会发现有关他者知识的自以为是。

与知识主体性相伴随的生产主体性在人的物欲满足中形成和强化。人的物欲是一种能够有意去满足的欲望。鉴于欲望自身的无限扩张本性，亚里士多德提出它应当在听从逻各斯的意义上分有逻各斯，如此便可以在某种程度上限制欲望。然而"欲望听从逻各斯何以可能？"便成为一个问题。虽然不少哲人或先知都给出了欲望或意志应当遵循的律令，但意志或欲望自身为何必定要去遵守这些律令仍是一个问题。与颁布律令不同，我们可以把低级欲望引导至高级欲望，这一过程中必须启动的一个机制便是人的内情感。比如孔子闻韶乐，三月不知肉味。这是说吃肉带来的快乐完全被听韶乐带来的快乐所取代，途经这种作为内情感的快乐，"食肉"欲升华为"闻乐"欲。这种转变的枢机便是内情感中快乐的质的提升或量的增加。"学而时习"之"悦"，"有朋自远方来"之"乐"等均可作为借以转化低级欲望的内情感。

内情感自然有其自身的层次和规则。布伦塔诺指出，我们爱得范围越广，自己"乐"得强度越大；爱得越无私，自己"乐"得层次越高。当然，这种"乐"也只有作为第一本体的心灵从第一人称视角才能体会和通达。虽然扎哈维所讲的"体验"也需从第一人称视角通达，但我们已看到，"体验"本身并不具有使低级欲望向高级欲望转化的机制，它只是如其所是地体验各种欲望罢了。诚如是，与体验相比，内意识在道德与实践行为中的定向作用便显示出其根本的优越性。

这种由内意识展示行为正误、高低及优劣的主体性可称之为道德主体性，它与知识主体性及生产主体性根本不同。这种"主体性"首先不同于近现代与"客观性"或"客体性"对峙而形成的主体性，而是出于第一人称视角知觉明见性的第一本体性或基体性，虽然其一序对象不可或缺。由于在认识上对自身的限制，以及通过内意识对自身行为与欲望进行当下调控和升华,这种主体性展现的是节制而审慎的行为;同时它自身便拥有趋善避恶的机制。布伦塔诺指出,只有出于万物的本性而无私地爱它们时,一个人的内情感才会达到至乐状态。[①]诚如是,这种主体性便不会带来对他者的暴力而是尽可能成全他者。

然而,布伦塔诺陈义虽高,却也只是理论中的理想状态。实际上很少有人能达到此种境界。退一步讲,纵使有此心志,行动起来仍会出现重重障碍。就拿对他者的认知以及建基于其上的事功而言:对于心智成熟之人,我们可以根据他自己明确的帮助需求而成全之;但对于心智欠成熟之人或根本缺乏心智之物我们又如何断定其本性从而成全之呢?会不会出现"己所欲,施于人"这种事与愿违的情形?价值判断相距甚远甚至截然对立的文化生命之间又如何相互成全?道德主体的行动是否需要一种由近及远的推展过程?诸如此类的问题都是需要审慎辨识的。

无论如何,内意识理论为更真切地理解第一本体问题以及存在问题提供了一个可能的视角;而拥有内意识的基体性又为从根本上取代近现代以来形成的对他者施暴的知识主体性与生产主体性提供可能。奠基于拥有内意识的基体之上的将是一种全新的道德主体性。这种主体性从"内意识""自我"出发却试图避免对他者施暴的人类中心主义及自我中心主义;它顾及"一序对象"与诸种文化却试图避开客观主义与文化相对主义。更为要紧的是,道德主体性以自身通达的身体力行为起点。

该文原载《人文杂志》2010 年第 4 期

[①] Franz Brentano, *The Foundation and Construction of Ethics*, trans. by H. Schneewind, Routledge and Kegan Paul Ltd., 1973, p. 204.

德性即知识？
——亚里士多德对"苏格拉底"问题的应答及其根底

由"德性即知识"这一命题所引发的"德性究竟是不是知识？"这一问题，是伦理学乃至整个哲学至今尚未了结的一桩公案。从理论方面讲，这是在问"德性究竟是什么？""德性是不是天生的？""德性是'一'还是'多'？"等问题；而从实践方面讲，这关乎"德性究竟如何获得？""德性是否可教？"以及"德性根植于何处？"等现实生活中至关重要的问题。这一核心问题所延展的问题簇还包括"什么是知识？""恶即无知？""不能自制是否存在？"等重要的理论与实践问题。由此看来，这一问题及其延伸的问题簇异常复杂。在西方哲学思想的演进中，"苏格拉底"①首次明确提出这些问题，然而，他并未对核心问题给出确定无疑的答案。亚里士多德在深思熟虑的基础上对核心问题及其问题簇都做出了相互融贯的回答，而这同时恰恰透露出亚里士多德德性论的根底所在。本文将通过分析亚里士多德对"德性即知识"这一"苏格拉底"问题的应答，试图进一步追问：德性之

---

① 带引号的"苏格拉底"仅指柏拉图笔下的苏格拉底，这并不排除其与真正苏格拉底某些方面思想的一致性，也不排除其在某些对话中代表柏拉图自己的思想。学界一般认为，前期对话中的"苏格拉底"一般更多代表苏格拉底本人的思想，而中后期对话中的"苏格拉底"则更多代表柏拉图本人的思想。本文所引用对话除《理想国》外均为前期对话。还应当指出的是，亚里士多德也未对这"两个"苏格拉底做明确区分。

根扎在何处？

一、德性即知识？——"苏格拉底"的吊诡

"苏格拉底"在两篇对话——《美诺篇》与《普罗泰格拉篇》①——里集中讨论"德性即知识"这一主题。吊诡的是，在这两篇对话中，他都得出了前后矛盾的结论。

《美诺篇》以美诺有关德性的提问开始："苏格拉底，请你告诉我，德性可教吗？抑或是它不可教而是实践的结果？抑或它既不可教又不能由实践获得，而是天生就有的或是通过其他途径得来的？"②（70a）"苏格拉底"接着以他一贯的方式承认自己对"什么是德性？"一无所知，因而也不能回答这一系列相关问题。不过美诺随后列举出各种各样的具体德性还是被"苏格拉底"否决，因为后者声称他们要寻求的是作为"一"的德性。美诺于是引用了诗人对德性的定义："欲求高贵（καλοῖσι）之物并有能力获得它。"（77b）"苏格拉底"首先指出了这个定义的一个漏洞：高贵之物并不等同于善好（ἀγαθῶν）之物，因而对高贵之物的欲求也可能是对恶劣（κακῶν）之物的欲求。问题是，有人明知一种东西是恶劣的，还去欲求它吗？"苏格拉底"给出了否定的回答，原因是恶劣之物对欲求者自身是有害的。没人会明知一个东西对自己有害还去欲求它。"那些欲求恶劣之物的人是不知其为恶劣，他

---

① 文中所引柏拉图对话，参照了王太庆选译《柏拉图对话集》（商务印书馆2004年版），以及王晓朝译《柏拉图全集》（人民出版社2002年版）。引文参照 J. M. Cooper 编辑的《柏拉图全集》（*Plato: Complete Works*, Hackett Publishing Company, 1997）以及洛布希英对照本（Loeb Classical Library, 1924）有改动。按照惯例，文中对柏拉图著作的引用只标明标准编码。

② 这使我们自然想到《普罗泰格拉篇》中普罗泰格拉一方面借用故事说明宙斯把德性分给所有人（322d），另一方面又坚持认为德性并非天生，而是通过教导发展出的（323c）。这看起来有些矛盾，因为天生的东西并不必然需要后天教导。此外，天生就有德性便意味着每个人在这个问题上都具有发言权；而德性可教就意味着德性是类似于其他技艺的。这两种看法其实代表着"苏格拉底"所反对的"民主政治"及智者职业。

们是在欲求自己认为善好而实际上却恶劣的东西。"(77e)这便是"德性即知识"的反题:"恶即无知。"即使以善好之物取代高贵之物,德性的定义仍有问题,因为可以不择手段地获取善好之物,如此便不是真正的善好。因而必须加上"正义地"欲求和获取善好之物。由此看来,知识与正义便是贯穿全部德性的因素。不过这并不意味着成功地找到了德性的定义。

接下来"苏格拉底"思路一转,试图运用其"回忆说"表明知识是可以通过回忆得知,即可教的①,并成功地通过一个小奴隶的演示证明了其回忆说。如果德性是一种知识,那么它显然便是可教的。"苏格拉底"通过下述方式判定德性到底是不是知识:"如果有善好的东西是与知识分离的,那么德性就不是知识;然而如果没有一种善好之物不是知识所能涵概的,那么我们就有理由认为德性是一种知识(ἐπιστήμη)。"(87d)通过检验几种典型的善好或德性,"苏格拉底"得出,有益的德性一定是明智的。因而"德性是明智(φρόνησιν),是明智的全部或部分"(89a)。由于"苏格拉底"几乎无区分地使用"明智"与"知识",进而可以得出"德性即知识"的命题。由此自然推出,德性是可教的。至此似乎可以结束论证了,然而,"苏格拉底"又转而对"德性即知识"的命题产生了疑惑。因为如果德性是知识,即是可教的,那么必定会有传授德性的教师和习得德性的学生。智者们声称自己能够传授德性,然而,这一说法遭到在场政治领袖阿尼图斯的坚决反对,他认为智者们是在毒害青少年而非传授德性。阿尼图斯倾向于认为政治领袖可以传授德性,可"苏格拉底"通过列举事实表明,当时德高望重的政治领袖没一个能把他的德性传授给他们的后代。由此"苏格拉底"得出"德性是不可教的"(94e),因而"也就不再是知识了"(99a)。这个结论与前面得出的"德性即知识"显然是矛盾

---

① 这里预设了一个前提:教授就是帮助被教授者回忆。

的。不过"苏格拉底"还是认为德性可以成为与知识几乎同样有用但稍欠恒定性的正确意见（δόξα ἀληθὴς），这种正确意见也可被政治领袖具有，由于拥有这些能力的人自己也说不清其所以然，因而只能被认为是通过神的赐予而拥有的。[①]"苏格拉底"最后总结道："德性既非天生也非传授，而是作为神赐的礼物拥有，只是受赐的人却不自知。"（100a）

由上面对《美诺篇》要点的简述可看到，它主要关注的主题是：德性是如何获得的？其中只是非主题性地涉及"德性即知识""恶即无知"以及"德性是'一'"等相关问题，也就是说他对这些问题的论述并不充分。比如对于"德性即知识"而言，所论证的也仅仅是德性离开知识（或明智）便不成其为德性。其中并未有效论证的是：有了知识必定会有德性。这也势必导致对"德性即知识"这一命题的怀疑，而最终的结论似乎也支持了这种怀疑。开篇所提出的获得德性的几种可能方式——"天生""传授"以及"实践"——在对话的结尾都被排除，最后却比较突兀地提出德性源于神赐。另外，德性通过天生与传授获得在"回忆说"中都得到讨论，唯独通过实践活动获得在后文中一直没有涉及。而在《理想国》中，具有政治家天赋的人必须经过多年的实践活动才能担任职务（540a），这是否意味着实践在德性的获得中具有更为重要的作用？

《普罗泰格拉篇》的高潮部分从普罗泰格拉相信德性可教且诸德性是"一"开始讨论。而"苏格拉底"倾向于认为德性不可教。他反问普罗泰格拉，诸德性之为整体是像五官之于脸还是像一块金子的部分之于其整体。前者各部分是不同质的，而后者各部分是同质的。普罗泰格拉回答说像五官之于脸，各部分功能不同。可在接下来的讨论中，普罗泰格拉却轻易地承认正义、虔敬、节制与智慧是相似的，而勇敢与它们很不同。（349d）"苏格拉底"运用类似于《拉凯斯篇》中的论

[①] 这个结论与《普罗泰格拉篇》中神平等赐予每个人德性又是矛盾的。

证表明,"关于什么应当害怕什么不应当害怕的智慧(σοφία)就是勇敢"(360d),这里的"智慧"也是一种知识,因而便可表述为"知识即勇敢""勇敢即知识"。接下来,"苏格拉底"又对善好或德性即知识进行了更为系统的论述,这种论证建立在人的本性是"趋乐避苦"这种预设之上。① 根据这种预设,所有的快乐都是善好的,所有的痛苦都是恶劣的。之所以把某些快乐看作恶劣的、某些痛苦看作善好的,是因为这些快乐从长远看会带来更大的痛苦,而这些痛苦从长远看会带来更大的快乐。而对快乐或痛苦的或大或小、或多或少、或远或近的权衡与计虑就需要专门的技艺或知识(τέχνη καὶ ἐπιστήμη)。因而知识对快乐这种善好之物就具有支配作用,善好生活或德性生活最终就是由知识决定的。从这个意义上讲,知识即德性,德性即知识。人们犯错误也并非由于其他原因,而是由于无知:"当人们对快乐与痛苦,亦即善与恶做出错误选择时,使他们犯错误的原因就是缺乏知识(ἐπιστήμη)。"(357e)也就是说,无人有意为恶,"恶即无知"。"苏格拉底"最终得出德性即知识,也即德性可教的结论,而这与他最初所坚持的德性不可教恰恰相反;普罗泰格拉最初相信德性可教,可最后却认为德性是某种不同于知识的东西,即德性不可教。这种吊诡足以表明"苏格拉底"对待"德性即知识"命题的复杂态度。同时,他的论证是基于"善好即知识",而善好又是以趋乐避苦为前提,这与"德性即知识"的命题还有一定距离。

上述两篇对话揭示出的问题簇的核心便是"德性即知识"。如果德性真的是知识,那么这种知识性便可以使诸德性成为一个整体,德性也将成为可教的,其反面"恶即无知"也会成立,与之相关的不能自制也就不会存在。虽然对于"德性即知识"这一命题"苏格拉底"并未给出令人信服的论证,并且在同篇对话中前后矛盾,不过在这两篇

---

① 约翰·穆勒直接把"苏格拉底"这番论述作为自己功利主义的先驱,参见约翰·穆勒:《功利主义》,徐大建译,上海人民出版社2008年版,第1页。

对话中，他对"恶即无知"的坚持却是一贯的。①

"苏格拉底"提出"德性即知识"命题的一种可能意图是，以知识来确定德性。由于德性是好生活的引导与环节，因而便可以用知识来确定好生活。只是由于他未对知识诸形式进行严格区分，使知识偏向于科学知识（ἐπιστήμη）及计虑理性，以及与之伴随的技艺（τέχνη）。以这类知识来确定德性及好生活，从而把德性同化为一种知识形式看来与常理不合。这也可以理解为何在前述两篇对话中表现出"苏格拉底"自己的前后矛盾，这矛盾背后透露的是否是"苏格拉底"对"德性即知识"的疑惑不定呢？亦即仅凭知识能否确定德性？在《理想国》第一卷，"苏格拉底"故伎重演，试图以知识确定正义和德性，但最终发现并不能令人满意，于是不得不放弃这种思路，随后转入对正义内在优越性的探讨。结果发现正义之于不正义具有三重优越性：其一，正义的灵魂是和谐而安定的，不正义的灵魂是冲突而不安的；其二，正义能够获得高层快乐，不正义仅能获得低层快乐；其三，正义获得真实快乐而不正义获得虚幻快乐。（577c-588b）这种论证虽然把理性作为灵魂的最高层次，在一定意义上支持了"德性即知识"的变形"正义即理性"的结论。不过在确定正义之内在优越性的时候，他既诉诸了快乐这种情感，又诉诸了对不同快乐都有体验的个体的实践经验，也就是说在《理想国》中，理性知识连同情感及习俗经验一同确定了德性之为德性。

二、德性即知识？——亚里士多德的应答

身为苏格拉底的再传弟子，亚里士多德似乎很清楚苏格拉底的相

---

① 然而，在《理想国》中，不能自制却成为可能。在这篇对话中，"苏格拉底"把灵魂分为三个部分：理性、激情和欲望。当激情与欲望结为联盟反对理性时，则会有明知是对的，却没能去做的情形，即有不能自制的情况发生。这与苏格拉底一向认为的不能自制不存在显然也是矛盾的。

关主张。在《大伦理学》^①中，他明言"德性即知识（ἐπιστήμη）"不可能。因为知识属于理性，所以"德性即知识"也就把德性全部当成了理性，从而"忽视了灵魂的非理性部分，既忽视了情感也忽视了伦常"（1182a20）。而在《尼各马可伦理学》^②第六卷最后，他认为"德性即知识"这一命题部分是对的，部分是错的：苏格拉底"认为所有德性都是明智的形式是错的，但他说德性都蕴含着明智是对的"（1144b20）。亚里士多德对苏格拉底"德性即知识"问题的回答建基于其深思熟虑且前后融贯的对"德性"及"知识"的理解之上。

针对《美诺篇》开端的发问，即德性是天生的还是教授的，抑或由实践而来，亚里士多德首先区分了两类德性：理智德性与伦常德性。"理智德性主要通过教导而发生及发展……伦常德性则通过习惯养成。"（1103a15）也就是说，亚里士多德认为"苏格拉底"所讨论的德性其实是由实践得来，也正因如此，他一再强调青少年不适合学伦理学，因为他们缺乏实践经验（1095a5）。亚里士多德主张德性由习惯获得并不意味着他会完全否认德性是天生的即出于本性的，以及德性在某种程度上是可教导的。他的看法是，"德性既非出于本性也非反乎本性"（1103a25），就是说每个正常人天生都有实现出德性的潜能或种子。同时，德性的培养也离不开长辈的劝诫、指责以及制止等方面的教导。（1103a1）《尼各马可伦理学》第十卷结尾处也是以法律固定诸德性，然后用以教化城邦公民。（1180b1）这也表明德性在某些方面是可教的。这就是亚里士多德对德性来源的应答：由实践中来，同时在

---

① 大多学者认为这属于亚里士多德的思想。
② 《尼各马可伦理学》引文，主要参照廖申白译本（商务印书馆2003年版）；亚里士多德其他著作中的引文，主要参照苗立田主编：《亚里士多德全集》（第一版）（中国人民大学出版社）。译文改动部分，主要参照《亚里士多德全集》牛津修订版（*The Complete Works of Aristotle*, The Revised Oxford Translation, ed. by J. Barnes, Princeton University Press, 1984），以及《尼各马可伦理学》洛布希英对照版（*The Nicomachean Ethics*, trans. by H. Rackham, Loeb Classical Library, 1934）。按照惯例，文中对亚里士多德著作的引用只标明标准编码。

某种意义上是天生的和可教的。

"苏格拉底"一直在寻找德性的定义却最终没能给出一个确定的定义。亚里士多德对德性的定义是:"德性是关乎选择的品性（ἕξις）,它存在于相对于我们而言的适度中,这种适度由逻各斯（λόγος）确定,明智的人可以确定它。"（1107a1）品性是我们与情感的关系,它表明一种由习惯养成的稳定状态,有好的品性则会选择德行,而坏的品性只会选择恶行。这种选择行为也是由"相对于我们而言的适度"确定的,这种适度包括适当的时间、适当的场合、对于适当的人、出于适当的原因以及以适当的方式等。（1106b20）这种适度由正确的逻各斯确定,而明智的人具有正确的逻各斯。上述德性的定义在强调逻各斯及明智的基础上也把情感与习惯纳入其中,也就是说德性并不仅仅是知识。然而,在亚里士多德看来,正是"明智"这种知识形式,使自然德性成为真正德性:"严格意义上的德性离开了明智就不可能产生。"（1144b15）同时,"明智"的人会表现出所有伦常德性。（1145a1）从这个意义上说,诸德性便可以成为一个无间的整体,即德性是"一"。

"明智"在"苏格拉底"那里并未被明确从其他知识形式中区分出来。前文可看到,"苏格拉底"在讨论"德性即知识"时有时使用明智（φρόνησιν）,有时使用科学知识（ἐπιστήμη）,有时使用技艺（τέχνη）,有时使用智慧（σοφία）,等等。对此,亚里士多德直接批评苏格拉底:"他把明智（φρόνησιν）等同于知识（ἐπιστήμη）是不对的……明智并非科学知识,而是另外一种认知形式。"（1246b35）"苏格拉底"确实未对诸认识形式进行严格区分,他更注重区分的是知识与意见。① 亚里士多德在《尼各马可伦理学》著名的第六卷对诸知识形式进行了严格的区分,他是在把诸知识形式当作理智德性这一整体范畴的因素而进行探讨的。与灵魂中无逻各斯部分的德性相对,理智德

---

① 《理想国》中的"线喻"及"日喻"即为显证。

性是灵魂中有逻各斯部分的德性。这种有逻各斯的部分又可分为两部分："一部分思考其始因不变的那些事物，另一部分思考可变的事物。"（1139a5）前一部分包括智慧与科学知识，后一部分包括技艺与明智。这四种认识形式分别对应着四个不同的存在领域：神圣事物、自然科学对象、创制对象以及伦理政治实践事务。这四种理智形式都不能获得认识的始点，这种始点的获得需要依靠狭义的努斯（νοῦς）。因而努斯是所有这四个领域都必需的，其中它在不变事物领域可称为理论努斯，而在可变事物领域则称为实践努斯。

经过亚里士多德对知识形式的具体区分，"苏格拉底"的命题只有改造为"德性即明智"才是合适的，因为只有明智的对象是实践事务。明智作为实践智慧，包含着多种要素。它首先以正确的希求（βούλησις）作为目的，即希求自己成为一个好人或有德之人。然后还必须具备达到目的的好的考虑及选择，这些要素连同"理解"构成了明智中的计虑性因素，可以保证其中的推理及计虑环节正确；而其中的同情体谅则把自己与他人按照正义的原则关联在一起。在所有这些环节和要素中，都需要实践努斯来把握始点和目的，其中包括我们实践生活中对各种各样事务的整体性感知。如此看来，明智中必然包含着知、情、意诸要素。因而亚里士多德对明智的定义是："明智是一种关乎人的善的、合乎逻各斯的、把捉真实的实践品质"（1140b20），就是说明智必然包含着行动能力。这一特点在与"理解"的对照中也可以得到确证："明智发出命令，而理解只做判断。"（1143a5）这也是明智不同于其他知识形式的地方，即它不仅具有各种知识形式都具有的理性，而且拥有与技艺一样的实践能力，此外还有自己独自具有的行动趋势。也就是说明智不仅包含着知，而且内在地包含着行。① 如此界

---

① 像 R. Sorabji 和 D. Wiggins 那样把明智仅仅理解为理性形式是不全面的。参见前者的文章 "Aristotle on the Role of Intellect in Virtue"，以及后者的文章 "Deliberation and Practical Reason"，均载于 *Essays on Aristotle's Ethics*, ed. by A. O. Rorty, Berkeley: University of California Press, 1980。

定的明智比知识更具体化、实践化，因而说"德性即明智"比说"德性即知识"大大推进了一步。然而"德性即明智"也有问题。因为德性除了明智所包含的要素之外，还包含习惯所形成的品性。而恰恰是这种品性，保证了行动目的的正确性，而明智在某种程度上要依赖这种目的："德性使我们确定目的，明智使我们选择实现目的的正确的手段。"（1145a5、1144a10）如此看来，离开德性不会有明智，反过来，离开明智也不会有真正的德性。如果我们不是把德性与明智做同质化理解的话，有德性便必然有明智，因为没有明智便不是真正的德性；有明智也必然有德性，因为明智必须以对德性的把握为前提。可以说德性与明智必然相随、齐头并进。① 从这个意义上可以讲，"德性即明智"，"明智即德性"。

"德性即知识"的复杂性也在其反题"恶即无知"中反映出来。上文提到，"苏格拉底"显然对"恶即无知"这个命题并未表现出像对"德性即知识"这个命题那样的犹豫不决。"无人有意为恶，恶即无知"是苏格拉底一贯支持的一个观点。这里的无知主要指缺乏一种计虑的技艺，因而没能认识到自己要选择的善其实是恶。也就是说意愿行为是基于知识的，行为的对错与意愿没关系，只和知识有关系。对于"无人有意为恶"这个命题，亚里士多德会分析对待。"有意"可分为"有意识（知）"与"有意图"，"恶"也可分为对自己的恶与普遍的恶。一般人都同意，无人有意做对自己不好的事情，除非无知。然而，当对自己的恶与普遍的恶发生矛盾时，比如做普遍之恶对自己是好的，这时行恶就不是上述意义上的无知。除非不存在个人与社会普遍性价值之间的矛盾，就像《理想国》所表明的正义对行正义者是有益的那样。亚里士多德反对"无人有意为恶"其实意在防止有人以此为托词，

---

① 更详尽的论述，可参见唐热风：《亚里士多德伦理学中的德性与实践智慧》，《哲学研究》2005 年第 5 期。

为自己的恶行开脱。诚然，恶行有有意（知）为之的恶，有无意（知）为之的恶。前者是出于选择的恶，而后者才是无知之恶。因而把前者归为"恶即无知"是不妥的。然而，如果把"无知"之知理解为"明智"，那么亚里士多德会同意"恶即无明智"。因为"无明智"即偏离适度，也即或过或不及，这便是恶。

与"恶即无知"紧密相关的另一个重要问题是：不能自制是否存在？所谓不能自制，就是明知道是好的，却没能去做；或者反过来，明知道不好，却控制不住去做了。这种现象与"德性即知识"或"恶即无知"是直接相反的。因为"德性即知识"意味着知道是好的同时必然会去做，"恶即无知"意味着之所以做了坏事，是因为不知道它是不好的。因而"苏格拉底"认为不能自制是不存在的。所谓"明知道是好的，却没能去做"其实是没真正知道什么是好的；而"明知道不好，却控制不住去做了"也同样是没能真正知道什么是好的，即缺乏善知识。在这方面，亚里士多德经过自己的分析，赞同苏格拉底的看法，即平常所谓的"不能自制"其实是缺乏真正的知识，"当一个人不能自制时，呈现给他的不是真实的知识，也不是受到感情扭曲的知识，而只是感觉的知识"（1147b15）。这种真正的知识在亚里士多德的语境中便是实践知识，即明智。正如前面提及，明智不仅包含纯粹理性，而且需要包含实践经验，同时还必须具备实施的动力，也就是说明智所指向的行为对行为者具有足够的吸引力。只有如此，才能保证行为者会实施明智所指向的行为。如果明智所指向的行为吸引力不够，那就会出现明知道是好的却没去做这种所谓的不能自制的情况。这种明知道是好的东西或者从更长远的意义上讲是好的，或者具有更高的价值层次。而所谓的不能自制，便是当下的欲望或情感阻断了对更长远或更高级的善好的追求，因而也就必定会有悔恨、内疚等这种情感事后伴随。因而说到底，不能自制其实是普遍价值与个别价值的冲突，即行为者知道普遍价值，但却实施了与之冲突的基于个别价值的行为。

如果行为者不认可普遍价值，那么其行为便是恶的行为，即真正的无知："所有坏人都不知道他们应当做什么，不应当做什么，这种无知是不公正的行为即恶的原因。"（1110b30）由此看来，普遍价值对于不能自制者虽然是有吸引力的，只是这种引力没有他的个别价值对他的引力大，因而最终倒向与普遍价值冲突的个别价值，这种内在的冲突也自然引发了后悔、内疚等负面的后续性情感。而作恶者心中是完全没有普遍价值的，也就是说普遍价值对他的引力为零，因而他的行为便没有内在冲突，属于自愿选择作恶，因而事后也不会有内疚、后悔等情感，这些行为者是彻底的坏人。

当然，正如德性的形成在很大程度上有赖于习惯的培养一样，无论是恶还是不能自制行为，都不能忽视习惯的作用。某些不能自制行为与恶的行为在结果方面是一致的，差别仅在于作恶者并不知什么是好什么是坏，从而有意选择作恶；另一方面，恶的行为无后悔，而不能自制则心存后悔。实际上可以把自制与不能自制看作善与恶之间的过渡环节。如果说"不能自制即无明智"中的无明智并非完全对善的无知，而是仅仅缺乏实践的情感和动力，那么"恶即无知"中的无知则是完全对善好的无知，或者说把恶错认为善。我们也不能说作恶者无理性，只是理性是被用来服务于恶的目的而已，也就是说理性在他那里只有手段的意义。用亚里士多德的话说，作恶者根本缺乏正确的逻各斯，而不能自制者在某种意义上具有正确的逻各斯，因为他知道什么是好坏。①

---

① 亚里士多德这种经过修正"苏格拉底"而形成的"德性即明智"，非常相似于中国传统中的"知行合一"。明儒王阳明讲"知行合一"最为精微。在《传习录》中，有一则阳明与其学生徐爱的对话。爱曰："如今人尽有知得父当孝，兄当弟者，却不能孝，不能弟；便是知与行分明是两件。"先生曰："此已被私欲隔断，不是知行的本体了。未有知而不行者，知而不行，只是未知。"（《传习录》上）徐爱所讲情况恰恰是亚里士多德所谓不能自制的典型：明知好却做不到。而阳明回答，真正的知必然包含行，即："知之真切笃实处，即是行；行之明觉精察处，即是知。知行功夫，本不可离。"（《传习录》中，《答顾东桥书》）阳明又举《大学》作为例证："说如好好色，如恶恶臭，见好色属知，好好色属行。只见那好色时，已自好了；不是见了后，又立个心去好。"（《传习录》上）从上述引文可以看到，阳明并未像"苏格拉底"坚持"德性即知识"那样抹杀二者的异质性，而是像亚里士多德那样把知与行看作必然相伴的异质性因素，二者共同作用而构成德行。

三、德性即明智？——亚里士多德的根底

亚里士多德以明智取代知识，把"德性即知识"转化为"德性即明智"，其意思是德性与明智必然伴随：有德性必有明智，有明智必有德性。也就是说，与"苏格拉底"试图以知识确定德性不同，亚里士多德试图以明智来确定德性。问题是，能够完全以明智来确定德性吗？如果不能完全确定，明智是在什么意义上确定德性的？在《尼各马可伦理学》第二卷，亚里士多德指出，德性之为德性除了具有特定的性质，还必须具备三个条件："首先，行为者必须具有相关知识；其次，他必须选择那样做，并且是因那行为自身之故而选择的；第三，他必须是出于一种确定且稳固的品质而行为的。"(1105b1)其中第一点"具有相关知识"根据兰克汉姆（H. Rackham）的解释，至少应当包含两方面的知识：对自己行为过程的知晓（这种行为不能是无意识的）；对德性原则的知晓（知道这种行为是正确的）。[①] 简言之，一种是对事实（包括自身、环境、过程等）的知，另一种是对价值目的的知。这也是明智必定包含的内容。第二个条件也同样包含在明智中，即有目的的选择性。明智所包含的这些内容与上面谈及的明智包含"好的考虑""理解""同情体谅"等要素是一致的。不过所有这些内容都没能包含第三个条件，即"出于一种确定且稳固的品质而行为"。这个条件连同天生的一些因素构成"自然德性"[②]，而自然德性与明智结合便构成真正意义上的德性（1144b15）。因而明智并不能完全确定德性，它只是帮助个体认识和选择德性。德性本身不由明智确定，那它又是由什么确定的呢？

让我们回到上文提及的德性定义："德性是关乎选择的品性，它

---

① Aristotle, *The Nicomachean Ethics*, trans. by H. Rackham, Loeb Classical Library, 1934, p. 84.
② "习惯成自然"中的"自然"可看作"第二自然"。

存在于相对于我们而言的适度中，这种适度由逻各斯确定，明智的人也可以确定它。"（1107a1）这表明，作为适度的德性是由逻各斯确定的。既然逻各斯可以确定适度，即何时何地何场合该做什么，那么逻各斯[①]本身就是价值尺度，否则德性便无法确立。这种客观的价值尺度实际上经由"明智"而在个体的德性行为中体现出来，因而亚里士多德说"明智就是在行为方面的正确逻各斯"（1144b28）。明智与逻各斯的关系也可从明智的定义得出："明智是一种关乎人的善的、合乎逻各斯的、把捉真实的实践品质。"（1140b20）这种"把捉真实"（ἀληθῆ）就是去除意见与习俗之蔽，而让正确的逻各斯呈现出来，也就是说明智只有呈现出正确的逻各斯才是真正的明智。逻各斯既然能够确定德性，也就可以确定正确目的。因为德性便包含着对于目的的确定："德性使我们确定目的，明智使我们选择实现目的的正确手段。"（1145a5、1144a10）如此看来，最好把正确的逻各斯理解为一种价值系统。这种价值系统或尺度因而也就可以通过有德之人或好人呈现出来："好人所希求的是真正值得希求的，坏人则碰到什么就希求什么……好人对每种事物都判断得正确，每种事物真的是怎样，就对他显得怎样……好

---

① 有关逻各斯（λόγος）的含义及翻译，一直存在着争论。罗斯（David Ross）也将之称为"伦理学中最难翻译的词"。对于《尼各马可伦理学》中的逻各斯，大致有两种理解：一种理解偏向主观方面的理性（见 J. Cook Wilson, "On the Meaning of ΛΟΓΟΣ in Certain Passages in Aristotle's Nicomachean Ethics", *The Classical Review* 27 [4], 1913, pp. 113-117）；另一种理解偏向客观方面的道理或型理（见 J. L. Stocks, "On the Aristotelian Use of Λογος: A Reply", *The Classical Quarterly* 8 [1], 1914, pp. 9-12）。罗斯认为，"亚里士多德的逻各斯概念通常并不指理性能力，而是指被理性所抓住的某种东西，或许有时也指理性的运作"（Aristotle, *The Nicomachean Ethics*, translated with an Introduction by David Ross, revised by J. L. Ackrill and J. O. Urmson, Oxford University Press, 1980, p. 4）。显然，罗斯更倾向于 Stocks 的理解，笔者也基本认同罗斯的理解。不过还需进一步追问被理性所抓住的东西是什么。Stocks 把所抓住的东西称为型理（form）或筹划（plan），显然前者更为合适。具体而言，所抓住的东西是在德性生活及理想法律中呈现出来的、可被明智所把握的价值系统。之所以是"价值"系统，是因为体现它的德性、法律及明智都是价值性的。也就是说，逻各斯自身就包含着正确性与高贵性，因而亚里士多德也将逻各斯与正确逻各斯互换使用。当然，笔者也在某种程度上赞同 Wilson 的看法，逻各斯确实在不少地方就是"理性"的意思。对于逻各斯含义的辨析还有待专文论述。看来如此理解的逻各斯中译为"道理"是合适的。

人同其他人的最大差别在于，他能在每种事物中看到真相。他仿佛就是事物的标准和尺度。"（1113a30）好人展现价值系统，而其他人又以好人为楷模，这便是客观价值系统的落实层次。其中德性之为德性的第三个条件"出于一种确定且稳固的品质"，也正是在个体的成长过程中经过客观价值系统的教化而逐渐形成。明智的形成也就是由这种对于个体而言的盲目性教化转变为明见性认识，即个体开始能够对客观价值系统及自身情况有充分的考虑和洞识，并能够做出体现客观价值系统的恰如其分的选择。亚里士多德有时干脆把明智比喻为视觉："一个强壮的躯体……由于没有视觉，他在行动时摔得更惨。"（1144b10）然而，视觉要看清东西，首先需要光源，作为价值系统背景的正确逻各斯便是光源。明智只是个体对于光源的把握与洞识，它在某种意义上引导着个体的行动，可它自身所展现的却是正确的逻各斯，如果没有后者，明智便如无源之水。

由此看来，"德性即明智"背后隐含的其实是"德性即逻各斯"，也就是说最终是由逻各斯确定德性。以此为出发点，与"德性即知识"相关的其他问题也可由此获得进一步解释。亚里士多德认为德性既非出于本性，也非反乎本性，而是从实践经验中来。也就是说正是在长久的实践中，逻各斯通过教化而形成德性。这种逻各斯作为背景性的价值系统也是一个相互协调的整体，因而诸德性才可能是整体性的"一"。这种价值系统所塑造的典型在"大气魄"（μεγαλοψῦχία）这种德性中集中体现出来。大气魄之人的特点就是最大程度地容纳各种德性，这种人也就是前面提到的好人或有德者。在行为中，能够体现客观价值的是德性，不能体现的则分为两种：一种是恶，一种是不能自制。恶在认识方面的表现是，或者是对正确的价值系统毫无认知，或者是完全否认它。这两种情况都可称为"无知"，因而"恶即无知"。不能自制行为虽然在认识上对正确的价值系统有所把握，但这种客观价值对他的吸引力并没有那么强，因而就被私己的欲望或情感所阻断。

从其行为倾向看，正确逻各斯并没呈现为不能自制者的明智，否则他便会选取符合逻各斯的行为，因而不能自制便是无明智。当然，不论是恶还是不能自制，都是从小在品性上没能接受正确逻各斯教化的结果，这些个体长大之后对正确逻各斯无知或无明智也就不难理解了。

接下来的问题是，正确的逻各斯或价值系统又从何而来？一个现成的回答是：从传统生活中来。对亚里士多德而言，这在一定意义上是正确的。亚里士多德首次启用的"伦理学"名称便是由"习俗"而来。亚里士多德对德目的确定及对最好生活的树立也时常体现出独特的希腊因素。在《尼各马可伦理学》中，亚里士多德处处都表现出对流行价值观的极大尊重。然而，我们并不能由此认为亚里士多德对好生活及德性的确定是当时社会生活价值系统的简单反映，一个显证是，许多德目及其过度和不及是无名称的："大多数种类品质是无名称的。但是我们必须像在那些地方一样，尽力给出它们的名称，以便使我们的讨论明白易懂。"（1108a16）看来亚里士多德对当时流行的价值观还是有自己的归纳与提升。

亚里士多德对于传统意见或价值观的这种既尊重、吸收，又修正、提升的态度可在其著名的"拯救意见"的方法中体现出来。这种方法的一个典型表述出现在《尼各马可伦理学》第七卷讨论自制的部分："讨论这个问题的恰当方式，和讨论其他问题时一样，也是先摆出现象，然后考察其中的困难，最后，如果可能，就肯定所有关于这些情感的意见，如不可能，就肯定其中比较重要或最重要的意见。因为，如果困难可以解决，且流行的意见还有一些站得住脚，那么真实的意见就可以充分确立。"（1145b1-5）这就是确立真实意见或价值观的三部曲：首先摆出流行意见或价值观，看其中有哪些不自洽的部分；然后从中提炼出有代表性的意见或价值观，这些观念往往是社会贤达所持有的；最后对上述意见或价值观进行批判性反思，在充分吸收前者的基础上得出真实的意见或价值观。统观亚里士多德整个伦理学，无论是在确立何谓"好生活"或幸福时，还是在确立诸德性时，他都一贯地遵循着这三个步骤。因而，亚里士多德最终所确立的正确逻各斯或价值系统中，既涵盖着当时流行的价值观念，更包含着自己对传统价值的反思、批判和修正。更为根本的是，在此基础上，他通过其伦理学著述，建构出一套自洽而融贯的逻各斯或价值系统。这套系统如果经过法制化，正如他在《尼各马可伦理学》第十卷最后所提议的那样，便能够成为一种理想的逻各斯或价值系统，并以此实施德性教化以及确定明智所体现和把握内容的经络。这就是作为德性或明智背景的逻各斯或价值系统的两个来源：传统价值观和哲人对之进行的修正、提升及系统化。正如亚里士多德在《政治学》第二卷所言："一般而言，人们所寻求的不仅仅是前辈的路，而是善。"（1269a5）亚里士多德整个伦理学便是要尽量给出一种有关善及其要素的价值系统。

不少论者把亚里士多德的伦理学诟病为地方主义甚至相对主义伦理学。这在上文揭示出的他把德性最终根植于一种价值系统上也有所体现，因为这种价值系统包含着地方性的传统价值观，而亚里士多德对传统价值观的提升也必定会带有时代及地域的局限性。虽然有论者对此做了一些辩护①，然而，不可否认，亚里士多德确实过分注重习俗及传统价值观这些具有相对性的因素。虽然他也看到一些出于本性的东西在德性中的作用，然而却重视不够，因而使其德性理论缺少了不少普遍性的因素。这在其对德性的界定中就埋下了伏笔。他认为德性属于灵魂三种状态——情感、能力及品质——之一。品质是我们同情感的好或坏的关系，这种关系已经是经习惯养成或由逻各斯确定的。亚里士多德排除了德性是情感或能力，而将其直接看作品质。也就是说一开始他就将情感排除在外。他的第一点理由是："首先，我们

---

① 参见努斯鲍姆：《非相对性德性：一条亚里士多德的研究路径》，聂敏里译，载聂敏里选译：《20世纪亚里士多德研究文选》，华东师范大学出版社2010年版，第268—296页。

并不是因我们的情感,而是因我们的德性或恶被称为好人或坏人的。"(1105b30)可是,从苏格兰学派到亚当·斯密,再到卢梭及叔本华的道德哲学表明,具有同情及仁爱之心便可以称作好人;另外,从孔子开始,经孟子发挥直至宋明的儒家也会把仁爱、恻隐之心作为道德的源头。亚里士多德的第二点理由是:"我们的情感并非出于选择,而德性则是选择或包含着选择的。"(1106a2)倘若如此,见孺子将入于井,由怵惕恻隐之心发动救人的行为便不属德行,因为这种行为并非理性选择,而是本能发动的。可见亚里士多德的说法显然不妥。他的第三点理由是:"我们说一个人被情感'触动',可是对于德性与恶,我们则不说他被'触动',而说他以某种方式被'置于'。"(1106a6)可是在经验生活中,我们常常是被某种德行或事迹所触动、所感动,并进而行善。因而,亚里士多德从一开始便将情感排除在德性的直接界定之外的做法,不论从其他道德理论看,还是从日常道德经验看,都有所不妥。恻隐、仁爱之心这种可能的道德源头被亚里士多德从一开始就错过了。当然,不可否认,亚里士多德的德性论自有其独特的视角与贡献,问题是,在这种视角下是否能够生发出真正的道德。

与德性或道德根植于知识、根植于明智、根植于习俗、根植于逻各斯相比较而言,道德根植于恻隐及仁爱之心上是否是一种更好的选择呢?

该文原载《天津社会科学》2012 年第 3 期

明智与道德问题
——从亚里士多德伦理学出发的一个讨论

近代自马基雅维利以来，明智（prudence）被当作用以维护自身利益的手段。[①] 康德对明智的界定颇具代表性："我们可依最狭义，把我们在选择达到自己最大福祉的手段的技艺称为明智。"[②] 依照这种看法，这种假言式的明智不但仅仅具有手段的意义，而且与道德也是不相干的，从而不能为其道德理想提供支撑。现代效用主义[③] 及受其影响的伦理学有时也把考虑（deliberation 或 consideration）作为明智的代称，而康德对明智的定义也可以转而用来界定"考虑"。两者不同的地方只是，在效用主义这里，道德之事就是有关幸福之事。由于明智的行动可使幸福最大化，因而明智的行动也就是道德的行动。也就是说，在效用主义这里，明智在一定意义上可以为其"道德"理想提供支持。

本文将表明：现代伦理学中，明智既不能为道德理想提供支撑（康德式的），又能为"道德"理想提供某种支撑（效用主义式的），

[①] 例如，马基雅维利在《君主论》中说："当守信对他不利时，一位明智的统治者不能也不应守信。"（N. Machiavelli, *The Prince*, trans. by J. B. Atkinson, Indianapolis: Bobbs-Merrill, 1976, p. 281）

[②] Kant, *Grounding for The Metaphysics of Morals*, trans. by W. Ellington, Hackett Publishing Company, 1993, p. 26 (416). 康德把另一种广义的明智即"对世情的明智"的根据也归于这种"对自身的明智"。（参见 Kant, *Grounding for The Metaphysics of Morals*, trans. by W. Ellington, Hackett Publishing Company, 1993, p. 26 注释）

[③] 本文"效用主义"主要指以边沁与穆勒为代表的古典效用主义。

这种张力也体现在对亚里士多德明智概念的解释上（第一部分）。与亚里士多德明智概念相伴随的伦理学从根本上说是一种既不同于自向性幸福论，又不同于非自向性道德论①，同时又在某种意义上涵盖二者的高贵主义德性论（第二部分）。因而，亚里士多德的明智概念既包含现代伦理学中的明智概念，又是对后者的根本性拓展（第三部分）。本文最后一部分将指出，全面理解的亚里士多德明智概念可以在道德动机问题上提供更为充分的说明。

一

明智（φρόνησις）在亚里士多德伦理学中占据核心地位。按照通常的讲法，亚里士多德伦理学属幸福主义伦理学。幸福是"体现德性的活动"（1098a16）②，而"有了明智就有了所有伦理德性"（1145a2）。如此看来，明智能够轻易地为德性，从而为幸福提供充分支撑。可是，在亚里士多德这里，问题的复杂性在于德性本身的性质。也就是说，德性归属于非自向性的道德呢，还是归属于自向性的幸福？亚里士多德思想的麻烦在于，上述两种性质的德性在其伦理学中都可以找到显证。

就非自向性德性而言，亚里士多德提出了诸如慷慨、大气、勇敢、友爱、正义等。这些行为的一个共同特征是"德性行为是因其自身之

---

① 本文的"自向性"与"非自向性"（也可称为"他向性"）可以体现在行为动机与目的以及行为后果两个方面，其中前一方面也可称为"纯粹"自向性或非自向性。自向性、非自向性分别与通常意义上的利己、利他是同义的。一般而言，前者属于"幸福论"，而后者属于"道德论"。

② 《尼各马可伦理学》引文，主要参照廖申白译本（商务印书馆 2003 年版）；亚里士多德其他著作中的引文，主要参照苗力田主编：《亚里士多德全集》（第一版）（中国人民大学出版社）。译文改动部分，主要参照《亚里士多德全集》牛津修订版（*The Complete Works of Aristotle*, The Revised Oxford Translation, ed. by J. Barnes, Princeton University Press, 1984），以及《尼各马可伦理学》洛布希英对照版（*The Nicomachean Ethics*, trans. by H. Rackham, Loeb Classical Library, 1934）。按照惯例，本节文中对亚里士多德著作的引用只标明标准编码。

故而被选择的"（1105a32）。所谓"因其自身之故"，指的是因他者之故而发动的，例如真正的友爱是"相互间都因对方自身之故而希望他好"（1156b7），这种非自向性的德性行为能够在康德式的严格意义上被称为道德的。可是从德性的自向性方面来看，"我们也为幸福之故而选择德性"（1097b6）。虽然幸福并非效用主义眼中的快乐[①]，但它总归是"我"的幸福，这看上去终究难以避免自向性倾向。如此看来，幸福论与道德论构成了亚里士多德伦理学两个截然不同的解释方向。相应地，使诸德性可能的明智也面临着两种完全不同的解释方向。怀特（N. White）把这两种解释分别称为康德式的与黑格尔式的。[②]

康德式的解释并不是说亚里士多德的伦理学像康德的伦理学，而是指这样一种二元论，即认为追求自身幸福的明智与纯粹非自向性行为所伴随的道德意识是完全异质性的：二者要么相互冲突，不能共存一体；如果能够共存一体的话，就必须确定哪种是基本的。安娜丝（J. Annas）认为二者是根本冲突的，因而不能用明智或考虑来充当非自向行为的道德意识。她提出一种不可还原为明智的道德理性来充任非自向行为的道德意识，并在斯多亚学派那里找到了这种道德意识的具体形式。[③] 问题是，在亚里士多德那里，明智是所有伦理德性的必备条件。如果否认了明智可以为纯粹非自向行为提供支撑，也就等于间接否认了亚里士多德伦理学中的非自向性道德面向。

在笔者看来，怀特自己倾向于第二种康德式的解释，即认为考虑

[①] 约翰·穆勒明确指出："所谓幸福，是指快乐和免除痛苦；所谓不幸，是指痛苦和丧失快乐。……唯有快乐和免除痛苦是值得欲求的目的，所有值得欲求的东西之所以值得欲求，或者是因为内在于它们之中的快乐，或者是因为它们是增进快乐避免痛苦的手段。"（见约翰·穆勒：《功利主义》，徐大建译，上海人民出版社 2008 年版，第 7 页）这种快乐主义也是效用主义的基本起点与根据。

[②] N. White, "Conflicting Parts of Happiness in Aristotle's Ethics", *Ethics* 105 (2), 1995, pp. 258-283.

[③] J. Annas, "Prudence and Morality in Ancient and Modern Erhics", *Ethics* 105 (2), 1995, pp. 241-257. 由此看来，怀特在这方面把安娜丝归为"涵盖论"是不合适的，虽然在其他方面或许是合适的。

与非自向性的道德意识(他也称为伦理的或利他的或广义的考虑)能够共存,但需要进一步确定哪种是基本的。一般认为,两种道德意识可以共存一体在亚里士多德伦理学中是不争的事实,问题是,二者在特定情况下可能会发生冲突。例如在友爱中,为了朋友之故而爱对方与下述情形就是矛盾的,即"在所有值得称赞的事物中,好人都把高贵的东西给予了自己"(1169a35)。怀特据此认为,自向性的考虑是基本的。不过他也不否认非自向性的考虑以及与之相应的行为具有独立自存性。问题是,这两种相互冲突的考虑如何可能共存一体?怀特提出"混合动机"(mixed motivation)来解决这一难题,例如一个欲求友爱的人,他"部分地是为了所欲求东西自身,而部分地是为了他自己的幸福"①。这显然是将前面提到过的康德式的二元论内化到了动机的层面。问题仍没得到解决:这两种相互冲突的动机真的能同时共存于同一个行为中吗?这又如何可能?对于这个难题,怀特并未给予进一步说明。

与康德式的二元论解释不同,黑格尔式的解释是通过调和式的一元论,即认为两种道德意识之间并不存在冲突,而是可以和谐一致。黑格尔式的解释又可分为两种方式:一种称为"融合论"(fusionism);另一种称为"涵盖论"(inclusivism)。

所谓"融合论",是指一个人的幸福在某种意义上等同于他者的福利,因而自向性的道德意识某种意义上等同于非自向性的道德意识,这种道德意识就是明智或考虑。如果仅从后果上看,这种说法几乎对所有德性行为都能够成立。因为所有德性都具有非自向性维度。慷慨、勇敢、友爱等自不必说,即便是看起来完全属于自向性的节制也同时具有非自向性维度,比如节制自己的所欲之物同时也就意味着给别人留下了更多善物。问题是,这种融合论只是从后果上看才能够成立。

---

① N. White, "Conflicting Parts of Happiness in Aristotle's Ethics", *Ethics* 105 (2), 1995, p. 278.

如果从动机与目的上看，它就是成问题的，例如节制，如果从动机与目的上看完全是自向性的，其中并不存在非自向性的考虑。严格讲来，即便非自向性的德性也会出现这种困境，例如上面提到的友爱，最终是自爱还是他爱必须要有个定性。这又势必陷入前述康德式的二元冲突中。

所谓"涵盖论"就是指一个人的自向性幸福在某种意义上包含着非自向性的道德，即明智某种意义上包含着非自向性的道德意识。涵盖论从穆勒开始就得到不少论者的拥护。在《功利主义》中，穆勒说："幸福的成分十分繁多，每一种成分都是值得欲求的，而不仅仅是因为它能增加幸福的总量所以值得欲求。……美德在那些无私地热爱它的人中间，已成了目的的一部分，并且不是作为达到幸福的一种手段，而是作为他们幸福的组成部分，被欲求并被珍惜。"[1] 如果放在亚里士多德的语境中，这就意味着德性并非幸福的手段，而是幸福整体的构成部分。威廉斯[2]、埃尔文[3] 等人都基本赞同这种涵盖论。毋庸置疑，涵盖论同样具有某种后果论证的倾向，比如穆勒所谓幸福包含德性，正如前面所指出的，这里的幸福是指快乐，而德性行为本身会带来快乐，因而德性是幸福的构成部分。可是在亚里士多德这里，幸福虽然伴随着快乐，但首要的并非快乐。因而穆勒式的涵盖论在亚里士多德伦理学中难以成立。追求自向性幸福的明智也就难以把非自向性的道德意识作为自身的环节或方面。

总之，无论是康德式的解释，还是黑格尔式的解释，都难以很好地说明在亚里士多德的伦理中，明智如何能与非自向性的道德意识共处一体，这背后所隐藏的前提性争执是：亚里士多德的伦理学究竟是

---

[1] 约翰·穆勒：《功利主义》，徐大建译，上海人民出版社 2008 年版，第 37 页。

[2] 可参见 B. Williams, *Ethics and the Limits of Philosophy*, Routledge, 2006，特别是其第四章 "Foundations: Practical Reason"。

[3] T. H. Irwin, "Prudence and Morality in Greek Ethics", *Ethics* 105 (2), 1995, pp. 284-295.

自向幸福论的还是非自向道德论的?

二

虽然对亚里士多德伦理学进行幸福论与道德论的解释都有其根据,但这两种解释也都存在困难。

就幸福论而言,存在着"复合论"或曰"涵盖论"(inclusivism)与"理智论"(intellectualism)之间的长期争执。复合论认为幸福并非单一性的存在,而是甚至包括好运在内的各种善的复合。其中最核心的是灵魂的善,包括明智、德性、快乐等;还有诸如健康、漂亮这些身体的善;此外另有外在的善,例如财富、权力、荣誉等。(1184b5)这种复合的幸福几乎等同于各种善的总汇,只是有些善是纯粹手段性的;而有些善既是手段也是目的,比如属于灵魂的善便是如此。与这种对幸福的复合式理解不同,理智论坚持认为亚里士多德的幸福指的是最高的德性:"如果幸福在于体现德性的活动,我们就有理由可以说它体现最高德性。"(1177a13、1098a17)这种体现最高德性的活动便是沉思。

有人或许会说,有关"幸福是复合的还是沉思"这种争执并不会影响幸福论之为自向性的本性。因为它们所追求的都是属于自己的善,不同之处只是在于复合论的幸福追求的是各种各样的善,而理智论的幸福追求的是一种最高善。因而,与可能包含非自向性之善的复合论相比,理智论的自向性倾向更为明显:"一个在沉思的人,就他的这种实现活动而言,则不需要外在的东西。而且,这些东西反倒会妨碍他的沉思。"(1178b2)这显然更为自我主义嘛!以上似是而非的指责其实忽视了重要的一点,即:正如行为可以是利他的一样,沉思也可以是为了他人和共同体而沉思。

上述对幸福论之为自向性的指责事实上过于现代化,也过于表面化。过于现代化是因为它在用现代的利己主义甚至快乐主义来看待亚里士多德的幸福论。现代的利己主义或是以现实利益或是以快乐作为其追求的目标，而亚里士多德的幸福论所追求的目标与此是截然不同的。之所以说这种定性表面化，也正是说它看得不够深入，即没看到亚里士多德幸福论最终所追求的东西是什么。

亚里士多德认为，有三种东西可能为人们所追求和选择：高贵之物、有利之物与令人快乐之物。（1104b30、1155b20）后两种对象正是现代的利己主义们所追求的。亚里士多德自己的幸福论最终所追求的其实是第一种：高贵（καλόν）。在亚里士多德得出幸福是"体现德性的活动"时，他同时讲："好人的活动就是良好地、高贵地完善这种活动。"（1098a15）反之，他认为不能称动物和小孩是幸福的，原因就在于他们不能追求和参与高贵的活动。（1100a2）也就是说，幸福之为幸福，一个重要原因是其高贵："幸福是万物中最好、最高贵和最令人愉悦的。"（1099a25）追求高贵构成追求幸福的更为实质性、更为具体的内涵。这个结论也可以从下述论述中进一步得出。

亚里士多德把幸福界定为"体现德性的活动"，而"德性的行为都是高贵的，都是为着高贵事务的"（1120a23）。另一处亚里士多德重复道："为着高贵是所有德性的共同特征。"（1122b6）[①] 如此看来，高贵才是德性的目的。那什么又是高贵呢？追求高贵属于自向性的活动吗？显然不是，"做事不求回报是高贵的"（1163a1）。越高贵的人也就越关心朋友而忘记他自己。（1167a35）[②] 因而，高贵至少有一种忘我的倾向，或者是把"我"全身心交付给一种超出自身的对象中。这

[①] 这种以"高贵"界定德性的方式与包括诗人及苏格拉底—柏拉图在内的前辈们是一脉相承的。例如《美诺篇》中引述诗人对德性的定义为："在高贵（καλοίσι）之物中发现快乐并具有相应的能力"，美诺将其发挥为"欲求高贵（καλοίσι）之物并有能力获得它"（77b）。

[②] 这是对前文怀特把亚里士多德的友爱最终定性为利己主义的很好回应。他并没看到，在亚里士多德这里，高贵的友爱最终完全"忘记"了自己的利益。

种投入的极致便是牺牲。而在实践事务中,所投入的事业涵盖范围越广,所做出的牺牲越大,便越高贵。因而,"政治与战争在实践活动中最为高贵和伟大"(1177b15);同时在战场上的死也是最高贵的死(1115a30)。如此看来,实践生活中对高贵的追求既不是为了个人的利益(虽然可能会有名声、荣誉等回报),也不是为了快乐(虽然必定伴随着高层快乐)。① 这也是不能把亚里士多德的幸福论与现代的利己主义及快乐主义混同的根本原因。如果要勉强命名的话,笔者将亚里士多德的这种伦理学称为"高贵主义"(Nobilitism)德性论。这种高贵主义不仅符合幸福之"复合论"的实情(追求高贵是德性的目的,必定伴随高层快乐和荣誉等内在善,也就是说高贵在某种意义上能够涵盖所有内在善),而且对于幸福之"理智论"也是成立的。因为沉思是我们身上最为高贵、最具神性部分——努斯的活动(1177a15)。这种追求高贵是位于动物与神之间的人走向高贵的神性,这与在实践活动中作为自我牺牲的高贵有所不同。不过,可以肯定的是,不论是哪种追求高贵,都完全不同于现代的利己主义与快乐主义。

那么高贵主义是不是一种现代意义上的利他主义呢?也不是。因为现代的利他主义由于受到康德纯粹动机论的影响而倾向于不计后果。这也是在对亚里士多德伦理学的解释上,与幸福论相对的道德论的解释模式所面临的困境:只强调德性的非自向性方面以及"为他"的动机,而忽视了不论多么纯粹的利他行为,都会在行为者的身上产生相应的后果这个事实,而这种后果在更高的层面对行为者有益。正如柏拉图《理想国》中所揭示的,利他的正义行为不仅是利他的,而且可以在行正义者身上造成灵魂的和谐,以及产生高级而本真的快乐等。②

---

① 有关快乐的本性及其与活动和德性的关系,可参见郝亿春:《快乐的本性及其在好生活中的位置——从德性伦理学的视域看》,《现代哲学》2012年第5期。该文亦收录于本书,见本书第237—252页。

② 参见柏拉图:《理想国》,577c-588b。

亚里士多德完全认可这一点，他进而断言："如若人人都竞相行为高贵，努力做最高贵的事，共同的东西就可以充分实现，每个人也就可以获得最大程度的善……做高贵的事既有益于自身又有利于他人。"（1169a10）这段话很好地概括出高贵行为的本性，即它的目的是实现超个人的共同善，而与此同时，高贵活动的行为者也会从这种活动中获得精神层面的提升和完善。

亚里士多德伦理学之为高贵主义的这种解释，不仅可以很好解决有关幸福的复合论与理智论之间的争执，更可以调解幸福论与道德论这两种截然相反的解释模式。高贵是幸福生活本质上所追求的目的，这种高贵的本性是：为了超出自身利益的他者或共同体而在某种程度上牺牲自己的利益，正是这种牺牲使追求高贵者获得了更大程度的精神完满。也就是说，这种高贵主义不仅完全超越了现代的利己主义及快乐主义，同时也内在地包含了现代的利他主义。

当然，还需进一步追问的是：这种高贵主义是否对应着一种全新的明智概念，从而一方面可以拓展明智在现代的狭隘含义；另一方面也能够为非自向性的道德行为在道德意识方面提供充分的支撑。

三

对于究竟应当如何理解亚里士多德的明智概念，也是一个一直争论着的话题。其争论的焦点正如威金斯（D. Wiggins）所指出的，在亚里士多德的《尼各马可伦理学》中，有两种截然不同的有关明智或考虑的表述。① 在该书的第三卷第三章，亚里士多德一再强调："我们所考虑的东西并不是目的，而是达到目的的手段。"（1113a1）在第六

---

① D. Wiggins, "Deliberation and Practical Reason", in *Essays on Aristotle's Ethics*, ed. by A. O. Rorty, Berkeley: University of California Press, 1980, pp. 221-240.

卷最后一章，亚里士多德同样断言："德性使我们确定目的，而明智使我们采纳达到目的的正确的手段。"（1145a5）显而易见，这里的明智或考虑针对的是手段，而非目的。可是在第六卷第五章，亚里士多德又有另一种完全不同的说法："明智的人的特点就是善于考虑对于他自身是善的和有益的事情……即是指对于一种好生活总体上有益。"（1140a29）在同一卷的最后一章，我们看到了前文引述过的更强的表述："有了明智就有了所有伦理德性。"（1145a2）这也足以表明，明智在某种意义上能够确定德性及好生活的目的。

如果不强为之解的话，这种表面的矛盾并不难解决。第三卷所讨论的"考虑"的确是手段性的，而且仅仅是手段性的。也就是说它本身不含涉正确目的或终极价值，即与之相关的目的可好可坏。这种考虑只有过程正确与否、周全与否之分，或者说，这里的"考虑"是在已经确立了或好或坏的目的之后来筹划达到目的的手段。因而，这里与"考虑"紧密关联的"选择"也是价值无涉的。① 与此相关的正确目的是由希求（βούλησις）确定的，好人希求的是善，坏人希求的则是恶。上述"考虑"的含义恰恰是康德及现代伦理学赋予明智的含义，即选择达到自己最大福祉的手段的技艺。

与第三卷所讨论的"考虑"不同，第六卷第九章讨论的是"好的考虑"。这种好的考虑包含着正确的考虑，但不限于此，因为正确的考虑也可能是坏人针对坏目的的考虑。（1142b21）只有"好的考虑才是所考虑的目的是善的那种正确的考虑"（1142b22），也就是说好的考虑必须同时意味着目的是善的或高贵的。从这个意义上看，现代伦理学中的考虑更多的是考虑或正确的考虑，而很少企及好的考虑。

---

① 埃尔文试图辩护考虑是与目的及欲求必然相关的，这诚然不错。但如果这里的"目的"指的是"正确目的"便成问题了。因为"考虑"并不与正确的目的及正确的欲求必然相关，只有"好的考虑"才能如此。参见 T. H. Irwin, "Aristotle on Reason, Desire, and Virtue", *The Journal of Philosophy* 72 (17), 1975, pp. 567-578。

亚里士多德认为，"考虑得好是明智人的特点"（1142b33），这就是说明智拥有好的目的。所谓好的目的，就是高贵的目的。"明智是同对人而言的公正的、高贵的、善的事物相关的，这些是一个好人出于本性就会做到的。"（1143b21）明智针对高贵目的这种情形在亚里士多德给出的明智定义中也可见一斑："明智是一种关乎人的善的、合乎逻各斯的、把捉真实的实践品质。"（1140b20）这里所谓"关乎人的善"，便是追求善，即追求高贵。而这里的"合乎逻各斯"，也不仅仅指考虑得合理、周全，同时也指合乎一种正确的逻各斯。这种正确的逻各斯也是与高贵融为一体的，也就是说它关乎高贵的级序及其法则："公道的人会听从逻各斯，因为他们的生活朝向高贵。"（1180a10）[①]"把捉真实"就是知己、知彼、知周遭世界，特别是明察到具体情境下何为高贵。"实践品质"一方面指在长期生活中所形成的倾向；另一方面则指明智具有实践的力量：一个明智的人不可能同时不能自制（1152a6），而能够自制的人总是倾向于去做高贵的事情。总之，明智是一种把捉、追求与保存高贵的品质。

与明智的这种真正的或核心的含义[②]不同，当时一般人也像现代较为流行的伦理学所认为的那样，把明智看作追求个人利益的手段，认为关心自己所得的人就是明智的。亚里士多德认为离开高贵目的便并非真正的明智，而最多是与考虑相似的聪明，甚至是以卑贱为目的的狡猾。（1144a25）亚里士多德对时人的回应是："一个人的善离开了家

[①] 如此看来，把明智仅仅解释为"规则—情况"模式是成问题的，因为德性理论从根本上说并非规则伦理。罗斯也认为"亚里士多德的逻各斯概念通常并不指理性能力，而是指被理性所抓住的某种东西"（Aristotle, *The Nicomachean Ethics*, translated with an Introduction by David Ross, revised by J. L. Ackrill and J. O. Urmson, Oxford University Press, 1980, p. 4）。在笔者看来"被理性抓住的东西"就包括处于各种级序中的"高贵"。

[②] 核心意义（focal meaning）与扩展意义（extend meaning）是亚里士多德分析及理解概念的一种基本方法，这有时也被称为类比（analogy）的方法。有关"核心意义"的论述，可参见 G. E. Owen, "Logic and Metaphysics in Some Earlier Works of Aristotle", in G. E. Owen, *Logic, Science and Dialectic*, Duckworth, 1986。

庭与城邦就不存在"（1142a10），明智与政治学是同质的，而政治学考察的是高贵与公正行为（1094b14）。

如此看来，明智不仅关乎目的，而且本身就包含着对高贵目的的确认与追求。那么前面提到的相反说法即"德性使我们确定目的，而明智使我们采纳达到目的的正确的手段"该如何解释呢？这里亚里士多德分明是在说明智仅关乎手段，而德性才使我们确定目的嘛！要理解这种说法，就需论及德性的三个条件："第一，行为者必须知道那种行为；第二，他必须是经过选择而那样做，并且是因那行为自身之故而选择它的；第三，他必须是出于一种确定了的、稳定的品质而那样选择的。"（1105b1）之所以说德性确定目的，是在第三个意义上讲的，即行为者在德性礼法的教化下，"预先得到高贵的哺育并形成良好的习惯"（1180a15）。这种确定而稳固的高贵品质便成为一个人生活与行为的定向，即它能够成为确定目的的德性倾向，而行为的选择都是在这种目的定向的前提下选择的。这种选择便包含明智的因素，它既关乎目的的确认，也包含手段的选择。

进一步讲，之所以说明智能够确定高贵目的，是因为德性离开明智也不成其为德性。亚里士多德把明智比作一个强壮躯体的视觉，如果没有视觉，他在行动时摔得更惨。（1144b10）这种视觉不仅能看清楚行为的周遭境况，更能看清楚要往哪里走，即明智包含对高贵行为的明见以及对其追求的意识。[①] 自然德性只有加上明智，才能成为严格意义上的德性。所谓自然德性有两种含义：首先指第一自然即天然的，比如"由怒气激发起来的勇敢是最为自然的勇敢，如果再加上选择或目的，那就是真正的勇敢了"（1117a4）。而选择或目的便是由明智确定的，即出于追求高贵而勇敢。（1116b30）其次自然德性也指第二自

---

① 麦克道威尔把明智理解为单纯的"感知性"（sensitivity），也就丧失了其方向性即追求高贵的价值维度。参见 J. McDowell, "Virtue and Reason", *The Monist* 62 (3), 1979, pp. 331-350。

然——习惯中形成的德性。一个人可以由于处于高尚的生活环境而形成良好的习惯，同时也可以形成相应的道德意识。可是如果不到成熟的阶段，他便只知其然而不知其所以然。明智便是由朦胧的道德意识转变为自觉的道德意识的过程。因而亚里士多德也说："明智就是正确的逻各斯。"(1144b29) 当然，这种明智作为实践品质也不可能一蹴而就，与德性相似，它也是在生活中不断存养磨砺而成的。这就意味着，明智与德性齐头并进，共同成熟。① 一旦明智成熟，就会知己、知彼、知周遭世界，会知具体情境下何为高贵，并奋而追求。也正是在这个意义上，亚里士多德断言："有了明智就有了所有伦理德性。"

如此看来，真正的明智并不仅仅包括康德及效用主义所认为的达到个人幸福的手段，更为根本的是对具体情境下高贵行为的观照和追求。因而正确理解的明智就与亚里士多德的高贵主义伦理学互为表里，相互支撑，这也就意味着明智可以为高贵主义内在包含的非自向性道德提供支撑。然而，还需进一步追问的是，前文所述的高贵主义以及与之伴随的明智对纯粹非自向性的道德行为所进行的说明与支撑是否足够充分？也就是说，对非自向性行为的说明与支撑在亚里士多德的伦理学及明智中还有没有其他资源可循？

四

上文表明，非自向性道德行为作为高贵主义的一个内在环节得到了说明。而高贵行为或德性行为都是出于有意识的选择行为，也就是说高贵行为都属理性行为。问题是，纯粹的理性是否具有发动行为的足够力量？特别考虑到休谟的著名论断："理性完全是惰性的，它既不

---

① 更详尽的论述，可见唐热风：《亚里士多德伦理学中的德性与实践智慧》，《哲学研究》2005年第5期。

能阻止也不能产生任何行为或情感。"① 依照他的看法，推动我们行为的其实是激情或欲求。亚里士多德也有类似看法："理智自身不能发动任何行为，除非它指向一个目的而成为实践的。"（1139b1）这种指向高贵目的的实践理智便是明智。问题是，只具有指向高贵的目的这个希求是否足以发动德性行为？譬如前面提到的勇敢德性，如果只有对高贵目的的希求，而缺乏怒气，也不足以发动勇敢行为。也就是说勇敢这种德性不仅需要高贵目的，也必需怒气这种自然德性。

这种情感性的自然德性在亚里士多德对德性的界定中处于较为被动的地位。"德性是相对于我们而言的关乎选择的品性，它可以被明智的人体现的逻各斯确定。"（1107a1）这里的"品性"不是情感，而是与情感的好或坏的关系。虽然情感的地位看上去较为被动，但亚里士多德并未完全忽视它们的作用，只是更强调以正确的逻各斯对人的自然情感进行引导和调教罢了。事实上，这些情感的发动在德性行为的启动上是至关重要的。比如前面所说的怒气之于勇敢，同样地爱之于友爱、怜悯之于慷慨等。在这些情况下，情感对相应德性行为的发动是基础性的。② 可以毫不夸张地说，在这些情况下情感的自然发动便是德性的发端，正如孟子所言："恻隐之心，仁之端也。"③ 需要特别强调的是，这种作为德之端的情感是完全前理性、前选择的，因而由之发动的行为也是前考虑、前算计的。正如孟子所讲："今人乍见孺子将入于井，皆有怵惕恻隐之心——非所以内交于孺子之父母也，非所以要誉于乡党朋友也，非恶其声而然也。"④ 我们可以进一步补充说，这种由怵惕恻隐之心所发动的本能性道德行为甚至也先于对高贵的追求。也

---

① David Hume, *A Treatise of Human Nature*, Oxford, 1888, p. 458.
② 麦克道威尔的下述说法是没道理的，即"仁慈并不是出于盲目的、非理性的习惯或者出于本能"（J. McDowell, "Virtue and Reason", *The Monist* 62 [3], 1979, p. 331），最多可以说：仁慈不仅仅限于盲目的、非理性的习惯或本能。因为没有了前理性的恻隐之心，仁爱便成了无源之水。
③ 《孟子·公孙丑章句上》。
④ 《孟子·公孙丑章句上》。

就是说，这种行为根本不具有"为了"的理性结构，相对于理性链条而言，它是"无端（理由）"的。虽然这并不意味着这种行为发动时对周遭境况一无所知，也不意味着随后的高贵目的不能与此相衔接并扩而充之，同样不意味着随后的自向性考虑不会对此造成遮蔽或扭曲。

明智中与作为德之端的情感相应的是"体谅"（γνώμη），兰克汉姆将之称为"基于他者的同情心"[①]。这种体谅是天然的，同时也具有认知能力。（1143b4）当然这并不否认它可以在生活中进一步扩充。这种天然的明智因素同样不拒斥与后天的考虑以及对高贵目的的选择与追求等理智因素相衔接，就像作为德之端的情感能够与后天追求高贵的德性相衔接一样。如此，明智也涵盖了对纯粹非自向性行为更为充分的说明。也就是说，如此理解的明智完全可以为真正的道德行为提供充分支撑。

结语

回到前面提到的在对亚里士多德明智概念解释上的争论。

认为明智不能为亚里士多德的德性伦理学提供充分支撑是因为对明智概念以现代方式进行了狭隘化即纯粹自向性的理解，因而它便不可能说明及支撑非自向性的道德行为。像怀特那样以双重动机来协调自向性与非自向性的冲突也是徒劳的，因为行为者在同一刻不可能发动两种冲突的动机。情况或许是，第一念是恻隐之心发动的非自向性动机，尔后第二念的自向性考虑所发动的自保动机加入进来，随后在两种动机的共同作用下可能产生既利他又自保的行为，也可能一方压倒另一方而表现出纯粹的他向性行为或自向性行为。可以肯定的是，这两种冲突动机的混合在亚里士多德揭示的高贵行为中是不存在的，因为高贵就意味着某

[①] Aristotle, *The Nicomachean Ethics*, trans. by H. Rackham, Loeb Classical Library, 1934, p. 359.

种程度的自我牺牲，恻隐之心与高贵动机是同质性的，因而也是相互支持、相互衔接及相互加强的。只有在不以高贵为目的，而是以自保或自身利益为目的时，这两种动机才可能是冲突的。

黑格尔式的对亚里士多德明智概念的解释也是多此一举，因为在亚里士多德的高贵主义德性论中，高贵行为本身就是纯粹他向性行为，没必要再进行形式上自向而实质上他向的区分，也没必要再借用一种幸福的复合论以及借助手段与目的的复杂关系强为之解。

总之，现代学者有关明智能否为亚里士多德伦理学中的非自向性行为提供支撑的问题，从学理上说，其提出是基于双重误解：既误解了亚里士多德伦理学的性质，也误解了明智的性质。而从更深层看，现代以个人主义为基础的社会生活已经构成了明智的实践基础，从这种自向性个人主义的考虑出发，已经没办法合理解释纯粹非自向性行为的动机与目的，因而也无法说明非自向性的道德行为何以可能。

正确理解亚里士多德明智概念既有助于拓展利己主义及快乐主义这种自向性伦理学中的明智概念，也有助于为他向性的道德行为提供充分支撑。正如亚里士多德所指出的，拥有了这种明智，也就拥有了全部德性和道德。然而，这种明智既不会生而有之，也不会人而有之。能够肯定的只是：人生而皆有明智之端，我们需要做的只是存而养之。

该文修改版载《世界哲学》2013年第6期

美德的两面

——兼谈《尼各马可伦理学》中"ἀρετή"的中译问题

正如马克思否认自己是"马克思主义者"、海德格尔拒绝"存在主义者"的称呼一样，以阐发"ἀρετή"为己任的亚里士多德恐怕在很多重要的问题上也难以苟同现代的"virtue 伦理学"。① 这不是说种种"主义""理论"在逻辑上不够严密，恰恰相反，它们往往太过自圆其说，以至于掩盖了其思想发端处的丰富性与内在张力。或许反倒正是这些张力而非"理论"才暴露出需要"思想"认真对待的"事情"。下文将表明：亚里士多德伦理学所展现的 ἀρετή 两面之间的复杂张力及其奠基关系被现代 virtue 伦理学或是简化或是颠倒了；因而 ἀρετή 两面之间在发生上的必要往复也会被以"理论"为典范的现代批评者或解释者斥为无意义的"循环"；而"ἀρετή"中译为"德性"也正是有意无意地采纳了现代 virtue 伦理学的理解视角。跟随着亚里士多德的指引，我们将看到 ἀρετή 两面之间时而统一、时而紧张的复杂关系，而这种关系恰恰暴露了人类生活中一系列需要认真对待的事情。

---

① 为了从一开始就避免不必要的混淆，同时也为了彰显二者的差异，在后文讨论、确立 ἀρετή 与 virtue 的恰当中译之前此二词暂保留其原外语形式，与之相反的 κακία 与 vice 也暂时不译。

一、"行动"基于"virtue"还是"virtue"基于"活动"?

英语伦理学界共享着一个广为流传且根深蒂固的看法：功利主义与道义论是基于行动或以行动（action）为中心的，而 virtue 伦理学是基于行动者或以行动者（agent）为中心的。诚然，近些年来 virtue 伦理学的复兴很大程度上是出于对功利主义及道义论只关注单个孤立的行动而不顾及行动者的不满，正如斯洛特（Michael Slote）与克里斯普（Roger Crisp）所言："virtue 伦理学的另一个显著特征在于它集中关注于道德行为者及其生活而不是那些孤立于品质观念之外的离散的行为（说一次谎、堕一次胎、施舍乞丐）以及支配这些的行为的规则。"[①] 然而，关注点的转移丝毫不意味着扭转了功利主义与道义论一向关心的核心问题——"如何确定正确行动？"如果按照现代 virtue 伦理学代表人物赫斯特豪斯（Rosalind Hursthouse）的看法，功利主义者对何为正确行动的表述是，一个行动是正确的当且仅当它产生了最佳后果；而道义论的表述是，一个行动是正确的当且仅当它符合一种道德律令或原则；她自己提出的表述是，一个行动是正确的当且仅当一个有 virtue 的行动者在此情境下会（出于品性）采取这个行动。[②] 而 virtue 伦理学的另一位代表人物斯洛特提出的表述是：一个行动是正确的当且仅当它展现或表达了一种 virtue（可赞）的动机，或是至少没有展现或表达一种 vice（可鄙）的动机。斯旺顿（Christine Swanton）在批评吸收前两位同行的基础上也提出了自己的表述：一个行动是正确的当且仅当它全然是 virtue 的。[③] 这三个版本的 virtue 伦理学虽然提供的

[①] 克里斯普、斯洛特：《德性伦理学：一个简描》，王楷译，见杨国荣主编：《思想与文化第十三辑：伦理学关键词》，华东师范大学出版社 2014 年版，第 58 页。

[②] Rosalind Hursthouse, "Virtue Theory and Abortion", *Philosophy & Public Affairs* 20 (3), 1991, pp. 223-246.

[③] Christine Swanton, "A Virtue Ethical Account of Right Action", *Ethics* 112 (1), October 2001, pp. 32-52.

正确行动之标准不同，可它们有下述两点是共同的：其一，行动是以对错来衡定的，而判别其对错的标准又在行动之外——这就表明行动自身既不具自足性也不具自主性。无疑，行动的这种特征是从功利主义和道义论中全盘接手过来的。其二，与功利主义把后果、道义论把律令作为判别行动正确的标准不同，virtue 伦理学以"virtue"（或其动机、目标等）来判别行动的对错。由此看，至少在判别行动对错的标准上，virtue 伦理学是基于行动者的 virtue 的。

现代 virtue 伦理学自称是对亚里士多德 ἀρετή 伦理学的传承，其立论也频频援引亚里士多德相关思想资源，这就容易使人误以为上述的行动理论亦属亚里士多德。下面将表明，现代 virtue 伦理学只不过承袭了亚里士多德 ἀρετή 思想的一面。而这种片面性恰恰——通过其行动理论——遮蔽了行动或活动（action/ἐνέργεια①）的丰富性及其在整体生活（包括 virtue）中的奠基性。

首先需要特别强调指出的是，与现代 virtue 伦理学立足于 virtue 不同，亚里士多德伦理学的首要旨趣是幸福（εὐδαιμονία）而非 ἀρετή，而幸福又是通过行动或活动得以界定和构成的。这种奠基方式与下文第二部分将论及的赫斯特豪斯为了走出正确行动与 virtue 的循环而诉诸 virtue 与幸福的勾连截然不同。这就关涉到对幸福、行动（活动）以及 ἀρετή 的含义以及它们相互之间复杂关系的理解。

如果只参照亚里士多德的目的排序模式，则很容易把 ἀρετή 仅仅作为达到幸福这一终极目的的手段，因为亚里士多德明确讲："我们通常只因其自身之故而从不因它物选择幸福；而对于荣誉、快乐、努斯以及诸种 ἀρετήν 而言，我们确实是出于其自身之故而选择它们（因为即使没有额外的好处产生，我们也会选择它们），不过我们也是为了幸

---

① 在亚里士多德语境中，英译为 action 或 activity 的 ἐνέργεια 一般与 δύναμις 相对，前者为"现实活动"，后者为"潜在能力"，本文一般将"现实活动"简写为"活动"。

福之故而选择它们，相信它们会是获得幸福的途径。"（1097b5）[①] 由此就很容易得出赫斯特豪斯的结论："一种 virtue 就是一个人需要繁荣或幸福的品性。"[②] 果真如此吗？为了厘清这个问题，即：为了把握幸福与 ἀρετή 的复杂关系，我们必须借助亚里士多德对幸福最为根本的界定。业内公认，亚里士多德对幸福的根本界定是在其著名的"功能论证"之后给出的，其核心规定是"ἐνέργεια κατ' ἀρετήν"（1098a17）。这里 ἀρετήν 一般英译为"virtue"，而 virtue 一般又像赫斯特豪斯那样直接被理解为长期形成从而具有稳定性的"品性"（character），这似乎在下述亚里士多德自己对 ἀρετή 的界定中也可得到支持。在排除了情感和能力之后，亚里士多德把 ἀρετή 在种属上归为 ἕξις。而根据《范畴篇》的界定，ἕξις 具有"稳定性与持久性"（8b28），我们可译 ἕξις 为"品性"，也即英译的 character。然而，亚里士多德认为"ἕξις 也可以成为 διάθεσεις"（9a11），二者属"性质"中的同一个小类。Διάθεσεις 是易动或易变的，我们可译为"状态"。如此，ἀρετή 既可以作为品性，也可以作为状态。如果按照罗斯把 ἀρετή 译为"excellence"（优秀）的话，那么 ἀρετή 既可指优秀品性也可指优秀状态，而这恰恰也是亚里士多德的意思："每种 ἀρετή 都既使得它的拥有者好，又使得那事物的功能完成得好。比如，眼睛的 ἀρετή 既使得它成为好眼睛，又使得它们的功能完成得好；……马的 ἀρετή 既使得一匹马成为好马，又使得它跑得快、坐得稳并能冲锋陷阵。如果所有事物的 ἀρετή 都是如此，那么人的 ἀρετή 就既使得一个人成为好人，又使人活动得好。"

---

① 《尼各马可伦理学》引文，主要参照廖申白译本（商务印书馆 2003 年版）；《形而上学》引文，主要参照李真译本（上海人民出版社 2005 年版）；《范畴篇》引文，主要参照方书春译本（商务印书馆 1959 年版）。引文改动部分，主要参照《亚里士多德全集》牛津修订版（*The Complete Works of Aristotle*, The Revised Oxford Translation, ed. by J. Barnes, Princeton University Press, 1984）及洛布希英对照版。依照惯例，文中对亚里士多德著作的引用只标明标准编码。

② Rosalind Hursthouse, "Virtue Theory and Abortion", *Philosophy & Public Affairs* 20 (3), 1991, p.226.

（1106a20）其中前一方面显然是指优秀品性，而后一方面则指优秀状态，这两方面又是可相对分离的。

揭示"ἐνέργεια κατ' ἀρετήν"的复杂含义不仅出于对 ἀρετή 的解释，而且必须参照对 κατὰ 的理解。通常对 κατὰ 的英译是"in accord with"或"in conformity with"，都可中译为"按照"；而根据余纪元先生的看法，"在古希腊语中 κατὰ 这个词也有'表达'（expressing）'展现'（exhibiting）等意思"①。如此，结合上面揭示的 ἀρετή 的两个方面，那么对"ἐνέργεια κατ' ἀρετήν"至少有下述几种可能的理解，即，幸福是：（1）按照优秀状态的活动；（2）按照优秀品性的活动；（3）展现优秀状态的活动；（4）展现优秀品性的活动。显然，如果借用麦克道威尔（J. McDowell）的说法，（1）（2）是由外到内的（outside in），而（3）（4）则是由内到外的（inside out）。② 所谓"由外到内"，是指外在地模仿典范或按照外在规范行动，而"由内到外"则是活动自身内在地体现出优秀的状态或是与优秀品性内在一致。由于亚里士多德的功能论证就是要突出功能或活动发挥得好，因而此语境中对"幸福"的界定显然是由内到外的，即幸福是展现优秀状态或优秀品性的活动。这也表明幸福并不像赫斯特豪斯认为的那样必须借助于作为品性的 virtue，而是需要奠基于活动；活动与幸福的关系也不像现代伦理学认为的那样是手段与目的的关系，而是内在构成关系：活动得好本身就是幸福。而作为优秀状态的 ἀρετή 也正是活动的优秀状态——优秀活动或活动得好，亚里士多德在《形而上学》中也指出："ἀρετή 与 κακία……标志运动或活动的种差。"（1020b20）因而可以说，这种 ἀρετή 是内在于活动且使得活动自身完满的性质。这反过来也表明活动自身具有完满的可能性，即活动自身具有不需受制于外在限制的自主

---

① 余纪元：《亚里士多德伦理学》，中国人民大学出版社2011年版，第59页。
② J. McDowell, "Virtue and Reason", *The Monist* 62 (3), 1979, pp. 331-350.

性与自足性。下面分别从三类主要活动来看其各自的 ἀρετὴ 情形。

在《尼各马可伦理学》开篇,亚里士多德就区分了活动自身是目的与活动之后的结果是目的(1094a5)。自身之为目的的活动首先是沉思:"沉思似乎是唯一因其自身而被珍爱的活动,因为它除了沉思活动自身之外并不产生任何东西。"(1177b2)沉思同时也是一种完全不假外物、自身包含 ἀρετὴ 的自主自足活动:"对作为 ἀρετὴ 总体之一部分的智慧而言,对它的拥有与运行就会让一个人幸福"(1144a6),它是"展现最完美 ἀρετὴ 的活动"(1177a12)。亚里士多德在此又特别强调:"幸福不是品性(ἕξις)。"(1176a3)因而沉思中的 ἀρετὴ 也就必定不是品性而是活动状态的完满。这也是反驳现代伦理学把 ἀρετὴ 直接等同于 virtue 从而又将此理解为品性(character)这种做法的最显而易见的证据。

伦常政治活动虽不及沉思活动完满,但也具备基本的自足性与自主性。而明智(φρόνησις)在其中起着至关重要的作用:"一个人如果拥有了明智这种 ἀρετὴ,那么他也就拥有了所有伦常 ἀρετὴ。"(1145a2)也就是说明智这种优秀状态使得伦常活动的优秀状态成为可能。这是因为明智包含着洞察情境的努斯、能够判断公道之物的善解以及协助达到目的的正确谋划等等要素和方面。① 然而,只有明智这种理智性能力尚不足以使伦常活动之优秀状态得以实现,因为此外还需要正确方向与目标的确立,在此处作为优秀品性的 ἀρετὴ 便派上了用场:"ἀρετὴ 使目标正确,而明智则确保通向目标的正确途径。……必定存在着某种品性,一个人如若处于这种品性而做出某类行为,那么这就

---

① 有关"明智"的具体结构及其与 ἀρετὴ 的关系的详细讨论,请参见郝亿春:《明智与高贵主义的德性概念——对亚里士多德"明智"概念的分析》一文的第三部分,《世界哲学》2013年第6期。有关"明智"及 ἀρετὴ 的共同价值基础的讨论,请参见郝亿春:《德性即知识?——亚里士多德对"苏格拉底"问题的应答及其根底》一文的第三部分,《天津社会科学》2013年第3期。该文亦收录于本书,见本书第152—169页。

是好的；……因而，正是 ἀρετὴ 使得我们的选择正确。"（1144a10 前后）显然，这里的 ἀρετὴ 是指优秀品性。由此可见，在完满的伦常活动中，作为优秀状态的 ἀρετὴ 与作为优秀品性的 ἀρετὴ 便得到完美融合：优秀品性所希求（βούλησις）的目的内在地进入即将成为优秀状态的活动中，这也使得后者成为目的在自身之中的活动。

不过反过来讲，优秀品性也是由无数优秀活动积淀而成的结果与倾向。亚里士多德明确讲："我们的活动决定着品性的质量。"（1103b32）"我们通过进行正义的活动而变得正义，通过进行节制的活动而变得节制，通过进行勇敢的活动而变得勇敢。……概而言之，伦常上的品性出自于相应的活动。因而我们必须重视活动，因为活动的差异就相应于品性的差异。"（1103b2 前后）显然，在亚里士多德这里，活动的优秀状态在价值上优先于优秀品性；虽然他也承认反过来活动又是品性的体现："ἀρετὴ 不仅产生、养成及毁坏于同样的活动，而且充分体现于同样的活动。"（1104a30）当然亚里士多德也丝毫不会否认品性的相对稳定性及其对活动的巨大反作用："（一个已经形成不正义品性的人不可能）只要他希求自己不要不正义，他就会变得正义；这就好比，一个病人不可能希求病好病就会好。"（1114a15）这与现代 virtue 伦理学只强调正确行动取决于或符合于 virtue（优秀品性）这一个面相截然不同。同时还必须指出的是，亚里士多德的"活动"或"行动"并非以现代伦理学的"对错"[①]来判别，而是以"好坏"来衡量的，二者的不同在于：对错是非此即彼的，不存在"更对""更错"；而好坏却是一个区间——最好、较好、较坏、很坏等等。因而，虽然它们指称的是同种现象，但"活动"是以完美程度而论的，而"行动"是以对错而论。这也体现出一种重要的古今之变。

---

① 穆勒《功利主义》开篇便要确立"行为对错的标准"，参见约翰·穆勒：《功利主义》，徐大建译，上海人民出版社 2008 年版，第 1 页。

优秀活动状态相对于优秀品性的优先性与奠基性也可以从亚里士多德《灵魂论》的下述看法得出："活动或现实在界定上优先于潜在。"（415a20）品性相对于活动而言显然属潜在领域，因而，活动之于品性不仅在价值上是优先的，而且在逻辑上也是优先的。

与沉思活动及伦常活动不同，"制作"的目的或结果是在活动之后的，比如房屋之于建造活动。相似地，制作活动在价值上也低于其结果，即"当目的存在于实践之后时，结果自然优于活动"（1094a6），而这恰恰与功利主义有关正确行动的规定相似：一个行动是正确的当且仅当它产生了最佳后果。非但如此，制作活动与道义论把规则作为正确行动的标准也是相似的，因为指导制作活动的技艺便是由一系列精确的规则知识构成的，否则我们便无法成功地建造一所房屋。而掌握了技艺知识并反复运用便形成较为稳定的品性，这与时刻都要求因地制宜因而变动不居的明智截然不同。因此亚里士多德也说："技艺中有 ἀρετὴ，而明智中无 ἀρετὴ。"（1140b20）这里的 ἀρετὴ 显然是指稳定的优秀品性。紧接着，亚里士多德又说"明智是一种 ἀρετὴ"，那么这里的 ἀρετὴ 显然是指一种时刻变动的优秀状态。而当现代的 virtue 伦理学家们以品性作为正确行动的标准时，他们显然不经意地把伦常行动降格为类似于制作活动的水平。

以上论述表明，亚里士多德 ἀρετὴ 伦理学并非像现代 virtue 伦理学一样是基于 virtue 的，而是基于行动或活动的，这种古今转变的后果是：伦常政治领域自足自主的活动在现代降格为需要外在标准规导与衡定的行动，也就是说口口声声以"自由"标榜的现代自由人的活动相对于古希腊而言其实在很多重要方面都已经丧失了自主自足的要素。再者，被理解及翻译为 virtue 的 ἀρετὴ 实则区分为"优秀状态"与"优秀品性"两个方面，而包含优秀状态的活动不仅在价值上而且在逻辑上都优先于品性，也就是说与 virtue 伦理学所持的行动基于 virtue 的看法相反，被理解为品性的 virtue 其实是基于活动的。然而，活动积淀为品性，品性又体现为活动，这在理论上难道不是一种无意义的循环吗？

二、活动—品性的往复是无意义的循环吗？

循环论证向来被视为理论的一种致命伤，而这对前文提出的有关"正确行动"之标准的论证尤为关键。对于赫斯特豪斯提出的功利主义有关正确行动的标准"一个行动是正确的当且仅当它产生了最佳后果"而言，如果继续追问什么是"最佳后果"，那么一个可能的回答是：一个后果是最佳的当且仅当它由正确行动产生。这便是一个典型的循环论证。功利主义走出这个循环的方法是把"后果"与"幸福"或"快乐"关联："最佳后果便是在其中幸福或快乐得到最大化的后果。"① 其中的"幸福或快乐"是可测量、可体验的，因而便获得了这种理论的阿基米德点。与此相似，对道义论有关正确行动的标准"一个行动是正确的当且仅当它符合一种道德律令或原则"而言，也必须进一步确定"道德律令或原则"究竟是什么（就像康德所做的那样），否则这种正确行动理论终究是缺乏根据的。

那么对于赫斯特豪斯自己提出的正确行动标准"一个行动是正确的当且仅当一个有 virtue 的行动者在此情境下会（出于品性）采取这个行动"而言情况又如何呢？为了避免"一个行动是正确的当且仅当它是出于 virtue 的"与"一种品性是 virtue 当且仅当它由正确行动积淀而成"这种形式上的循环，赫斯特豪斯把幸福引入其中："一种 virtue 就是一个人需要繁荣或幸福的品性。"表面看来，似乎如此便走出了循环，可显然"繁荣或幸福"仍是需要进一步追问的概念。如果按照亚里士多德的经典界定——幸福是灵魂体现或按照 ἀρετή 的活动，那么

---

① Rosalind Hursthouse, "Virtue Theory and Abortion", *Philosophy & Public Affairs* 20 (3), 1991, p.225.

上述标准则再次返回到活动与 ἀρετὴ/virtue 上面。这终究还是个循环。究竟应当如何走出这个循环呢？

或许应当更先追问的是：我们为何必须要走出循环往复呢？放眼世界，万事万物都在由生到死，循环往复，难道我们人类生活能够从根本上摆脱这种往复吗？抽象掉时间维度的单薄（thin）理论把循环看作宿敌，可处于时间发生中的丰厚（thick）生活却把往复作为宿命。亚里士多德深谙于此，他告诫我们要"在每种事物中只寻求那种题材的本性所容有的特性"，否则便是无教养的表现。（1094b25）因而，我们也必须按照亚里士多德所提供的线索来勘定活动—品性这一循环往复的实情及其所昭示的实践意义。

面对一个形式上的循环往复，我们的分析又应从何处入手呢？亚里士多德在《形而上学》中提示道："自然或本性（φύσις）是一个开端。"（1013a20）亚里士多德由这一开端而对伦常 ἀρετὴ 的界定是："我们身上出现的 ἀρετὴ 既非天生，也非反乎本性（自然）；毋宁说，我们天生便具有获得它们的能力，而正是通过习惯使它们趋于完满。"（1103a25）亚里士多德也称这种天生的能力为"自然 ἀρετὴ"，例如可能成就勇敢的血气（θύμος）。当然，与品性这种由相应活动积淀而成的潜能不同，自然 ἀρετὴ 属于尚未实现的潜能。

孩童的自然 ἀρετὴ 要想成为真正的 ἀρετὴ 必须经由教授—模仿积淀而成的习惯："从小形成这种或那种习惯并非无关重要；恰恰相反，这非常重要，或毋宁说，这最为重要。"（1103b25）这就像牙牙学语的孩童学习语言的情形，先模仿学习单字词，然后是多字词，最后是句子。当然其前提是已经存在一种成熟的字、词、句及其构造规则。相似地，伦常 ἀρετὴ 的习得也首先必须已经先行存在相应的 ἀρετὴ 类型。在亚里士多德这里，用以教化的 ἀρετὴ 类型便凝练在礼法中："法律要求我们按照每种 ἀρετὴ 生活，而禁止我们按照各种 κακία 生活。带来 ἀρετὴ 的活动也就是合法的活动，而正是这种法律规定着促进共同善的教化。"（1130b25）经由模仿—教授形成的习惯性活动与品性可以称之为与天生潜质相应的第二自然。其中的活动更多是模仿与指令的结果，也就是说此阶段的活动并不具有充分的知识，更不用说具有明智了。但从外在后果看，作为第二自然的活动与完满的活动并无二致，虽然它们因其盲目而不完满。此阶段的品性亦然，它只是由无数次盲目活动而形成的盲目惯性，就像休谟所揭示的那样，其中缺乏自知之明。

具备一定生活经验、阅历与知识之后，个体就会逐渐形成亚里士多德所谓的"明智"。前文提到，"一个人如果拥有了明智这种 ἀρετὴ，那么他也就拥有了所有伦常 ἀρετὴ"。明智堪称对第一自然及第二自然的 ἀρετὴ 进行启蒙。① 如前文已指出的，明智使得活动时刻都能恰如其分、正中鹄的，这鹄的"虽就其本体或界定而言是适度，可就其优越与正确而言，却是个极端"（1107a5）。同时，明智也使得品性具有了自知之明："展现 ἀρετὴ 的活动只是自身具有某种性质还是不足以成为正义的或节制的；一个人在进行这些活动时还得处于适当的品性：首先，他必须具有相应知识；其次，他必须是选择那样做，并且是出于活动自身之故而选择；第三，这种活动必须是出于一种稳固的品性。"（1105b1）由此看，品性并非仅仅限于休谟眼中的盲目习惯，而是可以成为包含相关知识、自明动机以及自主选择的行动倾向。

总而言之，完满活动的充要条件应当是"第一自然 ἀρετὴ + 第二自然 ἀρετὴ + 明智"。缺乏第一自然 ἀρετὴ，很多活动便心有余而力不足，比如缺乏血气便无以为勇敢。前文也提到，不具优秀品性这种第二自然 ἀρετὴ，活动便难以正确定向，即使具备相关正确知识，然而坏的行为习惯及其主导的情欲也难以使好的活动付诸实践，这便是亚里士多

---

① 有关明智及 ἀρετὴ 与启蒙的关系，请参见郝亿春：《从理性启蒙到德性启蒙》，《光明日报·理论周刊》2015 年 4 月 15 日。该文亦收录于本书，见本书第 329—333 页。

德所谓"不能自制"的重要原因；反过来，亚里士多德也认为如果尽心尽力，坏的习惯也并非不可改变，因为"品性是在我们能力之内的"（1115a1），这也就为浪子回头提供了理论基础。当然，正如前面指出的，仅仅是外在后果貌似而缺乏内在明智等方面也难以成为完满活动，"一个人只有在他有意地做事时，他的行为才可能是正义的或不正义的；当他无意地做事时，他的行为就既不是正义的，也不是不正义的，除非就一种偶然外在的意义而言"（1135a20）。同样，只具备明智的品性方面而缺乏明智的推算方面也难以成就完满的活动，由于缺乏相应知识而好心办坏事便是如此。这就表明，作为优秀活动状态的 ἀρετὴ 与作为优秀品性的 ἀρετὴ 都存在着从不完满到完满的种种可能性，二者之间也存在着各种组合与张力，比如好人办坏事，坏人办好事，自制地办好事，不自制地办坏事，等等。而现代 virtue 伦理学有关正确行动标准的缺憾就在于把上述丰富性简化为某一种形式。

由以上分析不难看到，活动—品性的循环往复非但不是无意义的，而是在时间发生上具有极其重要的意义：孩童的盲目活动积淀为盲目品性，盲目品性又引发盲目的行为倾向，随着经验积累与心智成熟，盲目就会逐渐被明智所取代；而明智的活动与明智的品性相得益彰，共同成就着幸福生活。如此看来，由于明智的介入，最初活动—品性之间在盲目层面的循环往复便发生了质的提升，因而原有的循环也就变为螺旋上升。幸福生活正是在这一螺旋上升中生成往复。当然，由于实际生活中大量恶习及情欲的存在，螺旋上升中就会出现诸多偏离、中断乃至下降。活动—品性之间也就自然表现出非常复杂的组合关系，正如上文稍有例示的那样。

上文提到，在活动—品性循环往复的开端中，亚里士多德把礼法作为教化活动—品性的重中之重。问题是，礼法又如何形成呢？礼法塑造个人，个人制定礼法，似乎这又形成了一个更大的循环。亚里士多德认为，要制定好的礼法，必须出现明智的立法者。这也可以算作这个更大循环的一个可能开端，从而也就不难理解为何亚里士多德在列举明智之士时只提到伯利克里："我们会把像伯利克里这样的人看作是明智的，因为他们能思考出什么是对他们自身及对人而言好的东西。"（1140b8）也就是说只有像伯利克里这样的人才有资格成为立法者。好的立法者能够制定好的礼法，提供好的教化，从而成就好的活动—品性；相反，"对于一个成长于不健全法律环境的人而言，要从小就获得展现 ἀρετὴ 的哺育并非易事"（1179b30）。这就表明，最初塑造个体盲目活动—品性的其实主要是城邦的礼法习俗，而不同政制的礼法迥异，因而不同政制中个体的活动—品性自然各异；特别是其中的个体品性维度，毫无例外地都被深深刻下城邦律法的烙印，这一点在有关正义的品性中体现得尤为明显。

　　城邦律法内化为品性也促成活动与品性的一种内在张力，特别是在活动获得明智后这种张力就尤为突出。而这时康德所谓的"启蒙"情形就会出现："启蒙运动就是人类脱离自己所加之于自己的不成熟状态。不成熟状态就是不经别人的引导，就对运用自己的理智无能为力。"① 如果说城邦既有的礼法习俗最多能够使人具有不成熟的良好意见的话，那么拥有了明智的活动就可能进入成熟状态而揭示真。对于恶法恶俗而言，这种张力便愈发突出；当然，其前提是身处某种程度上开放的城邦，而且需同时具备基本的思想自由。由此可见，盲目品性与明智活动之间的张力在一定程度上所蕴含的是城邦与个体的张力，以及城邦（习惯）正当与自然正当的张力。那么，活动—品性的循环往复与张力也就在某种程度上体现为个体的 ἀρετὴ 与城邦政制的循环往复与张力，这种循环往复显然已越出伦理领域而进入政治领域。

---

　　① 康德：《答复这个问题："什么是启蒙运动？"》，载《历史理性批判文集》，何兆武译，商务印书馆 1990 年版，第 22 页。

三、"ἀρετή"中译为"德性"还是"美德"？

在阐明与ἀρετή相关的义理之后，现在来看其中译问题。麦金泰尔（A. MacIntyre，国内亦有译作"麦金太尔"）经过考察得出："后来被翻译为virtue的ἀρετή一词，在荷马史诗中用来表示任何种类的优秀（excellence）。"[1] 余纪元也归纳说："古希腊语中的ἀρετή严格意义上应该被翻译成excellence，即优秀。ἀρετή这个词最初与希腊战神阿瑞斯相关，指体格健壮、孔武有力。……在拉丁文中，vir与'雄性'相关。当西塞罗用virtue去翻译ἀρετή这个词的时候并没有错……但是后来virtue逐渐变成了一种道德品格的含义。这就偏离了古希腊文中这个词的本义了。"[2]

从本文第一部分可知，上述两位论者对ἀρετή的厘定也与亚里士多德对ἀρετή的用法相合，亚里士多德也讲眼睛的ἀρετή、马的ἀρετή等等。不过这两位论者并未明确进行作为优秀活动状态的ἀρετή与作为优秀品性的ἀρετή之间的区分；根据笔者的有限阅读，尚未看到有哪位论者明确做出了这种区分。余先生所谓"后来virtue逐渐变成了一种道德品格的含义"，也就意味着virtue只承袭了作为优秀品性的ἀρετή这一个面相。其显证是，现代virtue伦理学把virtue也都毫无例外地直接理解为"品性"（character）。麦金泰尔虽然在对virtue的界定中避开了character，可他使用的quality显然指作为优秀品性的ἀρετή而非作为优秀活动状态的ἀρετή："virtue是一种获得的人类quality，拥有与践行它就会使我们能够达到内在于实践的诸善（好），而缺乏它就会严重妨碍我们达到任何诸如此类的善（好）。"[3] 这里virtue之于实

---

[1] 麦金太尔：《追寻美德》，宋继杰译，译林出版社2003年版，第154页。引文依照英文本有改动，下同。

[2] 余纪元：《亚里士多德伦理学》，中国人民大学出版社2011年版，第58页。

[3] 麦金太尔：《追寻美德》，宋继杰译，译林出版社2003年版，第242页。

践活动显然还是外在践履关系,而非活动自身的优秀完满状态。①

或许是受现代 virtue 伦理学对 virtue 一词界定的影响,目前笔者看到的《尼各马可伦理学》三个中文全译本②都将 ἀρετὴ 译为"德性"。上文看到,ἀρετὴ 确实包含着天生的第一自然 ἀρετὴ 以及后天习惯而然的第二 ἀρετὴ,就此而言,用"性"翻译是恰当的。《说文解字注》引董仲舒语:"性者,生之质也。"③这同时也是《庄子》的看法④。《中庸》也有"天命之谓性"之说。而后天教化而得的"习性"即为第二自然。不过,"性"中包含的"优秀"义并不明显,而 ἀρετὴ 的基本义是"优秀"。

那么"德"是否包含着"优秀"义呢?这是显而易见的,如孔子讲三达德:仁、智、勇。而且"德"与 ἀρετὴ 一样也不仅限于人类,比如先人常讲"天德""地德"等;再比如孔子讲"骥不称其力,称其德也"⑤,朱熹对此的注释是"德,谓调良也"⑥。可见,这与前文提到亚里士多德所谓马的 ἀρετὴ 是一个意思。上面几个例子所涉都是事物品性方面的优秀面相,那么"德"有没像亚里士多德的 ἀρετὴ 那样具有活动方面的优秀面相呢?据方家考证,甲骨文中"德"与"得"同,这一看法也被先人普遍采用。"德,得也"⑦;王弼老子注也有"德者,得也"⑧。根据《说文解字》:"得,行有所得也。"⑨而"德"构字中就包含"行"部。由此看,"德"最初其实是活动,而非品性。这种活动就是要成就自身的天命之"性",如《史记·乐书》谓,"德者,性

---

① 有关 virtue 与实践之关系的详细讨论,请参见郝亿春:《美德与实践——在亚里士多德与麦金泰尔之间》,《哲学动态》2014 年第 11 期。该文亦收录于本书,详见本书第 220—236 页。
② 此处提到的《尼各马可伦理学》,除廖申白译本(商务印书馆 2003 年版)外,还有苗力田(中国社会科学出版社 1999 年版)、邓安庆(人民出版社 2010 年版)译本。
③ 许慎撰,段玉裁注:《说文解字注》,浙江古籍出版社 2006 年版,第 502 页。
④ 《庄子·庚桑楚》。
⑤ 《论语·宪问》。
⑥ 朱熹:《四书章句集注》,中华书局 1983 年版,第 157 页。
⑦ 《广雅·释诂三》。
⑧ 王弼著,楼宇烈校释:《王弼集校释》上册,中华书局 1980 年版,第 93 页。
⑨ 许慎撰,段玉裁注:《说文解字注》,浙江古籍出版社 2006 年版,第 77 页。

之端也"①;《庄子·天地》也说,"物得以生,谓之德"。而《说文解字》也释"德"为"升也,升当作登"②。升、登最初为礼器,后来用为动作。如此看来,"德"便是顺己之性的攀升,而这恰恰是亚里士多德 ἀρετή 所关涉之优秀活动面相。因而廖申白先生的判断是妥当的:"希腊人的 ἀρετή 一词,其实译作'德'是非常妥帖的,因为它所述说的正是各种事物,尤其是人的优良的状态、行为与品性。"③ 这也表明廖先生虽未明确区分,但也认可了 ἀρετή 至少关涉"行为"与"品性"两面。

正如古希腊的 ἀρετή 在拉丁化中以及在现代 virtue 伦理学中含义逐渐固定在"品性"方面,"德"的丰富含义在汉代之后也逐渐确定到规范—品性面相上,比如先人常说的"三从四德"等等。而"德"本身所包含的"行"即原初意义上的"德行"也逐渐外在化为对礼法规范或品性的践履,比如郑玄曰:"德行,内外之称。在心为德,施之为行。"④

那么究竟以哪个中文词翻译 ἀρετή 最合适呢? 业内常用的备选项是"德性""德行""德""美德"四个词。"德性"显然不合适,因为它只表明 ἀρετή 的一个面相,即优秀品性的面相,不论这种品性是天性还是习性。就此而言,"德性"用以翻译晚出的 virtue 是恰当的,因为特别是在晚近的伦理学中,virtue 主要指称品性(character)。⑤ 用"德行"翻译 ἀρετή 也不合适。因为如果这样的话,一来 ἀρετή 伦理学

---

① 司马迁:《史记》,岳麓书社 1988 年版,第 162 页。
② 许慎撰,段玉裁注:《说文解字注》,浙江古籍出版社 2006 年版,第 76 页。
③ 廖申白:《伦理学概论》,北京师范大学出版社 2009 年版,第 288 页注释 2。
④ 郑玄注,贾公彦疏:《周礼注疏》,北京大学出版社 1999 年版,第 348 页。
⑤ 有论者自称"突发奇想",以"良品"翻译"virtue"。如果从意思上看这并不错。不过"良品"却不能用来翻译 ἀρετή,因为它很显然缺乏活动面相。据该论者称,之所以不用"德性",一个重要原因是为了避免"泛道德主义倾向"。笔者认为这是因噎废食之举,因为"德"具有比现代道德丰富得多的含义,我们完全可以通过努力而逐渐恢复其更原初、更丰富的含义,而不是对"德"这一丰富的传统资源完全弃之如敝屣。见马永翔:《美德,德性,抑或良品?——Virtue 概念的中文译法及品质论伦理学的基本结构》,《道德与文明》2010 年第 6 期。

很容易从一开始就被理解为"规范—践履"模式——先有规范之德，然后践而行之；二来即便按"德行"本义"优秀活动"理解，德行也还是只体现了 ἀρετὴ 的一个面相。从含义来看，虽然用既包含品性面相又包含活动面相的"德"来翻译 ἀρετὴ 较为合适，可在现代汉语中用单字词来翻译一个重要术语会带来诸多不便，这也为业内所不取。

在常用的备选项中便只剩下"美德"，它是否合适呢？根据《说文解字》，美与善同义，都是"好"的意思。可能有人会说"美"与"德"含义相近，二者联用会造成意思重复。可这种重复恰恰是现代汉语一种重要的构词方法，如"道路""语言"等等不胜枚举。况且，"美"与"德"的含义重合，更能强调"好"或"优秀"的向度。而且在亚里士多德那里，美（καλόν）也正是 ἀρετὴ 的目的[①]，正如"德"是得其本性之美善。再者，以"美"修饰的"德"也可避免"德"在最初用法中的中性含义，比如"暴德""恶德""小人之德"等等。因而，相对于"德性""德行""德"而言，"美德"翻译 ἀρετὴ 最为恰切。而 ἀρετὴ 的优秀活动状态与优秀品性两个面相恰好可以对应"德行"与"德性"，当然，这里的"德行"并非规范—践履意义上的，而是实现自身本性之活动意义上的。如此，美德便有德行与德性两面。而德行又有完满不完满之程度。模仿典范与依照盲目习惯的德行都是不完满的，虽然单从后果看它们与完满德行类似。完满德行便是拥有明智的活动，《大学》所谓"明明德"以及阳明所谓"良知"朗现属此。与德行相似，德性亦有天生之性（第一自然）的优劣，所谓"秉气"不同便是；还有教化之性（第二自然）的差异以及自明之性的完满。正如上文所提示的，在现实中，德行与德性又具有丰富而复杂的组合及张力关系，这里不再赘述。

---

① 有关 καλόν（美或高贵）与 ἀρετὴ 之具体关系的详细讨论，请参见郝亿春：《明智与高贵主义的德性概念——对亚里士多德"明智"概念的分析》一文的第二部分，《世界哲学》2013 年第 6 期。

在亚里士多德伦理学系统中，与 ἀρετὴ 相反的是 κακία，"ἀρετὴ 是与苦乐相关的最佳活动品性或状态，而 κακία 与此相反"（1104b28）。与 ἀρετὴ 译为"美德"相应，κακία（其英译为 vice）可译为"恶劣"。与美德的两面相应，恶劣也包括活动状态与品性两个面相，我们可以称之为"劣行"与"劣性"。恶劣显然是违其性，乃至失其性。

总之，亚里士多德《尼各马可伦理学》中 ἀρετὴ 中译为"美德"最为恰切，而在其关涉优秀活动状态的语境中可以理解为德行，在其意指优秀品性的语境中可以理解为德性，在更多情形下则兼具德行—德性两面。这种译法与理解对于古希腊其他思想家，比如对于柏拉图所用 ἀρετὴ 范畴的翻译与理解应当也具有借鉴意义。

结语

美德的两面——德行与德性——及其统一与张力贯穿生活始终。这两个面相不仅在个体领域时常体现为自由与必然的关系，而且由于德性从根本上看是城邦礼法规范以及习常共在的内化形式，因而这两面也时常表现为个体与城邦、本真此在与习常共在的复杂关系及张力。

最后需要特别指出的是，不论只强调美德中德行与德性的哪一个面相，在实践上都会陷入险境。如果只看重塑造品性的规范习常，从而把活动置于被决定的地位，那么个体的真正自由及创造性便难以发挥；特别是在恶俗恶法的情境之下，明智的活动完全能够成为变革性的力量。反过来，如果只强调德行自由而不顾及礼法习常，那么就很容易将自己连根拔起而陷入虚无境地。看来，即便对于美德两面德行与德性之关系而言，时时重温亚里士多德的"中道"之德亦必不可少。

该文原载《世界哲学》2016 年第 1 期

实践的内在性维度刍论
——以亚里士多德实践哲学为基础的考察

正如不少论者所指出的,最近几十年确实发生着一场实践哲学转向。哈贝马斯、阿伦特、麦金泰尔、勒维纳斯等都以其独特的实践哲学拓展、深化了对实践的理解,甚至开拓出全新的实践研究领域。然而,这些实践哲学家的一个共同点:或是无视或是轻视实践的内在性维度。哈贝马斯的交往行为理论主要在语言实践向度展开,基本没涉及实践的内在性方面;阿伦特对"积极生活"(vita activa)的倡导落脚于政治和公共领域的建构,她所谓的"私人领域"也是私人财产领域,与真正的实践内在性维度无关;麦金泰尔对德性传统的恢复倡议虽然把"内在善"(internal goods)作为基点,但他对此的刻画既不够全面也不够清晰;勒维纳斯一方面把"内在性"(interiority)作为出离总体性和普遍性的一个据点,另一方面又将其局限于自我之中,从而隶属于有待走向他者或外在性的预备阶段。

虽然当代主流实践哲学对内在性维度存在着普遍忽视,但是实践的内在性方面作为一种实践生活中的基本事实与基本现象,仍零星地突入哲学家的视野。这不仅表现在上述提及的麦金泰尔的"内在善"与勒维纳斯的"内在性"中,也体现在阿马蒂亚·森(Amartya Sen)的"内在价值"(intrinsic value)[①]、威廉斯(B. Williams)的"内在运气"

[①] 阿马蒂亚·森:《伦理学与经济学》的"前言",王宇等译,商务印书馆2000年版。近些年集中讨论内在价值问题的文章,请参见论文集 Recent Work on Intrinsic Value, edited by Toni Rnnow-Rasmussen and Michael J. Zimmerman, Springer, 2005。

（intrinsic luck）①、丹·扎哈维的"内在意识"（inner consciousness）②或"自身觉知"诸如此类的内在之物中。这也可以从一个侧面表明内在性维度是实践哲学绕不过的一个"硬事实"（brute fact）。

由于西方系统性实践哲学的真正源头在亚里士多德那里，而马克思又是现代实践思想的一个典型。为了正本清源，本文拟借助亚里士多德的基本思想架构，在与马克思实践思想的相关对照中，对几类典型的实践及其内在性维度进行刻画与展示。③我们同时也会发现，如果离开其内在性方面，"实践"便是缺乏根基的。我们会看到，无论在学理上还是在实践中，实践的内在性维度都是实践哲学的题中应有之义。

一、实践活动（ἐνέργεια）之内在性

从亚里士多德实践哲学的思想架构看，理论活动、实践活动以及创制活动都属于广义的实践（πρᾶξις）。实践的诸种类型虽然在对象方面有所区分，但更是通过活动目的（τέλος）的基本分类得以刻画的。《尼各马可伦理学》开篇便对"活动"进行了区分："活动即为目的"与"活动的产品为目的"。（1094a4）④我们可以更为对称性地将其

---

① 伯纳德·威廉斯：《道德运气》的第二章"道德运气"，徐向东译，上海译文出版社2007年版。

② 丹·扎哈维：《主体性和自身性：对第一人称视角的探究》的第二章第三节"内在意识和自身觉知"，蔡文菁译，上海译文出版社2008年版。

③ 本文从性质上讲属于实践哲学，因而会自觉抵制理论哲学的诱惑。实践哲学之为实践哲学的特性之一在于，其目的主要不是为了论证某种理论或观点，而是为了展示及印证实践生活中某些重要的实事与现象。因而实践哲学在形式上所追求的就不是理论的完备及概念在表面上的合逻辑化，而是要看语言文字所展现的事情本身是否清楚明白，是否具有践履性。正是在这种意义上，亚里士多德说："一个有教养的人的特点，就是在每种事物中只寻求那种题材的本性所容有的确切性。只要求一个数学家提出一个大致的说法，与要求一位修辞学家做出严格的证明同样地不合理。"（1094b25）

④ 《尼各马可伦理学》引文，主要参照廖申白译本（商务印书馆2003年版）；《形而上学》引文，主要参照李真译本（上海人民出版社2005年版）；《灵魂论》引文，主要参照秦典华译本（《亚里士多德全集》第三卷，中国人民大学出版社1992年版）。译文改动部分，主要参照《亚里士多德全集》牛津修订版（Princeton, 1995）及洛布希英对照版。按照惯例，文中对亚里士多德著作的引用只标明标准编码。

表述为："目的在活动之内"与"目的在活动之外"。前者如德性行为，后者如盖房子，后文会看到，后种情形其实不属于严格意义上的"活动"。联系到语境"所有事务都以善（好）为目的"而言，这里的"目的"便与"善（好）"（ἀγαθός）同义。亚里士多德在这里没提及另一种更为常见的活动类型，即"目的既在活动之内也在活动之外"，例如一个视音乐为自己生命的街头卖唱艺人的活动。而在另一处，亚里士多德通过对目的的区分重复了这种三分："始终因其自身而从不因它物而值得追求的东西""既因自身又因它物而值得追求的东西""仅因它物而值得追求的东西"。（1097a30）他所给出的第一种情况的例证是"幸福"，第二种的例证是"荣誉、快乐、努斯和各种德性"①，第三种的例证是"财富、长笛"等这些工具性的东西。这种划分一方面给出了善（好）的价值位序；另一方面则表明活动、欲求与目的之间的或是内在或是外在的关系，这种关系需要落实到每种具体的实践类型及其要素进行厘清。

沉思（θεωρία）是理论活动的典型与极致，我们可以通过对沉思活动的考察来展现理论活动这种实践类型的内在性维度。沉思之所以属于广义的实践，不仅因为它是活动，而且因为它是最高等的活动（1177a20）。这种活动是因其自身之故而被人们喜爱的活动的典型，因为它除了所沉思的对象外不产生任何外在的东西（1177b2）。因而，就其目的而言，沉思活动是完全内在的。不仅如此，沉思的对象也是内在的。在《灵魂论》第三卷第四章，亚里士多德明确讲："对于没有质料的东西而言，努斯活动（νοοῦν）与努斯对象（νοούμενον）是同一

---

① 如果按照亚里士多德对幸福之为"灵魂的体现德性的活动"的基本界定，把德性作为为了幸福之故而追求的东西并不合适。对"快乐"而言也存在这种情况，因为核心意义上的快乐是活动，特别是德性活动的必然伴随，这种快乐是不能作为直接追求对象的。更为详细的讨论，可参见郝亿春：《快乐的本性及其在好生活中的位置——从德性伦理学的视域看》，《现代哲学》2012年第5期。该文亦收录于本书，见本书第237—252页。

的"（430a4），这里的"努斯活动"便是沉思。如果参照胡塞尔在进行现象学悬搁之后对努斯活动（Noesis）与努斯对象（Noema）①的省察或曰现象学反思，亚里士多德所谓的沉思便可得以例示。在《形而上学》第十二卷，亚里士多德又多次重复了这一点："在无质料的理性这种情形中，努斯活动与努斯对象并非不同，毋宁说它们是相同的，亦即努斯活动与努斯对象是同一的。"（1075a5 以及 1072b20、1074b34 等处）需要特别指出的是，这种"努斯活动"与"努斯对象"同一的状态虽然体现一种神性状态，但"努斯对象"并非是外在或超越的"神"。虽然亚里士多德通过论证得出，存在着作为纯形式与纯现实的"永恒的、不动的，而且与感性事物相分离的"神（1073a4）。但与努斯对象同一的努斯活动却不针对这个实体之神。实情是，当沉思者处于"努斯活动与努斯对象同一"的状态时，他便进入了上述神性状态。这时我们便在运用自己身上最具神性的东西，"这种生活就是与人的生活不同的神性的生活"（1177b30）。在这种意义上，沉思者便与神合一了。或者说，当努斯活动与努斯对象同一时，神便内在于沉思者。从这个意义上讲，不论是努斯活动、努斯对象，还是神，都内在于沉思活动。

然而，事情还有其另外一面，当笛卡尔运用"无限"观念推论出无限者——"神"——的存在，并且断言"信仰告诉我们，来世的至高无上的全福就在于对神的这种沉思之中"②时，其中的"神"便是完全外在或超越于思者或信者的独立实体，虽然后者可以通过思或信的方式与神关联。勒维纳斯就此断言："笛卡尔关于无限观念的概念指示着一种与这样的存在者的关系：相对于那个思考它的存在者来说，这种存在者保持着它的完全的外在性。"③我们可以就此总结说，笛卡尔及

---

① 胡塞尔这里对希腊哲学术语的自觉选用足以表明他在有意地继承和发扬希腊哲学的沉思传统。具体可参见胡塞尔：《纯粹现象学通论》，李幼蒸译，商务印书馆1992年版，第216页前后。
② 笛卡尔：《第一哲学沉思集》，庞景仁译，商务印书馆1986年版，第54页。
③ Emmanuel Levinas, *Totality and Infinity*, Hague: Duquesne University Press, 1979, p. 50.

勒维纳斯眼中的沉思者或信仰者在其进行相应行为时内在地具有神性，而作为实体的神却永远外在于或超越于这些有限存在者。

狭义的实践活动是广义实践活动的核心意义①，其中主要包括伦理—政治行为，此种实践类型的核心意义就是伦理德性活动。正如上文提及的，德性活动作为活动而言，其目的是内在的。比如追求荣誉的勇敢行为，从来源看，荣誉是被外在赋予的。可对荣誉的追求一方面成为勇敢行为内在具有的目的；另一方面真正荣誉的获得必须有相应的"配得"行为作为前提。从这个意义上讲，荣誉就是内在于勇敢行为本身的。慷慨行为亦然。慷慨不但帮助了需要帮助的人，而且促进了公道的实现，最后还获得了好的名声，这些所涉及的要素都内在于慷慨行为本身。有人可能会反驳说，受惠者是他人，因而是外在的。当然，相对于施惠者而言受惠者是外在的，可后者却内在于慷慨活动，因为如果缺乏受惠者，慷慨也就不成其为慷慨。因而可以说，这种他向性的德性活动具有一种跨主体（intersubjective）的内在性。为了深入理解这种特性，不妨还以勇敢为例。有人或许会说，勇敢是为了保家卫国，为了共同体的安全，因而其目的外在于勇敢者。诚然，家国、城邦是不同于个人的，然而它们的善（好）却是勇敢行为所追求的目的。这种目的虽然被勇敢者个体性地追求，然而其内容却远远超出个人的范围。也正是在对这种目的的追求中，个体超越了自身局限而成

---

① 核心意义（focal meaning）与扩展意义（extend meaning）或狭义与广义是亚里士多德分析及理解概念的一种基本方法，这有时也被称为类比（analogy）的方法。比如对"存在"概念而言，"一个事物在许多意义上被说成存在，但所有的'存在'都关系到一个中心点、一类确定的事物"（1003a33）。这个中心点即是作为"存在"（τὸ ὄν）之核心意义的第一"本体"（οὐσία），而其他范畴的"存在"便是其扩展意义，它们是在与第一本体之存在的类比中得以规定和理解的。虽然亚里士多德自己很少把沉思活动与创制活动直接称为实践，可由于这两种活动在某种意义上都具有核心意义上的实践所具有的基本要素，因而把这两种活动称为扩展意义上的实践也不会违背亚里士多德的基本思想。本文所使用的基本概念如"内在"或"内在性"也需要"类比"的理解。这就要求在理解亚里士多德及本文基本概念时尤其需要结合语境。有关"核心意义"的论述，可参见 G. E. Owen, "Logic and Metaphysics in Some Earlier Works of Aristotle", in G. E. Owen, *Logic, Science and Dialectic*, Duckworth, 1986.

为城邦（πολιτία）性存在物。这也表明这种目的具有即内在即超越的性质，拥有他向维度的所有德性都具有这种性质。如果联系到前文提及的"目的即善（好）"，那么德性行为便会促进城邦、他人、自身的内在之善（好），这也就为实践活动进行了最为基本的定向。在诸美德之中，促进他人之善（好）的最为典型的德性活动是友爱，"完善的友爱是有德之人和在德性上相似的人之间的友爱。因为首先，他们相互之间都因对方自身之故而希望他好，而他们自身也都是有德之人"（1156b8）。这种友爱首先内在地促进了彼此的德性（好），从而增加了共同体的善（好）。同时，由于他们都是"因对方自身之故而希望他好"，这也就没有把对方同化为自己，即没有取消对方的他者性。因而可以说，友爱行为是一种包含了他者性的德性活动，这也是即内在即超越的德性活动的一个典型例证。

在亚里士多德看来，与理论活动及德性活动不同，创制或技艺活动的目的是外在性的。从严格意义上讲，创制活动特别是工具性的创制活动并非活动，而是运动（κίνησιν）或生成（γένεσις），比如盖房子。这种区分当然和希腊社会的奴隶制有关：一般的工具性的工作都由奴隶承担，而"奴隶就是一种有生命的工具"（1253b33）。我们可以进一步追问的是，以生产劳动为核心的活动就其本性而言其目的真是处于活动之外吗？两千多年后的马克思给出了否定的回答。在马克思看来，把劳动活动之外的东西比如工资作为劳动的目的恰恰是劳动的异化状态，是"活动的假象"[①]。非异化状态的劳动是生命的本质性的实现活动，是"自由的有意识的活动"[②]，这种活动并不是自身的丧失，而是其生命的实现。在"劳动成为第一需要"的情况下，"劳动是自由的生命表现，因此是生活的乐趣"[③]。在这种情况下，劳动活动的直接

[①] 马克思：《1844 年经济学哲学手稿》，人民出版社 2000 年版，第 184 页。
[②] 马克思：《1844 年经济学哲学手稿》，人民出版社 2000 年版，第 57 页。
[③] 马克思：《1844 年经济学哲学手稿》，人民出版社 2000 年版，第 184 页。

目的便内在于活动本身，虽然这种劳动也必然会有产品生成，只不过"我们的产品都是反映我们本质的镜子"①，是我们本质力量的对象化和自身确证的手段。由此可见，马克思不仅把创制性的生产劳动置于人类活动的核心地位，而且参照着具有内在目的性的沉思活动与伦理—政治实践活动对创制活动进行了根本改造。非但如此，马克思还试图以劳动实践为基础，打破乃至消解独立的理论活动及伦理—政治实践活动。在《德意志意识形态》中，马克思多次提出要"消灭分工！"而"分工只是从物质劳动和精神劳动分离的时候起才真正成为分工"②。理论活动及伦理—政治活动自然属于"精神劳动"。当然，消解独立的理论活动并非从根本上取消这种活动，而是要打破其固化状态，使之不至于成为一种凝固的职业："在共产主义社会里，任何人都没有特殊的活动范围，而是都可以在任何部门内发展……因而使我有可能随自己的兴趣今天干这事，明天干那事，上午打猎，下午捕鱼，傍晚从事畜牧，晚饭后从事批判，这样就不会使我老是一个猎人、渔夫、牧人或批判者。"③或者说，每个人都既是劳动者，又是批判家。由此可见，马克思是把亚里士多德所提出的具有内在性维度的不同活动类型的要素，都平均到每个个体的生活中，因而每个个体的生活便都是全面的、丰富的和具有内在目的性的。当然，此种设想陈义颇高，也只能作为长期的愿景。

由上可见，实践活动之内在性的核心是目的或善（好）的内在性，后世论者所谓的"内在目的""内在善（好）""内在价值"等都是这种内在性维度的衍生样式。另一方面，实践活动在这种内在性维度中也取得了其基本的价值定向和意义，而此种内在性维度在实践活动中也获得了其场域和可通达性。此外，这种实践的内在性维度在某种意

---

① 马克思：《1844年经济学哲学手稿》，人民出版社2000年版，第184页。
② 马克思、恩格斯：《马克思恩格斯选集》（第一卷），人民出版社1995年版，第82页。
③ 马克思、恩格斯：《马克思恩格斯选集》（第一卷），人民出版社1995年版，第85页。

义上也涵括了某种他者性、超越性及跨主体性。

二、实践情感之内在性

人之为人不仅是理性动物，更是情感动物，因而人的实践必然与情感相关。这种关联表现为两种情况：某种情感内在于实践活动或是某种情感必然伴随着实践。正如上节所揭示的，由于目的或善（好）内在地引导着实践活动，那么它也就同时引导着实践情感。下面还是在三类实践活动中具体厘清实践情感之内在性。

理论活动或沉思活动是完全由理性灵魂自身完成的，因此这种活动中就不会内在地包含情感因素。然而，如果这种活动发挥出其德性（即发挥得好），那么就会必然伴随着高层的快乐。沉思之所以被亚里士多德当作"至福"，其中一个重要原因就在于"我们认为幸福中必定包含快乐，而体现智慧的活动是所有体现德性的活动中最令人愉悦的。爱智慧的活动具有惊人的快乐，因这种快乐既纯净又持久"（1177a24）。这时说快乐内在于沉思活动，其实说的是快乐必然伴随着沉思活动。进一步讲，快乐必然伴随着理智德性活动。

与理智德性活动不同，伦理德性活动直接以情感为基础，这可以从亚里士多德对德性之种的界定中得出："我们接下来讨论（伦理）德性究竟是什么。既然灵魂的状态有三种：感情、能力与品质，德性必是其中之一。感情（πάθος），我指的是欲望、怒气、恐惧、信心、妒忌、愉悦、爱、恨、愿望、嫉妒、怜悯，总之，伴随着快乐与痛苦的那些情感。……品质，我指的是我们同这些情感的好或坏的关系。……既然德性既不是感情也不是能力，那么它们就必定是品质。这样我们就从种类上说明了德性是什么。"（1105b20）由此可见，德性从种类上便是与情感之间的良好关系。借用《中庸》的话说，喜怒哀乐"发而皆中节"。也就是说，德性的一种机制便是调节各种情感，当喜则喜,当怒则怒。从这个意义上讲,各种情感内在于德性。不过需要特别注意的是,这里的"各种情感"却不包括一种非常普遍的情感——"快乐"(ἡδονή)。由上述引文也可以看到,快乐是伴随着这些情感的二序情感。

与此相应,快乐也必然伴随着活动,这一点可以从亚里士多德对快乐的基本界定①中得出:"没有活动快乐不会产生,而每一活动为快乐所完善。"(1175a21)快乐完善着活动也就意味着,如果没有快乐伴随,那么活动本身也就是不够完善的。从这个意义上讲,快乐内在于活动。这里的活动既包括理论活动也包括实践活动,只不过我们这里主要谈论的是狭义的德性实践活动。此外,快乐也是德性活动之为德性的一个本质性的表征:"仅当一个人节制快乐并且以这样做为乐,他才是节制的。相反如果他以这样做为痛苦,他就是放纵的。同样,仅当一个人快乐地,至少是没有痛苦地面对可怕的事物,他才是勇敢的。相反,如果他这样做带着痛苦,他就是怯懦的。"(1104b5)当然,节制中所节制的快乐与节制所伴随的快乐是完全不同性质的两种快乐,这里谈论的快乐指的是后一种快乐。可以说,所有德性活动必然伴随快乐,或者说,德性活动自身就令人快乐:"爱高贵的人以本性上令人愉悦的事务为快乐。合于德性的活动就是这样的事务。这样的活动既令爱高贵的人们愉悦,又自身就令人愉悦。所以,他们的生命中不需要另外附加快乐,而是自身就有其快乐。……德性活动必定自身就是快乐的。"(1099a25)由此可见,快乐不仅内在于德性活动,而且内在于整体性的德性生活。

在亚里士多德看来,模仿性的创制活动也会伴随着快乐:"既然学习和惊奇是令人快乐的,那么与此同类的事物必然也是令人快乐的,

---

① 有关"快乐"界定的复杂情形,请参见郝亿春:《快乐的本性及其在好生活中的位置——从德性伦理学的视域看》,《现代哲学》2012年第5期。该文亦收录于本书,见本书第237—252页。

例如模仿的事物，如绘画、雕像、诗歌以及所有模仿得逼真的作品。"（1371b5）而使用性的创制活动则不会伴随快乐，如建筑、农业等这种物质生产活动，它们所伴随的是肉体的折磨和痛苦以及生命活动的被强制，因而这种活动应由奴隶承担。然而，经过马克思对劳动实践之地位的翻转，原来负面性的伴随性情感也都转化为正面的积极情感。"我在我的生产中使我的个性和我的个性的特点对象化，因此我既在活动时享受了个人的生命表现，又在对产品的直观中由于认识到我的个性是对象性的、可以感性地直观的因而是毫无疑问的权力而感受到个人的乐趣。"①这种"享受"和"乐趣"是内在于劳动活动本身的。此外，劳动活动也是充满激情和热情的活动，在这种活动中，"人以一种全面的方式，就是说，作为一个总体的人，占有自己的全面本质……人的器官同对象的关系，是人的现实的实现，是人的能动和受动，因为按人的方式来理解的受动，是人的一种自我享受"②。如此一来，在亚里士多德看来的创制活动中体会到的痛苦和折磨完全转变为一种内在于劳动实践活动的自我享受。

如此看来，由于实践活动自身包含着内在善（好）的要素，那么实践活动也就必然内在地伴随着快乐，其中伦理德性活动还内在地调节着各种情感的关系。而随着马克思对劳动实践之地位的根本翻转，使这种实践原来包含的消极的负面情感均转化为积极的正面内在情感，并使这种积极情感成为人类生活的主导性情态。

三、实践认识之内在性

时下，认识与实践的区分与对应俨然成为一种习以为常的思维模

---

① 马克思：《1844 年经济学哲学手稿》，人民出版社 2000 年版，第 184 页。
② 马克思：《1844 年经济学哲学手稿》，人民出版社 2000 年版，第 85 页。

式。我们常常听到"认识指导实践""实践检验认识"诸如此类的说法。这些说法均建立于实践与认识的二分之上。如果照通常的理解，把认识理解为理论知识，而把实践理解为生活实践，那么这种"指导"或"检验"关系就不仅是不恰当的，而且是有害的。因为这种二分遮蔽了两种重要的现象，即实践认识与作为认识的实践。这就需要进一步正本清源，将其放到亚里士多德对实践与认识所给出的思想框架中，对这种对应关系进行更为复杂、更为具体的厘清。

在亚里士多德的思想框架中，作为认识的实践就是沉思活动或理论智慧。而"智慧必定是努斯与科学的结合"（1141a20），其中"科学"的对象是具有必然性及永恒性的存在者，而"努斯"在这里指理论直观活动。在讨论"沉思"的时候，亚里士多德又说努斯是"我们身上最好的部分，努斯的对象是最好的知识对象"（1177a21），这里的"努斯"是与"智慧"基本同义的。智慧除了与科学一样具有永恒、必然甚至高贵的认识对象外，还是一种自身反思和直观的能力。"努斯直观其自身……努斯活动与努斯对象是同一的。"（1072b20）在理论理性中，定义公式及努斯活动就是努斯的对象，也就是说，"在无质料的理性这种情形中，努斯活动与努斯对象并非不同，毋宁说它们是相同的，亦即努斯活动与努斯对象是同一的"（1075a5）。不仅在《形而上学》中，而且在《灵魂论》中亚里士多德也表明同样的意思："对于没有质料的东西而言，努斯活动与努斯对象是同一的。"（430a4）也就是说，在作为认识的实践中，认识活动能够认识自身，或者说，对自身的认识内在于认识活动自身。正如上文已经指出的，后来胡塞尔所展示的"现象学反思"便是一个很好的例证。由于这种反思对象是无质料的纯形式，因而便不具有时间性，也就是说反思行为与反思对象之间没有间隔，它们是同一的。亚里士多德也说："以其自身作为对象的努斯活动是永恒的"（1075a10）。也就是说，努斯活动与努斯对象、反思活动与反思对象、作为认识的实践与对这种实践的认识是无间隔的，是同一的。或者说，对自身的认识内在于作为认识的实践中。此外，对于内在于沉思活动的愉悦或快乐，也同时会有一种觉知，有一种内在认识。

与作为认识的实践自己认识自己不同，实践认识是指认识内在于德性活动的认识。亚里士多德给出的一般德性行为的三个必备条件是："首先，他必须知晓那种行为。其次，他必须是经过选择而那样做，并且是因那行为自身故而选择它的。第三，他必须是出于一种确定了的、稳定的品质而那样选择的。"（1105b2）所谓"知晓""选择"以及选择所包含的"自愿"等现象表明德性行为无处不伴随着认识，或者说认识内在于德性行为。换言之，德性行为是一种完全自觉自知自愿的行动过程。如果缺乏了这些要素，哪怕结果与德性行为一致，也算不得真正的德性行为。（参见1105b9）

内在于德性行为的认识必然包括对内在于德性活动的目的之善（好）的认识。这又是由哪种认识完成的？它何以可能？这种认识就是实践智慧（φρόνησιν）。亚里士多德对实践智慧的界定是："实践智慧关乎与人的善相关的实践，它是一种合理的去蔽（ἀλήθεια）的品质。"（1140b20）这里重要的是，不论"合理"还是"去蔽"，都与"人的善"相关。或者说，它们都是以人的善（好）为价值定向的。合理或理性如果不以善为定向，则变为目的可能是卑劣之物的"聪明"；去蔽或求真如果不以人的善为定向则可能变为技艺或科学。实践智慧这种理智德性与伦理德性是完全合二为一的，我们只能在抽象中分辨彼此："离开实践智慧就没有严格意义的善（好），离开伦理德性也不可能有实践智慧……一个人如果有了实践智慧，他就有了所有的伦理德性。"（1144b32）

作为对德性活动的认识，实践智慧大致可分为四个环节。努斯或实践直觉把握实践的起点："在实践事务中，努斯把握终极的、可变的事实和小前提。这些就是构成目的的始点……我们必定有对于这些具体事务的知觉,这种知觉也就是努斯"(1143b1)。从起点出发,就要进一步对达到目的的手段、途径进行考虑和选择,好的考虑是"所考虑的目的是善的那种正确考虑"(1142b22)。考虑清楚达到正确目的的正确手段或途径后,自愿地选择这些手段就是实践智慧的第三个环节。前述三个环节都指向一种正确的目的,这种目的又是通过什么来认识或取得的呢?通过一种高层次的欲望——希求(βούλησις),"希求是对于目的的"(1113a15)。在个体层面,每个人的希求是不同的,他的希求也是他自己所认为的善(好)。那么如何保证人们所希求的善(好)是真正的善(好)呢?亚里士多德最后的保障是抬出作为楷模的有德之人:"有德之人对每种事务都判断得正确,每种事务真的是怎样,就对他显得是怎样……他能在每种事务中看到真。他仿佛就是事务的标准和尺度。"(1113a30)如此,对各种作为目的的善的认识最终便落在有德之人的身上。也可以进一步略带夸张地说,整个《尼各马可伦理学》中的德性与好生活无非是对有德之人、幸福之人的一种描述,而这种描述又可作为其他人的范导蓝本或追求理想。这种过程也正是社会主导价值与个人价值相互转化和塑造的过程。在这里,对德性实践种种环节的内在认识也被有德之人所内在地拥有。除此之外,实践认识也包括对德性活动中所必然伴随的快乐的觉知,以及对德性活动所包含的情感的觉知。需要注意的是,上述所有类型的实践认识,不论是包含在实践智慧的诸环节中的认识,还是包含在快乐与情感中的认识,都不是外在于这些内容的认识,而是这些内容本身所具有的认识。实践直觉或努斯本身就具有对实践起点的觉知,希求本身便具有对作为目的的善的认知与把握,伴随德性的快乐及德性包含的情感本身就具有对自身的觉知。后来现象学指明的"内在意识"或"自身觉知"(self-awareness)只不过是在某个环节对这种实践认识的明确化与清晰化。

对于创制活动或技艺的认识而言,一方面有对创制对象及步骤的知晓；另一方面也有伴随着创制活动本身的内在认识。对于创制性科学而言，如果略去质料不计，"本体或本质就是对象"（1075a2）。在这种情况下，与理论科学相似，对创制科学的反思与所反思的对象就是同一的。而当马克思把创制性活动即劳动作为人之为人的本质性活动之后，这种实践认识的范围便几乎与上述德性活动中实践认识的范围相同。马克思把有意识的生命活动作为人与动物的根本区别："有意识的生命活动把人同动物的生命活动直接区别开来。正是由于这一点，人才是类存在物。"① "类存在物"意味着人可以把自己的存在放到人类总体的目标中考量与规划，可以把自己的生活作为对象考虑和筹划，也就是说对人类及自己的好生活的知晓内在于人的生活之中。由于类意识与类生活相互确证，同时引导着个体的生命活动，这种对自己生活的知晓与认识也就同时体现在劳动对象中："劳动对象是人的类生活的对象化：人不仅像在意识中那样在精神上使自己二重化，而且能动地、现实地使自己二重化，从而在他所创造的世界中直观自身。"② 这样一来，对对象的认识与知晓同时就是对自己实践活动的认识与知晓，内在性的实践认识在本质性的生命活动中便无处不在。劳动作为意识着自身的生命活动其实占据了德性活动在亚里士多德所描述生活中的核心位置。在德性生活中，所希求的善最终需要在有德之人身上得以核实，而在马克思所倡导的劳动活动中，只要劳动在体现了自己本质的生命活动的同时满足了他人的需要，这种劳动就是属于好生活的本质性活动。这是每个人都能自己认识和判断的，而无需一个有德的"超人"作为尺度。也就是说，实践活动的最终标准内在于每个个体自己的认识和觉知。

综上，实践认识内在于所有类型的实践之中，这种认识往往作为

---

① 马克思：《1844 年经济学哲学手稿》，人民出版社 2000 年版，第 57 页。
② 马克思：《1844 年经济学哲学手稿》，人民出版社 2000 年版，第 58 页。

日用而不知的"隐没之知"(tacit knowing)而存在。虽然它很少被主题化，但却无时无刻不在生活实践中起着重要作用。如果缺少了这种内在于实践活动的认识，人的正常活动将处处受阻。这种实践认识与通常所讲的"指导"实践的"认识"实有云泥之别。

结语

以上所展示的实践的三种内在性维度远远没有穷尽其所有内在性方面，比如本节基本没正面触及欲求（ὄρεξια）这种重要的内在性维度。然而，不论实践有多少种内在性维度，作为奠基性的还是具有内在目的性的实践活动。不论实践情感还是实践认识都伴随着或依附于实践活动。另一方面，通过上述展示也不难看出，实践的内在性方面也是实践的根基，离开诸种内在性维度，实践便如无源之水，很容易走向干瘪与枯竭，现代种种脱离内在性维度的实践哲学日趋衰落便是显证。反过来，实践也是通常所谓"内在性"的处所与身体，离开实践，"内在性"便如幽灵一样无法落实，"内在善""内在价值""内在意识"以及"内在运气"等现代哲学中"内在之物"的漂泊无据与含糊不清便是例证。这里尤其需要申明的是，强调实践的内在性维度，并非否认或抹杀实践的非内在性方面。事实上，正如文中有所提示的那样，这种对内在性维度的展示完全可以与现代种种实践哲学相互补充、相互为用、相得益彰。

另一个需要顺带提及但却并非无关宏旨的问题是：实践的内在性维度究竟如何通达？可以肯定地讲，如果采取现代流行的第三人称旁观者的立场，内在性维度永远无以进入和通达。必须采取第一人称亲历者的立场！无论是内在快乐、内在情感，还是内在认识，都必须进入亲历者的立场才可以通达和印证。不必担心这会走向被广为诟病的"唯我论"，因为只要心智健全，每个人都可以进入亲历者的立场进行体验和印证。也只有从第一人称立场出发达成的普遍性才是一种真正的跨主体的普遍性，因为这种普遍性是由真实地包含了各个"我"的经验所证成的，而不是将个体因素完全抹平而抽象出的纯粹形式的普遍性。可以期待，从第一人称立场的内在性维度出发能够开展出一条崭新的实践普遍性之路。庆幸的是，这种第一人称的立场也恰好能够应合"实践"这一古老的活动。无论在西方还是中国，传统的"实践"所要求的是第一人称地去身体力行，去投身践履。亚里士多德多次强调，"伦理学的目的不是知识，而是实践"（参见1095a6等处），正是此意。诚如是，从第一人称立场出发的内在性维度恰恰有助于激活"实践"这个古老而永恒的主题。

此外，随着现代社会中劳动日益成为实践的主导样式，与此同时劳动又越来越被技术和资本所宰制，真正的内在性维度便被扭曲的内在性方面所取代，这正是马克思"异化劳动"所揭示的主题之一。正是或有意或无意地借助亚里士多德的实践理解，马克思重新将真正的内在性维度纳入劳动实践[①]，并构设出更为美好的生活样式。可以进一步追问的是：这种抹去传统实践样式而只留下生产实践的美好生活样式是否可能成为现实？如果无法完全实现，退一步讲，马克思倡导的以生产实践为基础的美好生活与亚里士多德倡导的以德性实践为基础的美好生活在现实中能否协调？又如何协调？

该文原载《学术研究》2013年第2期

[①] 本文也再次表明，近些年国内学界所流传的"马克思彻底贯穿并瓦解了意识的内在性"这种说法难以成立。

美德与实践

——在亚里士多德与麦金泰尔之间

文艺复兴以来,"道德"对于哲人而言逐渐成了问题。虽然康德主义者及功利主义者竭尽全力为道德奠基,可仍难以阻止马克思与尼采们对道德的毁灭性打击。马克思把道德与宗教一起归于统治阶级的意识形态,从而成为革命的对象;尼采则把道德作为依附于基督教且致人虚弱的"奴隶道德"而给予无情摧毁。吊诡的是,另一方面,马克思却大加赞叹无产阶级之间"兄弟般的友爱",而尼采也神往"脱离了道德的美德"[①]。如此看来,在他们眼中,"道德"与"美德"竟如此水火不容。马克思与尼采们对于道德的态度虽然激进,不过还是提醒了将道德与美德轻易混同的论者要注意下述事实:在人类生活相当长的时期,人们只知美德,而不知现代意义上的"道德",这就不得不使我们进一步追问:美德与现代道德的根本性差异是什么呢?美德又是如何转换为现代道德的?这种差异与转换又意味着什么?这些无疑都是伦理学研究需要认真对待的大问题。本文无力对这些大问题进行全面研究,而只是想通过美德伦理学内部的古今转换来对这些问题进行少许管窥,以求教于方家。

本文所选取的样本是美德伦理学体系的创始人亚里士多德与现代

---

① 尼采:《权力意志》,张念东等译,商务印书馆 1991 年版,第 328 页。

复兴美德伦理学最具代表性的人物麦金泰尔;所着重探讨的是各自美德概念与实践概念的关系,以及在这些主题上麦金泰尔对亚里士多德的承接与转换。之所以要纳入与"实践"的关系,是因为这种关系之于"美德"是根本性与奠基性的;而其中"实践"的核心义则是"内向实践"。

一、亚里士多德:美德内在于实践

在亚里士多德伦理学中,要想从根本上理解其"美德"概念,就必须联系其"实践"(πρᾶξις)概念,因为前者"内在于"后者之中。从亚里士多德的思想理路看,这种"内在于"通过个体的功能(ἔργον)或活动(ἐνέργεια)之中转而实现。

著名的"功能论证"的任务之一便是论证美德奠基于功能或活动之中。也可以进一步说,美德是功能或活动本身所具有的一种本质可能性,即完满的可能性。亚里士多德论证道:"我们说某某的功能与好某某的功能是同类的(例如一个竖琴手与一个好竖琴手),并且在所有情况下,优秀(美德)方面的优异都是加在功能上的(例如竖琴手的功能是弹竖琴,而好竖琴手则是琴弹得好)。"[①](1098a10)这里的"优秀"即是"美德",希腊文中二者是同一个词(ἀρετὴ)。具体就人这类存在者而言,其独特的功能或生命形式是"灵魂体现(κατὰ)逻各斯的活动",因而"人的好就是其灵魂体现(κατὰ)美德的活动"

---

① 《尼各马可伦理学》引文,主要参照廖申白译本(商务印书馆2003年版);《形而上学》引文,主要参照李真译本(上海人民出版社2005年版);《政治学》引文,主要参照颜一、秦典华译本(中国人民大学出版社2003年版)。译文改动部分,主要参照《亚里士多德全集》牛津修订版(*The Complete Works of Aristotle*, The Revised Oxford Translation, ed. by J. Barnes, , Princeton University Press, 1984),以及《尼各马可伦理学》洛布希英对照版(*The Nicomachean Ethics*, trans. by H. Rackham, Loeb Classical Library, 1934)。按照惯例,文中对亚里士多德著作的引用只标明标准编码。

（1098a15）。其中自身便拥有或体现逻各斯（λόγος）的灵魂部分的美德便是理智美德，而自身不拥有逻各斯却能够听从逻各斯引导的灵魂部分——情感、欲求部分——的美德是伦常美德。这里的"美德"仍应被理解为优秀，即灵魂的理智功能与情感欲求功能发挥得好。理智功能发挥得好就是能揭示出各种各样的知识；而情感欲求功能发挥得好就是能够避开各种过度与不及，从而选择"优越与正确"。因而，与过度和不及这些恶相比，伦常美德也是一种极端——善（好）（1107a6）。由此可见，亚里士多德这里的"美德"都应被理解为"优秀"，而非现代道德意义上的行为规范。①

亚里士多德把人的好或幸福界定为灵魂体现美德的活动，这也就意味着好生活的主要领域是沉思活动与伦常政治活动，这些活动的目的都是为了获得其本身所具有的"好"——美德。而其他生活事务都附属于这些美德活动。如此看来，美德活动所意味的生存图景是：每个人整日都为实现自己的美德——同时也是幸福——而行动；也就是说，每个人都在为自己的成德而操劳，努力使自己成为更优秀或更有美德的人。在进行勇敢、慷慨、正义以及友爱这些惠及他者的美德活动中，也同时成就了自己的幸福或美德生活。我们可把亚里士多德眼中这种生存图景称为"美德生存"。

在美德生存或幸福生活是"灵魂体现美德的活动"的界定中，"活

---

① 把亚里士多德美德伦理学直接解释为一种规范伦理学是当今学者的一种普遍误解。其依据之一是，把人独特的功能理解为"灵魂依照（κατὰ）逻各斯的活动"，相应地"人的好就是其灵魂依照（κατὰ）美德的活动"。如此，从一开始就把"逻各斯"与"美德"理解为外在于活动的规范，这显然与文中指出的亚里士多德相关思想相悖。当然，这并不是说在亚里士多德这里没有规范（νόμος），只是亚里士多德这里的"规范"是作为美德总汇的"礼法"。在这种"礼法"的从小教化下，人们自然形成"自然美德"——自发的良好品质。不过这种自然美德还不是真正美德，只有成熟到一定程度并拥有了"明智"，才会拥有"真正美德"。而亚里士多德所谓"人的好就是其灵魂体现（κατὰ）美德的活动"正是针对自觉的真正美德而言的。也就是说对规范的"依照"最多止于自然美德的阶段。这也表明在亚里士多德这里，规范应当参照美德来说明，而非相反；美德之于规范的奠基性在亚里士多德的"正义"观中有同样明确的阐述。

动"还需进一步厘清。前文看到,活动是以美德为定向的。在《形而上学》中,亚里士多德也把"活动"的这种美德定向称为"隐德莱希"(ἐντελέχεια):"活动这个字出自功能,并指向隐德莱希。"(1051a21)"隐德莱希"的字面意思是"有目的(τέλος)在自身之中"。亚里士多德正是通过与"目的"的关系而对"活动"进行了基本类型的区分。就活动而言,"有时活动是目的,有时活动之后的产品是目的"(1094a5)。也就是说活动可区分为"目的在自身之中的活动"与"目的在自身之外的活动"。前者便是美德活动——既包括理智美德活动也包括伦常美德活动,后者便是技艺性的制作活动。虽然都是活动,其完满性却不同。作为理智美德活动典型的沉思是最完满自足的,它不假外物,专注于永恒不变的事务,因而亚里士多德也将之称为"神的活动"(1178b21)。像勇敢、慷慨等这样的伦常美德活动虽然其自身也是目的,但总归需要一定的外在条件(如勇敢需要对手,慷慨需要财富,等等);同时,其对象也是可变的。因而这种活动便不如沉思完满。相比较而言,制作活动最不完满,因为它不仅需要外在条件、对象可变,而且其目的在自身之外。也就是说,制作活动始终处于手段性的地位。即便如此,"技艺中也有美德"(1140b21)。如此看来,美德奠基于或内在于诸活动之中,离开活动,美德便不复存在。这和实践有什么关系呢?事实上,上述三种活动恰恰也是扩展义①上的"实践"。

在亚里士多德这里,"实践"的通常含义是伦常美德活动,其中也包括政治活动。在这个意义上,它既与理智美德活动相对立,也与制作活动相对立。这种对立具体体现在上述对"活动"的三重区分中。

---

① 核心义(focal meaning)与扩展义(extend meaning)是亚里士多德分析及理解概念的一种基本方法,有时也被称为类比(analogy)的方法。"实践"的核心义是"目的在自身之中的实践",而扩展义是"目的在自身之外的实践"。有关"核心义"与"扩展义"的论述,可参见 G. E. Owen, "Logic and Metaphysics in Some Earlier Works of Aristotle", in G. E. Owen, *Logic, Science and Dialectic*, Duckworth, 1986。

然而，亚里士多德在不少地方也将实践与活动等同使用，其中的"活动"也包含沉思。例如在上述提到的功能论证中，亚里士多德所谓的"实践生命"既包含伦常美德活动，也包含理智美德活动（1098a5）。因而可以说，虽然沉思对象并非实践对象，可沉思活动本身却属于实践生命的本质性内容。"活动"的第三种含义即制作活动虽然自身不是目的，可它却可以归附于核心义上的实践活动。亚里士多德在《尼各马可伦理学》第一卷开篇所揭示的"目的链"，旨在把目的在自身之外的活动最终归附于目的在自身之中的活动之下（1084a2-21）。如此看来，扩展义上的"实践"既可以涵盖沉思活动也可以含涉制作活动。就此而言，"实践"与"活动"是同义的；因此实践也就可以区分为"目的在自身之中的实践"（核心义上的实践）与"目的在自身之外的实践"（扩展义上的实践）。根据这种目的的内外性质区分，前者也可称为"内向实践"，相应地，后者可以称为"外向实践"。

既然美德奠基于、内在于活动，而实践与活动同义，那么也就可以得出：美德也奠基于、内在于实践。更为准确地说，美德即是实践的完满状态，而实践总是以美德为内在目的或导向。亚里士多德自己也明确讲："真正的目的是我们在实践中获得的，实践得好就是这种目的，而人们所欲求的正是这种目的。"（1139b3）如此看来，人们追求美德就是追求"实践得好"或实践得优秀，而只有"实践得好"自身才能成为真正的目的。美德与"实践得好"这种生存状态是合二为一的。因而，在这个意义上可以说，美德就是"美德生存"。

当然，在亚里士多德伦理学中，美德不仅意指活动得好，同时也意指反复进行这种活动而形成的品质（ἕξις）。然而，相对于由活动所积淀而成的品质而言，活动无疑具有奠基性和优先性。亚里士多德明确说："体现美德的活动正是美德。认为'最好'是在于拥有还是在于发用，即是在于品质还是在于活动是非常不同的。因为一个人可以拥有品质而无所作为，例如当他睡觉时或因其他情况而活动受阻时。可

这些情况对于活动却是不可能出现的，一个拥有'活动'的人必定会活动，而且会活动得好。"（1099a1）

另外需要特别指出的是，在亚里士多德这里，不论活动、实践还是美德，都是直接就个体生活而言的，即都是指向个体生存的完满与幸福；当然这并不排除个体美德实践生活对城邦共同体美德实践生活的预设，更不排除个体美德活动对他者与共同体的本质性惠及。

然而，这种美德内在于实践的美德生存图景能被现代的美德复兴者所接受吗？

二、麦金泰尔：美德的分化与脱落

美德伦理学的现代最强劲复兴者麦金泰尔对亚里士多德提出的美德生存图景及其与实践的关系既有所承接又有所更改。这首先体现在麦金泰尔对"实践"的界定上："实践指任何连贯而复杂的、社会性地确立起来的合作性的人类活动形式，在试图达到既适合于这种活动形式，又在某种程度上是这种活动形式的界定的那些优秀标准的过程中，内在于这种活动形式的诸善通过这种活动形式就被实现了，其伴随的结果是，人们达到优秀的能力以及这种活动形式包含的人们的诸目的与诸善（好）的概念都被系统性地拓展了。"[①]

从承接方面看，首先，麦金泰尔的实践概念与活动概念仍然具有同义性；其次，优秀概念仍然与实践或活动概念紧密关联在一起。也就是说，亚里士多德所主张的"优秀内在于活动，从而内在于实践"的基本看法被麦金泰尔所承接。

从更改方面看，首先，虽然优秀与实践紧密相连，但它并非实践

---

① 麦金太尔：《追寻美德》，宋继杰译，译林出版社 2003 年版，第 238 页。文中引文依照英文本偶有改动。

所要实现的唯一善，除了优秀这种内在善，实践还能够实现其他诸多内在善。其次，与此相关的是，这里的实践强调多人的"合作性"与传承性。一个人踢球、砌砖、种萝卜不是实践，而足球赛、建筑术以及农作却是实践。再次，亚里士多德核心实践概念所局限的伦常政治范围也被大大扩展，乃至于实践之于人类事务几乎可以无所不包：艺术、科学、游戏、农作、建筑等均被囊括其中。最后，其导致的一个结果是，实践的直接目的不再像亚里士多德那里是成为好人（或幸福的人），而是使实践活动所内在包含的优秀等内在善得以充分释放。当然这也不会排斥实践活动最终也会使参与实践的人更为完满。

从以上比较分析不难看出，麦金泰尔对亚里士多德实践概念的一个至关重要的转变是：他把"实践"从伦理政治领域完全解放出来，扩展为一个几乎无所不包的事务性概念。那么与之相应的"美德"麦金泰尔又如何定位呢？麦金泰尔的界定是："美德是一种获得的人类品质，拥有与践行它就会使我们能够达到内在于实践的诸善（好），而缺乏它就会严重妨碍我们达到任何诸如此类的善（好）。"① 这里的"美德"（virtue）显然与前面实践概念中作为追求标准的"优秀"（excellence）是两回事。在麦金泰尔这里，优秀是实践活动内在追求的标准，而美德却成为实践活动获得优秀等内在善的保障条件。也就是说，麦金泰尔这里的优秀与美德并不像在亚里士多德那里是完全合二为一的，而是一分为二了。相应地，美德也由亚里士多德的"内在于实践"脱落为"实践的保障条件"。

美德与优秀的这种分离与实践范围的扩展无疑如影相随。当实践主要局限于伦理政治领域时，其优秀便只是伦理生活中的好，即个体恰如其分的美德生存。而当实践的范围扩展到人类几乎所有活动领域时，其优秀便由各领域自身的好来确定。画画得好不好只能说一个人

---

① 麦金太尔：《追寻美德》，宋继杰译，译林出版社 2003 年版，第 242 页。

在画画这件事情上优秀与否，而很难说他有没有美德，除非在"优秀"的意义上使用"美德"这个词。当然，麦金泰尔在个别情况下也将二者等同使用，比如，"从实践所赖以维系的那些关系类型的角度看，诚实、正义与勇敢——或许还有其他——乃是真正的优秀，是我们界定我们自己和他人所必须依据的美德"①。显然，这里的"优秀"乃是在伦理政治领域中的好，也只有在这个传统的伦理政治领域，优秀才能与美德同义使用。这也就是说，在伦理政治领域，麦金泰尔接续了亚里士多德美德之为优秀的思想。

鉴于这种伴随着实践内涵的扩展而发生的优秀与美德的分离，美德便被麦金泰尔界定为保证诸种实践正常进行的条件。即便如此，作为实践条件的美德也不应被仅仅理解为可以与实践完全分离的外在条件，事实上，"美德乃是任何具有内在善和优秀标准的实践的必要成分"②。一方面，诚实、正义以及勇敢等美德内在地缔造了实践所赖以维系的各种关系，而如果缺乏这些关系，个体之间的真正"合作性"便不再可能，从而一个共同体的真正实践也将不再可能。比如在一种敌我势均力敌的防御中，一方由于缺乏勇敢而逃跑会导致其所在共同体在战斗中的失利。诚实、正义等美德亦然，麦金泰尔在这些方面已经列举了令人信服的事例。③另一方面，一个缺乏美德的活动者也无法获得相应实践所必然具有的优秀与其他内在善。比如一个进行欺骗的棋手便无法获得棋赛本身所具有的各种内在善与优秀。从这个意义上看，美德与实践，从而与实践所具有的内在善及优秀也是融为一体的。不过这种相融总归是两种可以相互分离之物的相融，这与亚里士多德那里"美德与优秀，从而与实践合一"的情形毕竟存在着重大差别。

我们把麦金泰尔这里美德与优秀的分离称为"美德的脱落"。这种

---

① 麦金太尔：《追寻美德》，宋继杰译，译林出版社 2003 年版，第 244 页。
② 麦金太尔：《追寻美德》，宋继杰译，译林出版社 2003 年版，第 242 页。
③ 参见麦金太尔：《追寻美德》，宋继杰译，译林出版社 2003 年版，第 243 页前后。

脱落当然是从实践中脱落，即由原来的内在于实践脱落为保障实践良好进行的条件。上文已指出，脱落后的美德与亚里士多德眼中的美德已经大相径庭。不过，麦金泰尔"实践"中的"优秀"却成为亚里士多德美德的替代物。当然二者也存在着重要差别：其一，亚里士多德的"美德"是就个体的活动或实践而言，麦金泰尔的"优秀"则是超个体的合作性"实践"本身所具有的。简言之，亚里士多德的"美德"内在于个体的实践，而麦金泰尔的"优秀"内在于共同体的实践。不过这也并不排除实践的结果会使实践中的个体分有相应的"优秀"。其二，亚里士多德"美德"的核心范围是伦常政治活动，而麦金泰尔的"优秀"几乎遍布所有事务领域。不过，正如上文指出的，如果只是局限于伦常政治领域，亚里士多德的"美德"与麦金泰尔的"优秀"表面看来并没太大差别。

与实践内涵的拓展及优秀与美德的分离相应，亚里士多德"美德生存"的图景在麦金泰尔这里也发生了重大改变。一方面，个体活动的直接目的不再是成德成福，而是追求相应的优秀与内在善。因而，麦金泰尔这里的生存图景就以"优秀"为鹄的，我们可以将之与亚里士多德的"美德生存"相对照地称为"优秀生存"。另一方面，美德从优秀本身脱落为保障优秀与内在善之获得的必要条件，想要获得优秀与内在善，就必须践履美德。

三、对麦金泰尔"实践"的一个补正：内向实践与外向实践

在麦金泰尔的"优秀生存"图景所倚傍的实践概念中，显然是以优秀及诸内在善为定向的。可他同时也明确指出，存在着一类与优秀等内在善相对立的外在善——权力、名声以及钱财等。[①] 那么，人们

[①] 参见麦金太尔：《追寻美德》，宋继杰译，译林出版社2003年版，第242页前后。

对这些外在善的追求活动属于实践吗？对外在善的追求活动与追求优秀等内在善的活动，以及与美德又处于或应当处于什么关系呢？

从上文麦金泰尔对实践的界定可以看到，只有追求内在善与优秀的活动才叫实践，比如棋手追求的赢棋，以及在这个过程中获得的某种高度特殊的分析技巧、战略想象和竞争刺激[①]，还有伴随着所有这些活动的愉悦等内在善。问题是，如果棋手追求的只是奖金或名声，那么这种情况下的活动能否算作实践呢？按照麦金泰尔对实践的界定，后种活动显然不属于实践。因为棋手所追求的并非优秀与诸种内在善，而是外在的善。显然，这与人们日常对实践的理解并不相符。在现代社会，即使追求钱财、权力及名声等这些外在善的活动，也会被毫无例外地称为实践活动。否则，所有为了谋生的活动便不会属于实践；所有追求权力的政治活动也不会属于实践；追求名声的活动，比如演艺圈的诸多活动，也不会属于实践。也就是说，如果按照麦金泰尔的界定，人们日常生活中很多社会性活动都将被排除在实践之外。麦金泰尔明确断言："栖身于近现代世界的绝大多数人所做的那类工作，都不能基于一种本身就具有内在善的实践的性质去理解，对此我们有非常充分的理由。"[②] 如此看来，麦金泰尔的实践概念虽然对亚里士多德的实践概念进行了全方位扩展，但仍不足以包括现代日常生活中的大量社会性活动。

从概念的周延性上看，认为某些社会性活动不属于实践也难以自洽。在亚里士多德那里，虽然实践主要指伦常政治活动，可沉思活动与创制活动也都可以归附到扩展义上的实践。而在麦金泰尔这里，追求外在善的社会性活动也是活动，况且"外在善真正说来也是善"[③]，那么又有什么理由把追求外在善的社会性活动排除在实践之外呢？如

[①] 参见麦金太尔：《追寻美德》，宋继杰译，译林出版社2003年版，第239页。
[②] 麦金太尔：《追寻美德》，宋继杰译，译林出版社2003年版，第288页。
[③] 麦金太尔：《追寻美德》，宋继杰译，译林出版社2003年版，第249页。

此看来，为了更好地容纳现代日常的实践观念以及满足实践概念自身的自洽性，麦金泰尔的实践概念也应像亚里士多德的实践概念那样做出核心义与扩展义之区分。我们可以把麦金泰尔自己对实践的界定作为核心义的实践概念，其基本特征是试图达到或追求"内在于某种活动形式的诸善"与"优秀"。如果把优秀也看作实践的一种内在善的话，那么核心义的实践就是"追求内在善的活动"；与之相应，扩展义的实践就是"追求外在善的活动"。前者也可以称为"内向实践"；相应地，后者可称为"外向实践"。这里的"向"即为定向，也就是实践活动被内在善或外在善所定向。①

这里便涉及另外两个关键性概念：内在善与外在善。内在善只存在于同一种实践形式的传统中，因而不同形式的实践之间的内在善是异质而不可通约的，比如农耕的内在善异于绘画的内在善。内在善的标准也只有某一实践传统自己内在形成，并且只有进入这种实践活动中，才能分享与评价其内在善。这种"分享"是一种共享，它不减反增内在善的量。相反，外在善总量有限，当它们被人得到时，"始终是某个个人的财产与所有物"，其最为本质的特征是"某人占有它们越多，剩给其他人的就越少"。② 外在善的样本是名、利与权。

在区分了追求内在善的内向实践与追求外在善的外向实践之后，进一步来看它们与优秀及美德的关系。前文已提到，优秀属于内向实践所追求的内在善，因而必然内在于内向实践；而作为内向实践（或核心义实践）之保障的美德则实质性地进入内向实践关系之中。

---

① 虽然亚里士多德那里（见本文第一部分）也区分了"内向实践"与"外向实践"，可是由于麦金泰尔对"实践"概念的扩展与更改，其"内向实践"与"外向实践"的含义与亚里士多德相比较也相应进行了扩展与更改。当然，不论是内向实践还是外向实践，主要都针对进入实践的个体的目的而言，虽然麦金泰尔的实践概念并未过多涉及其个体目的层面，但这并不意味着其实践概念不能或不应包含这一层面。本文内向实践与外向实践的划分主要是在实践中的个体层面展开的。

② 麦金太尔：《追寻美德》，宋继杰译，译林出版社2003年版，第242页。

这里需要着重讨论的是外向实践与优秀及美德的关系。由于外向实践追求的是外在善，因而与作为内在善的优秀无涉。相比较而言，外向实践与美德的关系更为复杂。一方面，美德可以与外向实践结合，从而成为外向实践的条件。比如中国古人所言："君子爱财，取之有道。"这里的"有道"便意味着与美德条件相合。另一方面，美德也可能成为获得外在善的障碍。例如在追求外在善压倒一切的社会中，拥有美德的好人往往会在获得外在善方面吃亏。不难想象，一个践行"温良恭俭让"美德的人在"人与人的关系如狼与狼"的社会中会得到什么后果。

追求优秀及内在善的内向实践与追求外在善的外向实践又是什么关系呢？这可以分为可能的关系与理想的关系。两种实践既可能分离也可能合一。有些人会一味追求内在善而根本无视外在善的存在，比如一些科学或艺术天才的实践；而有些人则会疲命追求外在善却不去理会内在善，我们眼下的社会中不乏其例。生活中更多的情形是两种实践合一的状态。这又可分为两种情况：外向实践为内向实践奠基；或者反之，内向实践为外向实践奠基。前者是在追求外在善的过程中附带实现内在善，这种情况在生活中并不少见：要想获得更多权力就必须干好手上的政务；要想获得更多钱财就需经营好自己的产业；要想获得更多名气就要提高自己的演艺；等等。这也表明，现实生活中几乎不存在完全离开内在善的外向实践。与之相对，内向实践为外向实践奠基的情形是：个体的实践只是专注于活动的优秀以及内在善，而相应的制度①则会根据个体活动的优秀状况及对内在善的贡献而分配外在善。这也是所谓的"配得"在"优秀生存"图景中的具体实施。当然，这种情况首先需要预设一种背景性的公正制度；或者毋宁反过

---

① 麦金泰尔也明确指出分配外在善是社会制度机构（institution）的基本职能。参见麦金太尔：《追寻美德》，宋继杰译，译林出版社2003年版，第246页前后。

来说，所谓的公正或正义就是按照其内向实践的状况而分配相应的外在善。可以说，现实中的内向实践都或多或少伴随着外在善的分有，虽然有些内向实践者对这些外在善并不在意。

理想的生存及社会图景应当是内向实践为外向实践奠基，这同时也是由内向实践开展的优秀生存图景：社会成员进入所选择的实践形式中，通过积极发挥自己的才能而收获自身的优秀与诸种内在善，其结果是，这种实践传统通过个体的这些活动而得以延续与增进。与之相伴的是：社会参照个体在实践中对优秀等内在善的贡献而分配外在善。从这个意义上讲，内向实践与外向实践的应然关系可以为公正的社会制度奠基，而这也正是美德伦理学一向的抱负所在。

然而，在这种由内向实践所开展的优秀生存图景中，作为保障条件的美德自身究竟应当如何定性与定位呢？

四、脱落的"美德"：在道德与美德之间

对麦金泰尔的"美德"自身进行定性与定位应当参照亚里士多德对美德的相关界定。

前文已表明，亚里士多德的美德也就是个体的活动或实践之优秀与完满状态。美德是适中，是正中目的，而与之相反的是过度与不及。也就是说在亚里士多德这里，美德本身就是一种生活或生存状态，这种状态有完满与不完满之分。

在麦金泰尔这里，从内向实践脱落之后的美德能如是理解吗？这可以分为两个方面回答：对于个体而言，对美德的遵守与践行有助于获得优秀等内在善，比如前面提到的诚实下棋的例子。而对共同体而言，对美德的遵守与践行有助于维护共同体的稳定关系。麦金泰尔所举的例子是，对于一件至关重要的事情，如果一个人对朋友 A 讲实情而对朋友 B 撒谎，那么必然会从关系的亲疏方面破坏由这三个人所构

成的朋友共同体。显然，不论从个体层面还是从共同体层面看，麦金泰尔的美德与亚里士多德的美德都具有根本差别：首先，麦金泰尔所强调的是对美德的遵守与践行，也就是说，美德作为一种独立的行为规范，已经自身独立地存在了，人们的活动或实践只需要遵守就行了。这种美德虽然与康德提出的"定言令式"道德在绝对性上有所不同，可在"行为规范"这个意义上却是一致的。也就是说，麦金泰尔这种对美德的理解与现代道德之为行为规范的本质基本是一致的，而它与美德之为实践的优秀与完满状态这种生存论的理解却具有本质性区别。其次，亚里士多德的美德直接导致个体幸福，虽然这种幸福同时会含涉他人及共同体的完满；而麦金泰尔的美德如上文指出的，或是为了获得其他善，或是为了维系共同体的稳定关系，这些也恰恰是现代道德规范的功能。也就是说，从上述方面看，麦金泰尔虽然用的是美德之名，行的却是现代道德之实。就连麦金泰尔自己也不得不承认，"作为美德的道德需要道德律法的概念作为其副本"①。

麦金泰尔对美德的定性与定位与现代道德哲学的另一大派别即功利主义也颇多相近之处。功利主义的集大成者穆勒直接把美德作为手段加以说明："人们原本并不欲求美德，也没有欲求它的动机，但它有利于产生快乐，特别是有利于抵御痛苦。"② 这种对美德的手段性定位与亚里士多德对美德的生存论定位显然有云泥之别。麦金泰尔虽然没有穆勒这么直白，不过他在不少地方还是把美德置于手段性的地位，例如认为拥有美德是为了获得内向实践中的优秀及其他内在善。

另一方面，与穆勒把美德与名、利及权这些外在善同等地置于手段性的地位不同，麦金泰尔还是给予美德实践本身以不同于外向实践的独特地位。正如前文指出的，麦金泰尔也认为"诚实、正义与勇

---

① 麦金太尔：《追寻美德》，宋继杰译，译林出版社2003年版，第254页。
② 约翰·穆勒：《功利主义》，徐大建译，上海人民出版社2008年版，第38页。

敢——或许还有其他——乃是真正的优秀",这也意味着美德实践自身乃属于追求优秀的内向实践;表面看来,这不像穆勒所认为的"那些为了美德本身而欲求美德的人,或者是因为,对美德的感受便是一种快乐,或者是因为,对没有美德的感受则是一种痛苦,或者是因为两者兼而有之"①。可问题是,在麦金泰尔这里,对于可能阻碍人们在外向实践中获得外在善的美德实践自身(即"为了美德而进行的美德实践")而言,究竟应当如何在实践中定位呢?它既不是追求其他优秀及内在善的内向实践,因为它除了美德自身不追求其他内在善;它也不同于亚里士多德美德生存中对美德的定性,因为麦金泰尔的美德自身并没有从生存论视域加以定性;它更不是像穆勒眼中那样获得快乐或抵御痛苦的手段,因为麦金泰尔认为这种美德自身即为真正的优秀。

为了解决美德自身的定性与定位问题,麦金泰尔在"实践"之后又扩展性地给出了两个生活阶段,即"人生统一性"及"传统","诸美德发现它们的意义与目标不仅在于维系获得实践的各种内在善所必需的那些关系,也不仅在于维系个体能够在其中找到他的善作为其整个生活的善的那种个体生活形式,而且也在于维系同时为实践与个体生活提供其必要的历史语境的那些传统"②。对于第一个阶段即"实践",我们前面得出的结论是美德作为内向实践的保障条件也内在地进入实践关系之中。这里美德之于实践之优秀及内在善是内在手段性的,也就是说在这一阶段美德自身并不能自足自立。在第二个阶段即"人生统一性"上,美德似乎具有一种自足性。因为我们可以为某人盖棺定论:他是正直的、富有同情心的等等。这些美德不仅使其拥有者具有人生统一性与人格同一性,而且美德自身也有跨"实践"性:"赫克托尔在告别安德洛马刻和迎战阿基里斯时展现了同一种勇敢;爱琳

---

① 约翰·穆勒:《功利主义》,徐大建译,上海人民出版社 2008 年版,第 39 页。
② 麦金太尔:《追寻美德》,宋继杰译,译林出版社 2003 年版,第 283 页。

娜·马克思在她与她父亲的关系中、在她与职业工会会员共事过程中，以及在她与艾夫林的纠葛中展现的也是同一种同情。"[1] 这里暂不讨论这些美德有可能与追求优秀的实践相冲突[2]且不同美德之间可能彼此相冲突。我们只想进一步追问的是：为何我们应当具有这种美德而非那种美德？麦金泰尔的回答肯定不是像亚里士多德那样给出其生存论上的根基，而是回退到第三个阶段，即"传统"："我从我的家庭、我的城邦、我的部落、我的民族的过去中继承了多种多样的债务、遗产、正当的期望与义务。这些构成了我生活的既定部分，即我的道德起点。"[3] 如此继承的美德与道德在亚里士多德那里充其量只能算作自发性的"自然美德"，在《政治学》中，亚里士多德明确指出："一般而言，人们所寻求的不仅仅是前辈的路，而是善。"（1269a5）这也不难理解为何麦金泰尔面对其美德理论之为相对主义的批评支支吾吾，回应乏力。[4] 我们想借此指出的是：麦金泰尔这种最终把美德的根据归于"传统"的做法也进一步模糊了追求优秀的美德与遵守规范的道德之间的界限，他自己在不少地方将"美德"与"道德"混用也无意中表明了这一点。

结语

综上可知，马克思与尼采们对美德之向往以及相应地对现代道德之攻击并非空穴来风。追求美德也就是追求实践生活的优秀与完满，这与马克思"自由而全面发展的个人"之理想，以及与尼采之追求强

---

[1] 麦金太尔：《追寻美德》，宋继杰译，译林出版社2003年版，第259页。
[2] 参见 Samuel Scheffler, "After Virtue: A Study in Moral Theory by Alasdair MacIntyre", *Philosophical Review* 92 (3), 1983; 高更为了绘画事业而离家出走也可作为实践优秀与传统美德冲突的一个例证。
[3] 麦金太尔：《追寻美德》，宋继杰译，译林出版社2003年版，第279页。
[4] 麦金太尔：《追寻美德》，宋继杰译，译林出版社2003年版，第351—353页。

力意志的"超人"理想是合拍的。因而，在把美德理解为追求优秀的生存状态方面，马克思、尼采们其实与亚里士多德是同路人。现代道德之所以遭到他们的无情攻击，是因为激励性的美德生存逐渐被约束性的行为规范所取代。与之相伴的是，追求内在善的内向实践逐渐被追求外在善的外向实践所掩盖，乃至被取代。

面对美德生存在现代实践生活中的窘境，麦金泰尔试图力挽狂澜，复兴美德的地位。然而，麦金泰尔的理论充其量复兴了追求优秀等内在善的内向实践的主导地位，而对于亚里士多德眼中的美德生存，麦金泰尔显然已无力回天。迫不得已，麦金泰尔只能以亚里士多德美德之名行现代道德之实。从这个意义上讲，麦金泰尔所做的工作最多也不过是对马克思、尼采们的激进美德生存理想与近现代的主流道德哲学所进行的一种调和。这种调和一方面以追求"优秀"及"内在善"的内向实践名义保留了亚里士多德美德生存的向度；另一方面则以"美德"的名义接受了现代道德哲学对道德之为行为规范的本质性规定。

我们已经表明的是，作为追求"优秀"等内在善的美德之本质与根据在于内向实践；然而，仍有待探究的是，作为行为规范的道德之本质与根据何在？

该文原载《哲学动态》2014 年第 11 期

快乐的本性及其在好生活中的位置
——从德性伦理学的视域看

长久以来,"趋乐避苦"被当作人的一种本性。然而,哲学家们对"快乐"的价值却存有争议。在西方伦理思想传统中,围绕着"快乐",大体形成三种立场:快乐主义、反快乐主义以及居于其间的非快乐主义。快乐主义主张快乐是善,这里的"是"为"等同"义,也可以反过来说,善是快乐。反快乐主义所持直接为反论,即快乐不是善,快乐是恶,这也是禁欲主义的基本主张。非快乐主义虽然名目繁多,但其共同的立场是:有些快乐是善,有些快乐是恶,同时快乐不是最高善。本文将从检讨快乐主义的"快乐"观着手,试图表明古今快乐主义都未能很好阐明快乐的本性。而以亚里士多德为代表的德性伦理学更好地揭示出了快乐的本性及其在"好生活"(well-being)中的位置。上述三种立场中,从德性伦理学出发的非快乐主义不论在学理上还是在实践中都更具优越性。

一、快乐主义的"快乐"观

古往今来快乐主义的共同点是:它们都把"快乐"当作最高善,即当作基原或第一原则,虽然其依据与用意各不相同。下面仅选取快乐主义的三个典型,即伊壁鸠鲁、休谟及功利主义,略述他们的快乐观及其问题。

伊壁鸠鲁在致梅瑙凯的信中说:"快乐是幸福生活的开端和目的,因为我们认为快乐是内在于我们的首要的善。我们的一切追求和规避都开始于快乐,又回到快乐,我们凭借感受判断每一种善。"① 这段引文一方面表明伊壁鸠鲁的快乐主义立场,另一方面也表明其感觉主义特征。引文中的"快乐"首先指能够填补痛苦的快乐,因为在它上面一行,他明确讲:"只有当我们在缺少快乐就感到痛苦时,我们才需要快乐。当我们不再痛苦时,我们就不再需要快乐了。"② 他认为这种不再需要快乐的"无痛苦"是幸福生活的终极目的,"我们做的其他一切事情,都是为了这个目的:免除身体的痛苦和心灵的烦扰"③。而这种"无痛苦"在伊壁鸠鲁看来又是另外一种快乐,即作为生活目的的快乐:"当我们说快乐是目的的时候,我们说的不是那些花费无度或沉溺于感官享乐的人的快乐。……我们讲的是身体的无痛苦和心灵的无烦扰。快乐……是运用清醒的理性研究和发现所有选择和规避的原因,把导致心灵最大烦扰的观念驱赶出去。"④ 如果第欧根尼·拉尔修的转述是正确的,那么前种快乐也被伊壁鸠鲁本人称为"运动的(κίνησιν)快乐",后种快乐则为"静止的快乐"。⑤ 究竟这两种快乐的确切含义是什么,从他留下的有限资料中难以找到答案。另外,伊壁鸠鲁认为"德性与快乐的生活天然地绑在一起,两者不可分离"⑥。如果上述对

---

① 伊壁鸠鲁等著:《自然与快乐——伊壁鸠鲁的哲学》,包利民等译,中国社会科学出版社 2004 年版,第 32 页。引文对照英译本(*Epicurus: The Extant Remains*, Oxford, 1926)略有改动(下同)。

② 伊壁鸠鲁等著:《自然与快乐——伊壁鸠鲁的哲学》,包利民等译,中国社会科学出版社 2004 年版,第 32 页。

③ 伊壁鸠鲁等著:《自然与快乐——伊壁鸠鲁的哲学》,包利民等译,中国社会科学出版社 2004 年版,第 32 页。

④ 伊壁鸠鲁等著:《自然与快乐——伊壁鸠鲁的哲学》,包利民等译,中国社会科学出版社 2004 年版,第 33 页。

⑤ 第欧根尼·拉尔修:《名哲言行录》,马永翔等译,吉林人民出版社 2003 年版,第 695 页。

⑥ 伊壁鸠鲁等著:《自然与快乐——伊壁鸠鲁的哲学》,包利民等译,中国社会科学出版社 2004 年版,第 33 页。

快乐的两种区分属实，那么这种与德性天然绑在一起的快乐又如何归属？根据拉尔修的转述，"伊壁鸠鲁把德性描述为快乐的必要条件，即缺少它快乐也就不会存在的东西"①。那么这里的"快乐"与上述填补痛苦的快乐（主要指身体性快乐）及无痛苦无烦扰的快乐（宁静沉思的快乐）显然有别。根据拉尔修的转述，这里的德性其实居于手段性地位："我们选择德性是为了获得快乐，而不是为了德性本身。就像我们吃药是为了身体健康一样。"②后文会看到，这是快乐主义一以贯之的信条之一；与此相似的另一个信条是："没有任何快乐本身是坏的。"③

可以说，从遗留下的文献看，伊壁鸠鲁并未讲清楚快乐的本性及其种类。此外，也没看到他很好回答如下问题，即一方面他坚持快乐仅仅是（不论是运动的快乐、静止的快乐，还是德性的快乐）寓于个体的感觉；另一方面则追求一种友爱的共同生活。然而这种拘于自我和感觉的快乐又如何可能超出个体，而构建出一种他所向往的友爱共同体呢？伊壁鸠鲁虽然相信一切友爱本身都值得追求，可他转而又讲，"友爱的最初起源是它能带来个人利益"④，亦即带来快乐。诚如是，他所宣称的"决不抛弃朋友"⑤以及"有的时候也会为朋友而死"⑥等这种无私的友爱又如何可能呢？如此看来，伊壁鸠鲁所界定的快乐之本性及其快乐主义与他的其他相关思想难以自洽自圆。

边沁《道德与立法原理导论》首章首句便是："自然把人类置于两

---

① 第欧根尼·拉尔修：《名哲言行录》，马永翔等译，吉林人民出版社2003年版，第696页。
② 第欧根尼·拉尔修：《名哲言行录》，马永翔等译，吉林人民出版社2003年版，第696页。
③ 伊壁鸠鲁等著：《自然与快乐——伊壁鸠鲁的哲学》，包利民等译，中国社会科学出版社2004年版，第39页。
④ 伊壁鸠鲁等著：《自然与快乐——伊壁鸠鲁的哲学》，包利民等译，中国社会科学出版社2004年版，第46页。
⑤ 伊壁鸠鲁等著：《自然与快乐——伊壁鸠鲁的哲学》，包利民等译，中国社会科学出版社2004年版，第52页。
⑥ 伊壁鸠鲁等著：《自然与快乐——伊壁鸠鲁的哲学》，包利民等译，中国社会科学出版社2004年版，第53页。

位主公——快乐和痛苦——的主宰之下。"①然而对于快乐与痛苦的本性，他并未做进一步探讨。边沁只是以此为既定事实，然后归纳出一些快乐与痛苦的种类，为的是"估算快乐和痛苦的值"②。这就意味着，快乐与痛苦是可量化、可通约的，也即同质的。约翰·穆勒对"最大多数人的最大幸福"原则的进一步解释是："所谓幸福，是指快乐和免除痛苦；所谓不幸，是指痛苦和丧失快乐。……唯有快乐和免除痛苦是值得欲求的目的，所有值得欲求的东西之所以值得欲求，或者是因为内在于它们之中的快乐，或者是因为它们是增进快乐避免痛苦的手段。"③人们欲求德性也是由于"它有利于产生快乐，特别是有利于抵御痛苦"④。虽然穆勒不像边沁那样认为所有快乐只有量的差别，而是同时也具有质的区分，即"某些种类的快乐比其他种类的快乐更值得欲求"⑤，但他并未给出这种区分的有效依据，而是转而求助于"对这两种快乐都有过体验的人"⑥的主观标准来做出区分。如果这些人的判断有分歧，穆勒的解决办法是"其中多数人的裁决，才是终审裁决"⑦。这自然符合功利主义"多数原则"。可是按照这个原则，如果少数人趣味高雅，而多数人趣味庸俗，那也是以后者为标准，其结果便是庸人的僭政。

穆勒功利主义的另一个漏洞是，从每个人对自己幸福或快乐的追求如何能合理过渡到他们对最大多数人的幸福或快乐的追求？这一点已被不少论者指出。⑧这个难题与上文指出的伊壁鸠鲁及休谟所面对的难题几乎如出一辙，即从主观的、个体性的前提出发如何能达到跨主

---

① 边沁：《道德与立法原理导论》，时殷弘译，商务印书馆2000年版，第57页。
② 边沁：《道德与立法原理导论》，时殷弘译，商务印书馆2000年版，第68页。
③ 约翰·穆勒：《功利主义》，徐大建译，上海人民出版社2008年版，第7页。
④ 约翰·穆勒：《功利主义》，徐大建译，上海人民出版社2008年版，第38页。
⑤ 约翰·穆勒：《功利主义》，徐大建译，上海人民出版社2008年版，第8页。
⑥ 约翰·穆勒：《功利主义》，徐大建译，上海人民出版社2008年版，第9页。
⑦ 约翰·穆勒：《功利主义》，徐大建译，上海人民出版社2008年版，第11页。
⑧ 参照约翰·穆勒：《功利主义》，徐大建译，上海人民出版社2008年版，"译者序"，第11页；西季威克：《伦理学方法》，廖申白译，中国社会科学出版社1993年版，第402页。

体的、普适性的结果。

由上述简单勾勒可以看到，虽然古今快乐主义都将"快乐"作为道德与生活的基原与第一原则，但他们都未对快乐的本性给予令人满意的指明。他们共同的个体主义及感觉论的立场不仅在理论上难以自洽，而且在实践生活中也会陷入困境。下文将看到，以亚里士多德为代表的德性伦理学的快乐观不论在学理上还是在实践中都更具优越性。

二、亚里士多德对快乐本性的揭示

在亚里士多德流传下来的作品中，集中讨论快乐（ἡδονή）的地方主要有四处[①]：《修辞学》第一卷第十一章、《大伦理学》第二卷第七章、《尼各马可伦理学》第七卷第十一第至十四章以及第十卷第一至五章，其中《尼各马可伦理学》第七卷第十一至第十四章也是《欧台谟伦理学》第六卷第十一至第十四章的内容。[②]

在《修辞学》中，亚里士多德明确把快乐定义为一种运动："我们假定快乐是某种运动（κίνησιν），通过这种运动，整个灵魂被可感知地带回到其正常的存在状态。"（1369b35）其中的"整个灵魂"既包含植物灵魂也包含动物灵魂，还包括理性灵魂。简言之，快乐是回复到正常状态的可感知运动。随后他列举出习惯行为，感觉、想象及回忆、期望的行为，愤怒、报复、取胜行为，友爱、变化、学习、惊讶，施惠、受惠，统治人及鄙视邻居，等等，这些行为都可能带来快乐。需要注意的是，他在此处只是简单罗列日常生活中令人快乐的事情，并

[①] 需要指出的是，亚里士多德伦理学中几乎每个主题都涉及快乐。

[②] 《尼各马可伦理学》引文，主要参照廖申白译本（商务印书馆2003年版），个别地方有改动。《修辞学》《欧台谟伦理学》《大伦理学》及《物理学》引文，主要参照苗立田主编：《亚里士多德全集》（第一版）（中国人民大学出版社）。引文改动部分，主要参照牛津修订全集本（Princeton，1995）。依照惯例，文中引用亚里士多德文字只标明其标准编码。

未对其进行严格归类，也没对快乐的好坏性质进行判别。另外，他把学习、施惠等这些与德性相关的活动也看作回复正常状态的运动，下文会看到，在其他地方他明确反对这种提法。

在《尼各马可伦理学》及《大伦理学》中，亚里士多德明确反对快乐是"运动"或"生成"（γένεσις）[①]。具体而言，他是在反驳"反快乐主义"时提出这种思想的。反快乐主义的一个重要论据是：善是完满，运动或生成是不完满，而快乐又是运动与生成，所以快乐不是善（1152b10、1173a30、1204a35）。对于"善是完满"这个命题而言，如果"善"是指因其自身之故而被欲求的东西，即包含目的于自身之中的东西，那么亚里士多德就会赞同（1097b）。而"运动或生成不完满"也是亚里士多德自己的主张[②]，因为运动或生成是朝向一定目的的，也就是说运动与生成过程本身并不即时性地包含目的。亚里士多德反对的是"快乐是运动与生成"，耐人寻味的是，这种反对也恰好与某些快乐主义者所持的主张一致。亚里士多德从目的性与时间性两个方面来寻找依据。就目的性而言，首先，快乐并不像建房子一样，其目的外在于建筑活动，"快乐既是活动，也是目的"（1153a10），快乐属于因其自身之故而被欲求的东西。其次，即使那些出于它物（如本性完满）之故而欲求的快乐，看起来其目的外在于快乐自身，可这种快乐同时也是出于其自身之故而被欲求的，也即它同时也是目的。这个有关目的性的论据同样可以用来反驳一种非快乐主义，这种非快乐主义认为，"即使所有快乐都是善的，快乐也不可能是最高善"（1152b10），表面看来，这与亚里士多德的观点是一致的，可其论据却是亚里士多德所反对的"快乐是生成过程而不是目的"（1152b23）。就时间性而言，运动或生成只有经过一定的时间才达到其目的，比如建房子或要到某个

[①] 在《物理学》中，亚里士多德把"生成"定义为一种运动（参见224b10），因而生成是属于运动的。

[②] 参见《物理学》，201b32。

目的地的行走便是如此："其间每个片刻的运动都是不完满的，它们都同这整个运动不同，同时也互不相同。"（1174a20）快乐由于自身便是目的，因而任何时刻在形式上都是完满的、整体性的。也就是说快乐不需要在时间过程中变得完满，在这种意义上，它不经历时间。因而快乐也就不是连续性的运动或生成，它不具或快或慢的分别。

在亚里士多德看来，反快乐主义之所以把快乐看作运动或生成，是因为他们只看到回复性快乐，而没看到非回复性快乐。所谓回复性快乐，就是由偏离正常状态回复到正常状态过程中的快乐，其中主要是与身体本能相关的快乐，比如对饥与渴的补足而产生的快乐等。饥与渴是由于身体正常状态的匮乏而导致的痛苦状态，吃与喝便是痛苦状态的消除，同时也是快乐的生成过程，后来伊壁鸠鲁所谓的"运动的快乐"可能源出于此。反快乐主义由此把快乐看作生成或运动。亚里士多德认为这种回复性快乐并非核心意义[①]上的快乐，他称之为偶性的或偶然的快乐。因为在这种情况下，令人快乐的东西并非自身就令人快乐，"在正常状态下，我们不再以在向正常状态回复过程中所喜爱的那些东西为快乐"（1153a4）。在吃饱之后食物就不再令人快乐，除了对贪吃从而放纵的人才是快乐。总之，在回复性快乐中，那种令人快乐的东西并非出于自身就令人快乐。与回复性快乐相对的是非回复性快乐。具体是指一个人处于正常状态而不存在任何匮乏情况下的快乐，例如学习的快乐与沉思的快乐，以及同气味、声音、景象、记忆、期望等事物或活动相关的快乐（1173b15、1204b15、1153a1）。亚里士

---

① 核心意义（focal meaning）与扩展意义（extend meaning）是亚里士多德分析及理解概念的一种基本方法，这有时也被称为类比（analogy）的方法。比如对"存在"概念而言，"一个事物在许多意义上被说成存在，但所有的'存在'都关系到一个中心点、一类确定的事物"（1003a33）。这个中心点即是作为"存在"（τὸ ὄν）之核心意义的第一"本体"（οὐσία），而其他范畴的"存在"便是其扩展意义，它们是在与第一本体之存在的类比中以得到规定和理解的。与此相应，快乐的核心意义是"德性活动的必然伴随"。有关"核心意义"的论述，可参见 G. E. Owen, "Logic and Metaphysics in Some Earlier Works of Aristotle", in G. E. Owen, *Logic, Science and Dialectic*, Duckworth, 1986。

多德把这种快乐称为本然的或绝对的快乐，比如学习、沉思等活动出于自身就令人快乐。

鉴于此，亚里士多德对某些快乐主义及反快乐主义所共同持有的快乐定义进行了修改："说快乐是可感觉的生成过程是不对的。最好是把生成这个词换成正常品性（ἕξεως）的活动（ἐνέργειαν），把可感觉的换成未受阻碍的。"（1153a16）当然，这并不意味着快乐不可感觉，而仅仅意味着感觉并不能穷尽快乐的本性。简言之，快乐是"未受阻碍的活动"。所谓"活动"就是上文提到的目的包含于自身中的行为。亚里士多德这里对快乐的界定与快乐主义者欧多克索斯提出的"快乐是善"的主要论据一致。欧多克索斯除了提出所有生命物都趋乐避苦的论据外，另一个论据便是"最值得欲求的是那些从不因它物而被追求的事物，而快乐就被看作是这样的事物"（1172b20）。如此看来，亚里士多德倒像是一个快乐主义者。诚如是，这里对快乐的定义便难以与快乐主义区分开来。另一方面，亚里士多德这里对快乐的定义是直接反对上文提到的他在《修辞学》中对快乐的界定的，这又如何理解？要消解这些表面上的矛盾，首先需要明白亚里士多德自己的论述方法。同样是在《尼各马可伦理学》第七卷讨论快乐的章节，亚里士多德透露了自己的方法："我们不仅应当说明真，而且应当说明假。因为说明了那些虚假的意见可以使我们增强对真实的意见的信念。当我们充分地说明了某种看似真的意见并不真时，我们对于真实意见的信念就会增强。"（1154a25）① 亚里士多德在不同地方对快乐进行看似前后矛盾的界定也应遵循他自己的这种方法去理解。他其实是在一步一步破除看似真而不真的意见，最终达到真实意见。《修辞学》中把快乐

---

① 这种方法也被称为 εὐδόξα（良见）的方法。参见 Jonathan Barnes, "Aristotle and the Methods of Ethics", *Revue Internationale de Philosophie* 34 (133-134), 1980, pp. 490-511. 纳斯鲍姆也指出了与此相似的"现象方法"，见玛莎·纳斯鲍姆：《善的脆弱性》第三部分第八章，徐向东等译，译林出版社 2007 年版。

界定为"回复正常状态的可感知运动"便是一种看似真却不真的意见。由于《修辞学》探讨的是说服听众的方式,其中对快乐的界定也是从一般人所认可的常识层面进行的,因而其界定也是不严格的和临时性的。这就可以理解,他在那里所列举的不少快乐现象也不符合他当时对快乐的界定,例如回忆、想象行为中的快乐,学习、施惠等这些与德性相关的行为中的快乐等显然都是非回复性的,它们显然不是"回复正常状态的可感知运动"。相比之下,《尼各马可伦理学》第七卷对快乐的界定——"未受阻碍的活动"——更能涵盖《修辞学》中的快乐定义所不能涵盖的快乐现象。然而,这个快乐的定义是否也是一种看似真而并不真的意见呢?亚里士多德在得出这个定义时所用的例证,比如学习和沉思活动,它们本身显然并不是快乐,我们至多可以说快乐伴随着这些活动。如此看来,把快乐本身界定为"未受阻碍的活动"也是有问题的。因为快乐从来都是一种伴随性的存在,这对于回复性的快乐与非回复性的快乐都成立。

在《大伦理学》中,亚里士多德指明了回复性快乐的伴随性质,这也是在反驳"快乐是运动或生成"时提出的。不过这里的论据与前文提到的论据颇为不同。他认为断言"快乐是生成"的人犯了一个错误,他们看到需要得到补充时快乐才出现,便由此断言"快乐是生成"的。亚里士多德认为这些人混淆了身体性的补充或生成与作为灵魂性活动的快乐,"因为有灵魂的某个部分,我们正是靠它而感到快乐,灵魂这个部分的活动与运动是和我们所缺东西的补充同时的"(1204b25)。混淆了这两种活动的人就是因为有形的补充是明显的,而灵魂的这种活动是不明显的,便认为快乐是生成的。这里的分析表明,回复性快乐是一种伴随着身体性运动的活动,如果没有前种运动,相应的快乐活动也不会存在。而这里亚里士多德把"运动"与"活动"相提并论表明他在此处对二者并未做严格区分,其侧重也不是要表明快乐是运动还是活动,而是要强调回复性快乐是一种"伴随"。同时,正如上述引文中亚里士多德明确指出的，不能说快乐活动是一种感觉活动，而只能说快乐活动能被知觉到。

非回复性快乐的情形又如何呢？亚里士多德在《尼各马可伦理学》第十卷明确讲道："每种感觉都有其快乐。思想与沉思也是如此。最完满的活动也就最令人愉悦。而最完满的活动是良好状态的感觉者指向最好的感觉对象时的活动。"（1174b20）这表明，快乐与它所伴随的活动理论上是可以区分开来的，虽然这种伴随具有恒常性："当感觉者与感觉对象都处于最好状态且相互作用时，必定会产生快乐"（1174b30），这里的"感觉"只是"活动"的一种。快乐不仅仅具有这种之于其他活动的依附性；另一方面，它也使相应的活动完满，正如美丽使青春年华完满。总之，快乐是完满活动的必然伴随，并使这种活动完满："没有活动快乐不会产生，而每一活动为快乐所完善。"（1175a21）

对于《尼各马可伦理学》第七卷与第十卷有关快乐界定的看似矛盾之处，不少论者都给出了调和性的解释。其中主导性的观点是，第七卷主要阐明快乐的活动或曰必然伴随着快乐的活动；而第十卷主要在阐明快乐本身，以及快乐与它所伴随的活动的关系。[①] 这个结论与笔者上文的解释基本一致，虽然基本思路迥异。此外，第七卷对快乐即"未受阻碍的正常品性的活动"的界定其实也是对广义"德性"界定的另一种表述。在第二卷，广义的德性被界定为一种"品性"，这种品性使相应的活动完成得好。而"未受阻碍的正常品性的活动"恰恰就是使一种出于正常品性的活动实现其自身，即完成得好。因而，第七卷所阐明的正常品性的活动其实并非是在谈快乐本身，而是在从另一个角度阐明广义的德性活动。"未受阻碍的正常品性的活动"就是广义的德性活动，这种活动必然伴随着快乐，因而是具有快乐的活动。如此

---

① 详细论述可参见 G. E. Owen, "Aristotelian Pleasures", *Proceedings of the Aristotelian Society* 72, 1971-1972, pp. 135-152; A. O. Rorty, "The Place of Pleasure in Aristotle's Ethics", *Mind* 83 (332), 1974, pp. 481-497.

便有理由认为，第七卷对"快乐不是运动"的论述其实是在阐明"快乐的活动（必然伴随着快乐的活动即德性活动）不是运动"。

既然快乐是活动的伴随，而活动是各种各样的，那么每种活动所伴随的快乐也自然不同。这恰恰是亚里士多德的看法："活动在种类上不同，属于它们的快乐也就在种类上不同。"（1175b1）由于不同种类的活动之间是不可化约的，伴随它们的不同种类的快乐之间也就是不可化约的。非但如此，由于活动有层次高低之分，伴随它们的快乐也相应有高低之别："视觉在纯净上超过触觉，听觉与嗅觉超过味觉，它们各自的快乐之间也是这样。同样，思想的快乐高于感觉的快乐，在这两类快乐之中，都有一些快乐高过另外一些快乐。"（1176a1）照此推论，同样的活动所伴随的快乐便是相同的，不论这种活动的承担者是谁，这就是亚里士多德所谓"本性上令人快乐"的含义。从这种意义上讲，快乐本身便是跨越主体性的。由于快乐随附着活动，因而活动的性质就决定着快乐的性质："每种活动都有自身的快乐。活动是好的，其快乐也是好的，活动是坏的，其快乐也是坏的。"（1175b25）也就是说，在亚里士多德德性伦理学的视域中，快乐有好坏、对错之分，这与快乐主义所认为的"所有快乐都是好的"这种基本主张有云泥之别。问题是，在具体的现实生活层面，这种快乐的对错如何确定呢？因为很显然，看似同样的活动，有的人觉得快乐，有的人觉得痛苦。亚里士多德的回答是："事物对一个好人（ἀγαθός）显得是什么样，它本身也就是什么样。"（1176a15）那谁是好人呢？亚里士多德并未给出具体的例证，只是一般地将其界定为"完善而享得福祉的人"（1176a25），即有德之人。

三、快乐在好生活中的位置

在亚里士多德的语境中，好生活就是幸福生活。而幸福是相对于人而言的，神与兽都无幸福可言。这也是亚里士多德考虑幸福的基本框架，即把人的生活放在与神及兽的对比中进行。由于人与兽及神共同分有一些基本的东西，人也就可能有三种生活：享乐的生活、公民大会或政治的生活以及沉思的生活。享乐的生活是奴性的动物式生活，虽然不少人乐意过这种生活。沉思的生活则是神性的生活，没有人能够完全过上这种生活。广义的政治生活是真正属人的生活。享乐生活的快乐主要是身体性的回复性快乐，神性生活及政治生活中的快乐则主要是非回复性快乐。

由于幸福或好生活被界定为"灵魂的体现德性的活动"（1098a15），而狭义的德性又分为伦理德性与理智德性，那么快乐在好生活中的位置就可进一步具体化为快乐与伦理德性及理智德性的关系。

伦理德性是适度的品性，它与实践和情感相联系。而品性也正是"与情感的好或坏的关系"（1105b25）。这里的情感（πάθος）并不包含快乐和痛苦，而是伴随着后者，它与能力及品性分属于灵魂的三种状态："情感，我指的是欲望、怒气、恐惧、信心、愉悦、爱、恨、愿望、嫉妒、怜悯，总之，伴随着快乐与痛苦的那些情感。"（1105b20）这也可以用来补充前文亚里士多德对非回复性快乐的基本界定——快乐是活动的必然伴随。此界定可以进一步补充为：快乐是活动及某些情感的必然伴随。下面分别来看快乐在几个基本德性中的位置。

节制是节制快乐。节制快乐并不是禁止快乐，正常的快乐并不需要节制，只有多余的快乐才需要节制。亚里士多德在一定范围内承认趋乐避苦是人的本性（1118b15）。再者，从性质上看，并非所有类型的快乐都处于节制的范围，比如学习的快乐根本无须节制。视觉、听觉、嗅觉的快乐不在节制的范围内，看、听、闻的活动也不存在放纵可言，除非它们与食色关联且过度。节制的主要范围是触觉与味觉，即食和性。这里需要节制的是回复性快乐的过度，即身体回复到正常状态还想继续某种活动，比如吃饱饭还想继续吃，为的是获得吃的快感。真正节制的表征之一是，他以节制多余的快乐为乐："仅当一个人节制快乐并且以这样做为乐，他才是节制的。相反如果他以这样做为痛苦，他就是放纵的。"（1104b5）这里涉及两种快乐：回复性的身体性快乐和非回复性的快乐。后种快乐可称之为伴随德性活动的快乐，这也是亚里士多德意义上的核心快乐。

想变得勇敢首先要忍受身体的痛苦，而且以这种忍受为乐，"仅当一个人快乐地，至少是没有痛苦地面对可怕的事物，他才是勇敢的。相反，如果他这样做带着痛苦，他就是怯懦的"（1104b10），这是因为勇敢以高贵的事物为目的。这种双层结构类似于节制。其他伦理德性，诸如慷慨、公正、大方、豪侠(μεγαλοψῦχία)、诚实、友爱等活动也必然伴随着快乐。理智德性同样必然伴随着快乐，其中智慧所伴随的快乐在层次上是最高的："体现智慧的活动就是所有体现德性的活动中最令人愉悦的。爱智慧的活动似乎具有惊人的快乐，因这种快乐既纯净又持久。我们可以认为，那些获得了智慧的人比在追求它的人享有更大的快乐。"（1177a25）

正如上文指出的，核心的快乐并非独立的存在，而是伴随着、附着着德性活动而必然出现的。这种快乐便是以本性上令人快乐的事物为乐，即属于前面提到的必然的或绝对的快乐，而非偶然的或偶性的快乐。由于体现德性的人是好人，那么好人就必定是快乐的。"好人的生命自身就令人愉悦。……公正的行为给予爱公正者快乐，体现德性的行为给予爱德性者快乐。许多人的快乐相互冲突，因为那些快乐不是本性上令人愉悦的。爱高贵的人以本性上令人愉悦的事物为快乐。体现德性的活动就是这样的事物。这样的活动既令爱高贵的人们愉悦，又自身就令人愉悦。所以，他们的生命中不需要另外附加快乐，而是自身就有其快乐。……德性活动必定自身就是快乐的。……好人对于这些活动判断得最好。……所以幸福是万物中最好、最高贵和最令人愉悦的。"（1099a25）这里的快乐主要指非回复性快乐。由于伦理学是在行为中践履的实践哲学,因此这些结论都是在实践生活中可以体证到的。也就是说,一个具有良好道德品性的人在他进行德性活动时必然能体会到这些快乐(1095b8)。但这并不意味着快乐是主观相对的,正如前文所指出的,所有进行同样德性行为的人都会体会到同质的快乐。

另外,不少伴随德性活动的快乐还具有跨主体的特征。这种跨主体不仅指上文提出的每个进行同样德性活动的人都可以体会到同质的快乐,而且更指这种快乐本身所伴随的活动就是跨主体的。比如慷慨、大方这些给予性的德性,其本身就含涉他人。这些德性要求出于他人的需要而给其相应的帮助和付出,这种付出行为本身便伴随着快乐。再如作为德性的友爱,是因朋友自身之故希望他好而去爱他,就是说友爱这种德性本身就超越自己,而涵括着其他人,爱他们必然伴随着快乐。这种伴随着快乐的友爱使朋友的共同生活成为可能,也使在城邦乃至更大范围内的团结成为可能。即便那些不是直接涉及他人的德性,比如勇敢、豪侠、公正以及智慧等,也是以超出个体之外的高贵之物为目的,而这种高贵之物便是产生真正快乐的必备条件。

总之,在正常范围内的回复性快乐作为趋乐避苦的本能是好生活的基础条件;而非回复性快乐则是好生活及好人的必然伴随,并且加强着好生活或好人的活动。

结语:回看快乐主义

以上文亚里士多德对快乐的本性及其在好生活中之位置的揭示为立脚点,可以进一步对快乐主义进行评定。伊壁鸠鲁对运动快乐与静止快乐的区分相似于亚里士多德对回复性快乐与非回复性快乐的区分。不过伊壁鸠鲁并没看到快乐是伴随着活动的,而不是能够独立存在的。所以他才把快乐作为活动的目的及人生的目标,才把德性与快乐看作手段与目的的关系而非活动与必然伴随的关系,才把所有快乐都当作善。由于没看到核心意义的快乐是德性活动的伴随，而德性活动又是超出行为者自身范围而涵括他者的，因而他就误将快乐当作纯粹主观的和囿于个体性的东西，如此便无法说明真正的友爱共同体建立如何可能。

边沁功利主义把快乐作为可计量、可化约的对象，究其因，是没看到快乐是活动的伴随，没看到快乐的性质是由活动的性质决定的。不同活动具有不同的性质，因而不同活动伴随的快乐在根本上是不可化约的。穆勒虽然看到快乐的不可通约性，但他由于没有看到快乐是活动的伴随，于是在区分快乐层次时不是诉诸活动而是仅仅诉诸体验者的主观体验，这样也就无法真正如实地区分开快乐的层次；同时，穆勒的这种区分也会陷入主观任意之中。如此看来，功利主义也同样面临着快乐主义所共同面临的从个人幸福或快乐通向多数人的幸福或快乐的难题。

快乐主义困难重重并不意味着其反面——反快乐主义——是正确的。按照亚里士多德的基本观点，快乐是德性活动的必然伴随，只要是德性活动，必定会有快乐出现。因而那种只要德性不要快乐的禁欲主义者其实都是在自欺欺人，快乐无可避免地伴随且加强着他们的德性活动。

事实上，如果从第一人称体验出发，快乐主义者与德性论者对快乐的体验是一致的。只是快乐主义把体验到的快乐看作快乐的根本，因而断言快乐是纯粹个体性和纯粹感觉性的存在。与此不同，亚里士多德把体验到的快乐仅仅作为快乐感，而进一步探究其本原，于是得出"快乐是德性活动的必然伴随，且加强着此种活动"的结论。任何进行德性活动的人，只要他是正常的，那他必定能体会到这种快乐。从这种意义上说，快乐的界定既是在德性活动中证成的，也是在德性的好生活中证成的。某些从现代怀疑主义认识论立场出发的论者可能会说这种对快乐的界定充其量只是一种设定。然而，如果不怀偏见，细心体会，他同样会在自己的德性活动中证成快乐的本性。需要特别指出的是，这种本性也恰恰是在跨个体的不断证成中走向普遍化——一种迥异于理论普遍化的实践之普遍化。同时，也正是在这种体证中成就了一个人的德性生活与幸福生活。

西谚有云：

> 如果追求快乐，它将望尘莫及；
> 如果追求德性，快乐不期而至。①

该文原载《现代哲学》2012年第5期

---

① Folgst du der Lust mit sehender Brust, sie ziehet und fliehet; Whälst du Edlem die Bahn, folgt sie dir liebend hinan.

古希腊哲学传统中的"双重正义论"及其当代意义
——兼谈"现代中国正义论"的构建

一、"中国正义论"叙事中的"以西释中"问题

面对西方日益强劲的"正义论"话语,一些从事中国哲学与思想研究的学者开始反思中国传统思想中的"正义论"资源。其中具有代表性的是,郭齐勇先生提出了"儒家正义论",而黄玉顺先生更进一步提出了"中国正义论"。

在《再论儒家的政治哲学及其正义论》一文中,郭齐勇先生在承认传统政治与现代政治具有质的差别即人权差别的基础上,提出了自己进行中西比较的意图:"第一,不妨以西方政治哲学中的理念为参照系去透视、反观中国传统政治文化资源,发掘其中可以与今天的民主政治相接济与会通的因素,把这些因素调动出来为今天的中国政治改革所有;第二,进一步发现中国传统所有而西方现代所无的优秀政治文化的观念、智慧、方略、制度架构、机制及民间土壤等,并予以创造性的转化。"① 其中第二点"我有人无"因素的创造性转化方面且放到最后再谈。第一方面首先可简化为"以西释中",这里的"西"显然指"现代西方",而"中"则显然指"古代中国",因而"以西释中"同

---

① 郭齐勇:《再论儒家的政治哲学及其正义论》,《孔子研究》2010年第6期。

时又是"以今释古",然后"古为今用"。不过这种初看上去顺理成章的做法是否合适仍是个问题,因为郭先生这里的"西"主要采用的是罗尔斯的《正义论》框架。① 正如郭先生本人也注意到的,与罗尔斯正义论对应的是自由民主制,而中国传统正义思想所对应的显然不是这种政制,也即这种比照在基本政制以及相应的支撑性价值理念上显然存在着不对称性。

黄玉顺先生以"特殊正义论"与"一般正义论"的区分从表面上绕开了中西—古今之争。他认为罗尔斯正义论所预设的"自由""平等"等观念只适用于某种现代生存方式,因而不是"普适性"(universality)的。如果按照罗尔斯这种特殊正义论,"除西方现代制度外,甚至除美国的基本制度外,人类历史上曾经存在过的所有制度都是不正义的"②。而真正的一般正义论是"那种能够解释古今中外所有一切社会规范及其制度何以可能的理论。中国正义论就是这样一种正义论,它不仅通过正当性原则来要求制度规范的建构出于仁爱的动机,而且通过适宜性原则来充分考虑制度规范的建构在不同生活方式中的效果。这样一来,古今中外一切社会规范及其制度都可以由此而得以解释、加以评判"③。黄先生显然是想以"中国正义论"超越和取代罗尔斯的正义论,不过看来看去,他讲的还是古代中国正义论。

不论是郭先生的"古为今用",还是黄先生的"超越—取代",其实都是先行以罗尔斯的正义论为参照的。如果说"以西释中""反向格义"在某种程度上不可避免,那么拿现代哲学家罗尔斯正义论的"西"来"释"传统中国思想里的正义思想是否恰当呢?特别考虑到自由民主制与非民主制这种根本政治制度上的非对称性,上述问题则变得愈发尖锐。

---

① 郭齐勇先生虽然在上文中也涉及亚里士多德的正义观,但并未深入讨论。
② 黄玉顺:《中国正义论的形成》,东方出版社 2015 年版,第 17 页。
③ 黄玉顺:《中国正义论的形成》,东方出版社 2015 年版,第 17 页。

二、回到西方正义论的开端:《理想国》中的"大字正义"与"小字正义"

如果支撑自由民主制的正义论与非民主制背景下的正义思想确实相去太远,而"以西释中"又真的不可避免,那么能否从"西"中找出另外一种正义论:这种正义论一方面与罗尔斯的正义论具有传承—亲缘性,另一方面又与中国传统的正义思想具有某种相似性?如果真的存在这样一种正义论,那么它就可以成为现代西方与传统中国相互沟通的很好中介,由此便可以大大缓解二者之间的巨大张力与不对称性。笔者认为这个中介是存在的,它就是西方哲学开端处柏拉图—亚里士多德的古典正义论。

柏拉图正义论的核心议题之一是威廉斯讨论过的"大字正义"与"小字正义"的关系问题。① 由于个体与灵魂正义不易直接看清,就需借助更为宏观的城邦正义,于是个体正义与城邦正义的关系也就成为一个问题。具体而言,究竟这两种正义都是对同一个正义之"相"的分有从而没有质的差别呢,还是它们属于不同质正义之间的一种类比?不少论者似乎赞成前者。② 当然,如果从柏拉图著名的"相"论出发,前种看法是顺理成章的。不过这却削弱了正义问题的复杂性,难免把实践哲学问题转化为形而上问题。同时,从文本看,柏拉图在不少地方也保持了二者的张力:"凡是在城邦里所发现的,我们就把它转移到个人中去,而如果它是吻合一致的,那就一切顺利了;而如果在个人之中有一点什么不同的情况,那就再回复到那个城邦上去,再

---

① 伯纳德·威廉姆斯:《柏拉图〈理想国〉中城邦和灵魂的类比》,聂敏里译,《云南大学学报(社会科学版)》2010年第1期。
② 参见吴天岳:《重思〈理想国〉中的城邦—灵魂类比》,《江苏社会科学》2009年第3期。聂敏里:《〈理想国〉中柏拉图论大字的正义和小字的正义的一致性》,《云南大学学报(社会科学版)》2010年第1期。

来加以复核考校,而也许,在我们把这两者互相对比观察,也可以说是互相切磋琢磨中,就像从两段摩擦取火的木块中那样,我们会能使那正义就像火花一样点燃、爆发出来……"①（435a）这表明,柏拉图并不是先行设定一个正义之"相",然后直接应用到城邦与个体;而是在探讨具体的城邦正义与个体正义及其相互关系的过程中,正义之"相"才逐渐被照亮。

城邦正义的极致,表现为其中一种政制形式的正义,这就是柏拉图在《理想国》第五至第七卷所构设出的哲君制（可以具体体现为君主制或贤人制）。其中的正义就是城邦各阶层按照其各自金银铜铁的本性而"从事属于自己本身的工作,不去旁骛其他事情"（433b）。这种"安分守己"的正义原则至少包含消极与积极两个向度。从消极向度看:"每个人既不得占有他人的所有,同时他自己的所有也不为任何其他人所褫夺。"（433e）这个向度看似被萨克斯（David Sachs）称为"世俗正义"②中对等性的"互不拖欠"原则（331b）;也貌似格劳孔在第二卷提出的相互平等的"契约论"（359b）。可究其实质却判然有别,因为这里先行预设了每个人在本性方面的差别。而就其积极向度而言,"一人一事,安分守己"在于把属于自己本己的功能发挥到极致,比如护卫阶层要达到勇敢才是其"正义"。而统治者由于在城邦设计上从一开始就与利益隔绝,因而他们也就不会为自己私益而只能为城邦利益尽责。就此而言,正义是城邦和"他人的利益"。

与此相似,个体的正义也是灵魂内部要素的"安分守己",即欲望和激情接受理性的指导。如果从理想层面上看,个体的理性可以通过足够的智慧而指导欲望与激情,从而完成正义个体的建构。可如果从现实层面上看,个体正义秩序的构建都需要参照其身处其中的政制形

---

① 《理想国》引文一般取自顾寿观译、吴天岳校注本（岳麓书社 2010 年版）。
② 戴维·萨克斯:《柏拉图〈理想国〉中的一个谬误》,聂敏里译,《云南大学学报（社会科学版）》2010 年第 1 期。

式。也就是说在现实层面，只有在完满的政制正义情境下，才能构建出完满的个体正义；否则，后者的建构是缺乏情境条件和价值定向的。这也就表明，在随后逐渐蜕变的四种政制形式中，在现实层面难以产生出完满的个体正义。

在城邦层面，与"一人一事，安分守己"的正义原则相反，"相互旁骛，失分越己"便是不正义的原因和表现。与正义原则相似，这也包含着相互侵害与错失己性两个向度。

城邦层面正义向不正义的蜕变具体体现在政制形式的蜕变上。荣誉政制中统治阶层不再是哲人王，而成为争强好胜、贪爱荣誉者。在这种政制下，城邦秩序虽然没有发生根本改变，可哲人王已经退隐，占据最高价值位序的不再是智慧，而是次一级的荣誉。分配原则也由按照本性而变为按照荣誉。与这种政制相应的典型个体也就是缺乏教化而血气上涌的一介武夫。而荣誉政制中的统治者一旦开始敛财，就转化为寡头政制。敛财是为了满足自身消费的欲望，虽然这时还不是最坏的欲望。由于追逐财富本是商人的本性，因而寡头政制中的统治者便具有了商人的特征。正义的城邦秩序于是进一步颠倒。由于统治者的横征暴敛和与民争利，被统治者必定变得赤贫，因而这时实际转变为两个城邦："一个是穷人的，一个是富人的。"（551d）这时城邦中的官职、荣誉等善物自然也是按照财富进行分配。与寡头政制相应的个体也体现为欲望占据了最高的价值位序，虽然这时大部分还是必要的欲望。在这种情况下理性与激情也都必须服务于欲望。

当寡头政制中穷人里面"带毒刺的雄蜂"发动穷人革命成功，那么就演变为民主政制。民主政制的原则是自由、平等，政治权力及官职均根据自由身份以抽签的方式分配；而不论城邦各阶层本性如何，都以绝对的平等以待。而对于那些表现出高贵本性、卓尔不群者，则实施流放。因而，民主制中其实是城邦的最底层即寡头政制下的穷人成了统治者。如果说寡头制中的统治者还具有一些教养从而满足的是必要的欲望的话，那么民主制下的统治者满足的则是非必要的或曰多余的欲望；因而前者如果还可以说是不自制的话，那么后者就沦落为放纵。多余的欲望花样翻新，而且还可以被市场繁衍强化。与民主政制对应的个体也就是把多余欲望放在价值首位的人，这种人以主观偏好作为自己的价值原则。

由于民主政制中的成员都成为享乐主义者，那就会产生出讨好他们同时给他们提供享乐对象的人。这种人会剥夺富人的财富而分出一些供其他人享乐，也会挑起战争让大家觉得处于不安全和需要保护中，从而趁机夺取权力成为"人民"的保护者即僭主。一旦夺取权力，僭主便以武力为后盾而对"人民"实施奴役，同时搜刮民脂民膏满足自己的穷奢极欲。由于来自于穷人的僭主缺乏教化和修养，因而只会变着法寻欢作乐，满足自己无限的多余欲望。由于最坏的人成了统治者，城邦的理想秩序便完全被颠覆，因而也成为最坏、最不正义的政制形式。与僭主制相应的个体也是最坏的一种人，他们"嫉贤妒能、无信仰、不正义、没友谊、不虔敬，并且是一切恶劣的接纳者和助长者"（580a）。这种人终日生活在不满、躁动、恐惧之中，总之他们的生活也是最痛苦和不正义的。而与僭主相反的哲人王由于体现了灵魂内部恰如其分的秩序而能够获得真正的与高级的快乐，其生活也是和谐而幸福的。

然而，第一、二卷所提出的"世俗正义"与上面所述正义究竟是什么关系呢？它真的像萨克斯所说的那样前者与后者无关甚至脱节吗？笔者认为，世俗正义其实仅为不同政制中的正义片段，因而还原到特定政制形式中便可以得到解释。克法洛斯所讲的"不撒谎""欠债还钱以及互不拖欠"（331b）其实只要在正确的政制中，都可作为一种底线正义的要求；同时这也是这些政制下正义的个体所具有的内在要求。而玻勒马库斯传述的西蒙尼德所谓"正义是每个人的应得之分"（331d），由于其"应得"不同而可用于各种政制：哲君制为按天性应得；荣誉制为按荣誉应得；寡头制为按财富应得；民主制为按自由身份应得；僭主制则按僭主的意志而应得。而由此进一步演化的"助友攻敌"（332a）也可成为正确政制与个体的行为原则与品性。而格劳孔在第二卷开头（359a）所提出的契约论正义观也正是为了保护弱者的利益，特别是防止寡头和僭主对人民财富的剥夺，因而这在寡头制与民主制中也都是人民所希求的。当然，这种契约论在哲君制与荣誉制中都属多此一举，因为其中的统治者对利益并不感兴趣。而特拉西马库斯所提出的"正义是强者的利益"（338c）与格劳孔的契约论正好形成对应，因为寡头与僭主恰恰制定出维护自己利益的法律而作为所谓"正义"的规则。这也揭示了这两种政制中"正义"的实情。而苏格拉底所提出的"正义是被统治者的利益"（347d）则体现在正确的政制中，并且越好的政制体现得越彻底。

虽然柏拉图并不一定是先有一个正义之"相"，然后将其用于城邦和个体，可是大字与小字正义的相似乃至于同构性确实是显而易见的。这种同构性不仅指由不同种类的政制正义类比出个体正义，同时也指各种政制正义一开始的构造便参照了灵魂与身体的内部结构。这在理想城邦的构造中尤为明显。因而，正如柏拉图笔下的苏格拉底自己所说，城邦正义与个体正义相互摩擦而照亮了"正义"。也正是这种相互摩擦和借鉴的模糊不清，导致威廉斯批评柏拉图混淆了城邦与个体之间的意义类比与整体—部分类比。这也至少从一个方面表明，柏拉图的这种类比确实使城邦正义与个体正义及其关系都处在模棱两可之中。

三、从"大小字正义"到"双重正义"

与柏拉图由城邦与个体的大小字类比而照亮"正义"不同，亚里士多德对正义问题的研究是直接面向正义实事本身。在《政治学》中，亚里士多德直接讨论城邦或政制的正义。在第一卷，亚里士多德就提出了："正义是为政的准绳，因为实施正义可以确定是非曲直，而这就是一个政治共同体秩序的基础。"（1253a37）① 那么这种作为为政准绳的正义的实质性内容是什么呢？在第三卷他给出了答案："政治上的善就是正义，也就是全体公民的共同利益。"（1282b15）这与柏拉图笔下的苏格拉底所提出的正义是被统治者的利益不大相同，因为其中也包含了统治者自身的利益。亚里士多德的理由是："如果整个城邦的大多数或所有人或某些人没有享受到幸福，整个城邦就不可能有幸福可言。"（1264b15）如果作为城邦形式的统治者无幸福可言，那么这个城邦也难以称之为正义的。

亚里士多德认为一个城邦的正义情形与它的政制形式是直接相关的。他也基本承袭了其师的政制类型划分，只是以共和制取代了荣誉制。亚里士多德也将君主—僭主、贵族—寡头、共和—民主两两对应，其中后种形式为前种形式的蜕变形式。六种政制的前三种形式是以公民的共同利益为施政目标，因而是正义的；后三种政制形式是以私人的利益为目标，因而是不正义的。（1279a25）

就具体的正义原则而言，亚里士多德虽然没有原封不动地照搬其师基于本性的"一人一事，安分守己"的原则，但还是延续了前者基于本性的方面。这集中体现在亚里士多德提出的"公平"原则中。所谓公平，并非不分情况的一律平等；而是给予平等者以平等对待而给予不平等者以不平等对待，因为"以同样的方式对待不平等的人，或以不同的方式对待彼此平等的人，就好比是给体质不同的人以同等的衣食，给同等体质的人以不同等的衣食，其结果只会是危害了人们的身体"（1287a15）。这种公平原则也就是所谓的按几何比例分配。这种分配原则虽然不像柏拉图所持的按金银铜铁本性差异分配工种那么等级分明，但显然也是以假定人在本性上的差异为前提的，亚里士多德

---

① 《政治学》的引文一般取自彦一、秦典华译本（中国人民大学出版社2003年版）。

承认"天生的奴隶"便是明证。

亚里士多德也把自己的分配原则称为"值得"或"配得",而对于不同的政制而言,这种"配得"是不同的:"民主制会说这种配得取决于自由;寡头制说配得取决于财富;另一些人说取决于出身;贤人制说配得取决于美德。"(1131a30)[1] 亚里士多德一再强调,人们如果在一方面平等,比如自由方面,那么他们就倾向于在各方面特别是政治权力方面都要求平等;而如果他们在一方面不平等,比如财富或出身方面,他们则倾向于在各个方面特别是政治权力方面要求不平等。根据公民身份的平等而要求一律平等的观念一定会导致民主制理想,而根据偶然的不平等而要求所有方面不平等的观念则一定会导致寡头制甚至僭主制结果。而这三种政制形式都是不正义的。不论亚里士多德心目中理想的政制是何种形式[2],他基本会认同"按德分配"的基本原则。这里的"德"不仅仅指狭义的美德,更是指广义的"优秀"。亚里士多德所举的"上乘的笛管理应分给技艺上乘的笛师"(1282b35)便充分表明了这一点。由此看来,亚里士多德"按德分配"的原则其实是为了"人尽其才,物尽其用"。当然,这里所分配的主要是荣誉与官职,即一般而言的政治权力。

如果说分配正义是解决统治阶层内部的权力分配问题,那么矫正正义则是对整个城邦都有效的法律正义形式,这也就决定了这种正义形式不会考虑人们的本性或美德差别:"无论是一个正派的人抢了一个卑鄙的人,还是一个卑鄙的人抢了一个正派的人,抑或是一个正派的人与一个卑鄙的人通奸,这从根本上也都没什么区别。法律都是看其

---

[1] 《尼各马可伦理学》引文,主要参照廖申白译本(商务印书馆 2003 年版),引文改动部分,主要参照《亚里士多德全集》牛津修订版(*The Complete Works of Aristotle*, The Revised Oxford Translation, ed. by J. Barnes, Princeton University Press, 1984)及洛布希英对照版。依照惯例,文中对亚里士多德著作的引用只标明其标准编码。

[2] 对亚里士多德理想政制的讨论,请参见刘玮:《论亚里士多德的"最佳政体"》,《天府新论》2014 年第 3 期。

伤害程度的差异，并且平等地对待人们。"（1132a1）当然，其前提是在正确的政制形式中，这样法律就不会出于私利而偏袒。而在蜕变的政制中，法律就会有失公允："法律的好与坏，正义与不正义，必然要与各种政制情况相对应。……正确的政制必然就会有正义的法律，而蜕变了的政制必然有不正义的法律。"（1282b10）

如果说分配正义体现在政治权力分配的领域，而矫正正义体现在司法领域，那么相互性（ἀντιπεπονθὸς/reciprocity）正义则体现在经济交换的领域，这个领域也是一个共同体最为基础的领域："如果没有交易就没有共同体，没有公平就没有交易。"（1133b15）当然，如果只有交易方面的相互性正义，也还算不得一个政治共同体，因为不同城邦及共同体之间也可以进行交易。反过来，一种政制形式可以通过定价和法律导向的方式影响交易的公平性，从而破坏相互性正义，虽然这种影响比之于对矫正正义的影响更为间接。这就是说，即便是经济领域中的相互性正义，也难以完全脱离政制形式的制约。

理想的相互性作为经济交换领域的公平原则不仅仅体现在经济领域。矫正正义如果作为一种自然正义的话，其原则也可体现为相互性。这就是为何亚里士多德在讨论相互性正义时是由矫正正义引入主题的："人们要么寻求以害报害，如果他们不这样的话，就会被认为处于奴隶地位。"（1133a2）这也可被看作最为原初和自然的矫正正义形式：以牙还牙，以眼还眼。而司法正义只不过是对这种原初相互性正义的具体落实。不仅相互性正义可以扩展到司法领域，甚至可以进一步扩展到分配正义领域："相互性原则……甚至在自由人以及与其地位相同的人之间也必须维持，因为他们不可能全都成为执政者，而必须在年底或其他时期或以某一相继秩序轮番为治。"（1260a30）这就是在非君主制的正确政制中，统治阶层在统治与被统治方面的相互性。"大家轮流执政更加符合自然；正如一个人起先作为统治者为别人的利益着想，别人也会为他的好处着想。"（1279a10）这也就为这种政制的正义性即他人的利益提供了基础。另外，这种相互性也是好公民的必备素质："没受过统治的人不可能成为一名好的统治者……好公民必须学会统治和被统治。"（1277b15）由此看来，城邦正义中的公平原则可以进一步实质化为相互性原则，虽然这种相互性在大多数政制中还是局限于城邦中一部分人之间的相互性。

对政制正义的原则——公平性或相互性——的打破即为不正义。这种不正义除作为城邦政制的不正义之外，还有另外一种不正义的可能性，那就是在正义政制中个别人的不正义行为。按照亚里士多德的看法，这后一种不正义行为是由"贪得"（πλεονέκτης/greedy）引起的。这种贪得是在一般而言的好东西上面的贪得，即他会违背比例（或相互性）地"选取更多好东西，更少坏东西"（1129b10）。这些东西主要是指荣誉、钱财以及安危等这些外在善，由于外在善总量一定，因而具有竞争性。具体而言，在政治权力领域，这种人会想方设法获取多于他的才德所配得的荣誉和权力；而在矫正正义领域则试图避开或违背法律而贪占更多好东西；在经济交换领域也表现为违背公平交易的投机或敛财行为。因而，这就并不像威廉斯批评的那样[①]，亚里士多德提出的"贪得"其实能够很好概括城邦正义方面的不正义动机。

与城邦的正义相应，亚里士多德也提出一种个体的正义。亚里士多德的个体正义虽不像柏拉图那样通过与城邦正义类比而得，但其实质内容与其师相似，即亚里士多德眼中的个体正义也是有关内在善的。不过这种内在善并非柏拉图那里的高级而真实的快乐以及灵魂的内在和谐，而是"灵魂体现美德的活动"（1098a17），这就与城邦正义以外在善为对象具有根本性的区分。亚里士多德说："正义是最完美的美德，是完满美德的完满发用。"（1130a1）由于绝大多数美德，例如勇

---

① 参见伯纳德·威廉斯：《道德运气》的第六章"公正作为一种美德"，徐向东译，上海译文出版社 2007 年版。

敢、慷慨、大度、友爱等，都直接表现为为城邦或为他人的面相，因而也就符合"正义是他人利益"的基本界定。就连看似与他人不相干的节制其实也具有为他人的面相，因为如果可用资源数量固定的话，一个放纵的人用多了，那么留给其他人的就少了。

亚里士多德也把个体正义的标准界定为"守法"。然而，这种"法"与作为城邦正义的各种实在法不同，这是一种理想化的"礼法"。"礼法要求我们按照每种美德生活，而禁止我们按照每种恶劣生活。产生一般美德的行为也就是合礼法的行为，而正是这种礼法规定着促进共同善的教化。"（1130b22）也就是说在这种情况下礼法是美德的总汇，而偏离礼法便是恶劣。这种情况当然属于理想的政制状态，其中作为美德总汇的礼法也就成为法律，因而体现美德的好人也与遵守法律的好公民合二为一。在这种以慷慨、友爱等美德为礼法的城邦中，政制正义的相互性原则甚至失去了存在的必要性，因为"人们若相互友爱，他们便无需正义"（1155a24）。真正的友爱在外在善方面是不分彼此的，因而各种政制中的相互性正义在这里也都归于无效。然而，这种理想的君主或贤人政制是可遇而不可求的，因而在正义问题上也必须退而求其次。

在非理想的城邦与政制中，永远存在着好人与好公民的张力，前者也即个体正义的理想形式。而在现实的正确政制中，三种相互性的正义形式也都在不同方面塑造着个体正义。在轮流统治的相互性中，个体潜在的才德得到尽可能实现，这也成为积极性个体正义的主要内容，也即这种相互性正义的目标与成就美德的个体正义目标最为切近。而在矫正正义的相互性中也会培育出一种不贪不占、嫉恶如仇的公平感。相似地，在经济交换的相互性中也会塑造出一种公平交易、以善易善的健全正义感。

从完备性上看，个体正义至少包括由低到高三个层次：行为的正义、品性的正义以及好人。行为正义仅仅是出于符合法律条文的要求，尚未形成正义的品性，因而行正义者不一定是正义的人；品性的正义则已经在反复的正义行为中被各种相互性正义塑造成了正义的人。如果说前者是合于正义的行为，那么后者则为出于正义的行为。而当其行为能够进一步出于且合于各种美德时，正义的人就上升为好人，这也是最高层次的个体正义。由此也不难看出，如果城邦正义是以公平的相互性为原则的话，那么个体正义则是以个体的完善性（τέλεια/perfect）为原则，而这种完善性的极致便是拥有美德的好人。

亚里士多德虽然否认蜕变政制中政制正义的存在，可他并未否认其中个体正义的存在（这一点也与柏拉图有别）。恰恰相反，好人与好公民的分离也表明在蜕变政制中具有好人存在的可能性。同时考虑到亚里士多德对自然正义与自在人心之"公道"的强调，可以推测，在蜕变的政制中虽然不存在政制正义，却可以存在个体正义。当然这种个体正义可以具体体现在上面提及的三个层次即行为、品性以及理想性（好人）上，而这种个体正义的存在也成为促发蜕变政制转变为正确政制的重要动力。

总之，亚里士多德把其师柏拉图的城邦与个体的类比性正义转化为政制正义与个体正义这种双重正义。与柏拉图的大小字正义的同构性甚至某种意义上的同质性不同，亚里士多德的双重正义是异质性的，即政制正义与个体正义各自都有自己的结构和界定。当然，二者也并非完全不相干：其中政制正义为个体正义提供基本的情境与塑造；而个体正义为政制正义提供目标与制衡。这就是说，在亚里士多德这里，政制正义与个体正义既是异质性的也是互补性的。

四、"双重正义"视域下的罗尔斯"正义论"

罗尔斯的正义论一开始就把正义定位为政制的美德："正义是社会

制度的首要美德，正像真理是思想体系的首要美德一样。"①这种政制也就是自由民主制。在亚里士多德的政制序列中，民主制之所以是一种偏离正义的蜕变形式，是因为其中统治者的统治是为了自己的利益。为了破除这种利益格局，罗尔斯一方面扩大了统治者的范围，即从资格上把几乎全部公民都扩展为可能的统治者。另一方面也把其他政制中限制在部分人中的相互性扩展为普遍的相互性。当然，在这个方面，康德的普遍立法原则，即"不要按照任何别的准则去行动，除非它能够同时作为一条普遍法则而存在"②，已经为罗尔斯的这种扩展提供了基础。

按照罗尔斯的说法，"正义和公平，的确是不同的概念，但是它们共享一个根本的要素，也就是我称之为相互性（reciprocity）的概念"③。这种普遍的相互性具体体现在罗尔斯著名的自由与平等原则之中，即每个人的自由与所有人同样的自由兼容，并且地位与职位的机会向所有人开放。这样一来就足以保证理性自利的个体之间普遍地相互对等，以至于使偏向于某些人特别是强者的政制机制从一开始就不可能（至于补偿弱者的"最大化最小值原则"已经属于第二序列的措施了）。这种普遍的相互性很难说是为了共同体的利益，更不是为了他人的利益，而是为了每个理性自利的平等个体的利益。同时，这种普遍的相互性也打破了经济交易领域、司法矫正领域与权力分配领域的区隔，被毫无障碍地实施到所有领域。

与在政制正义中普遍相互性的扩展不同，个体正义在罗尔斯那里表现出逐渐退缩的迹象。在《正义论》中，正义感是个体正义的集中体现，当然这是由正义原则塑造并体现正义原则的正义感。此外，亚里士多德完善性的个体正义原则也在某种程度上得以保留："如其他条

---

① 罗尔斯：《正义论》，何怀宏等译，中国社会科学出版社2009年版，第3页。
② 康德：《道德形而上学奠基》，杨云飞译，人民出版社2013年版，第71页。
③ 罗尔斯：《罗尔斯论文全集》（上册），陈肖生等译，吉林出版集团有限责任公司2013年版，第214页。

件相同，人们运用他们已经获得的能力（天赋的或从教育获得的能力）为快乐，能力越是实现，或所实现的能力越是复杂，这种快乐就越增加。"① 如果人的本性是趋乐避苦的话，那么这种亚里士多德原则也就是借快乐增加而在才德上完善自身的个体正义原则。因而，如果说在《正义论》中多少还存在着好公民与"好人"这种双重向度的话，那么在《政治自由主义》中罗尔斯干脆放弃了"好人"的向度，这里当然指的是放弃了"好人"之维即亚里士多德原则。

在罗尔斯看来，亚里士多德原则与作为合情理性（reasonable）的相互性政治原则不相容，因而不能成为政治的正义的一部分。作为一种自圆其说的政治自由主义框架，具备与正义原则相应的公民美德及正义感已经足够了。② 纳入实质性的个体正义反倒与这种政制框架下的价值多元主义相抵牾。至于个体正义之维完全可以由不同的完备性学说提供，而选择哪种完备性学说完全取决于个人偏好。由此看，政制正义的普遍相互性如果扩展到极致的话，必定无法容纳个体正义的完善性原则。因为前者是形式上平等的框架，而后者具有实质性价值内容。这也就意味着个体正义的完善性原则从根本上说是无法进入政治自由主义的普遍相互性框架之中的。其结果是，在政治自由主义这种现代政制框架中，完善性的个体正义并无一席之地。

五、"双重正义"视域下的"现代中国正义论"建构

下面返回到"中国正义论"的主题上来。有关中国正义论的问题其实可以分解为两个不同的问题：其一，中国思想传统中有没有正义论？如果有的话属于哪种正义论？其二，现代中国是否需要一种正义

---

① 罗尔斯：《正义论》，何怀宏等译，中国社会科学出版社2009年版，第336页。
② 罗尔斯：《政治自由主义》，万俊人译，译林出版社2000年版，第33页。

论？如果需要的话需要哪种正义论？

如果从政制正义方面看，虽然中国传统思想并未直接谈论这一主题，但从儒家理想的政制形式看，确实也存在着政制正义思想，其中典型的就是大同、小康说和公羊三世说。所谓"天下为公""选贤与能""不独亲其亲，不独子其子"的太平盛世显然相似于君主制或贤人制①；而"天下为家""各亲其亲，各子其子""礼义以为纪"的小康升平世显然相似于共和制②。这些政制形式与孟子所讲的"仁政"也是相符的。而统治阶级横征暴敛、鱼肉人民的乱世则为寡头制或僭主制，这与孟子讲的"暴政"相符。可从中国思想传统看，却缺乏与民主制对应的政制形式，这也是为何说把中国传统的正义思想与罗尔斯的正义论直接进行比照是不合适的。再者，政制正义中的相互性原则在中国传统思想中并不突出，虽然孔子有"己欲立而立人，己欲达而达人""己所不欲，勿施于人"的相互性思想，但这种思想主要应用于个人修身成德方面，在政制方面特别是统治与被统治方面并未明显体现出来，甚至孟子也固守于"治人"与"治于人"的严格划分。

在个体正义方面，中国传统思想特别是儒家思想则具有极为丰富的思想资源。虽然诸如"仁者爱人""亲亲仁民爱物""正心诚意""修齐治平""民胞物与"等这些完善性（成己）原则最初是对在位者的要求，可后来也逐渐推广到一般的士大夫和知识阶层。纵观中国传统思想，不论是乱世还是盛世，这种完善性的个体正义原则不论在思想的传承上，还是在实际的践履上都异常充沛。如果与罗尔斯正义论比照的话，这堪称本文开始提到的郭齐勇先生所谓的"我有人无"资源。因而，这就构成中国传统思想对个体正义之维的巨大贡献。

而对于中国现代正义论的构建而言，既不应照搬理想自由民主制

---

① 《礼记·礼运》。
② 《礼记·礼运》。

类型的罗尔斯正义论,也不应对中国传统的正义思想不加限制地照单全收。从政制正义方面看,只要承认现代性社会无可避免,那么就应当坦然接受现代政治的基本价值,即便我们采取的是不同于"民主制"的"共和制"。因而一方面就要保障最大多数人民享有统治和被统治的权力,另一方面则要通过稳定的法律制度确保当权者的作为是出于共同体和人民的利益而非出于自己的私益。这就需要在政治、法律、经济诸领域建立起普遍的相互性原则,同时破除在传统社会中所盛行的仅仅限于特权阶层内部的相互性。这样才能把个别人或团体的主观片面意志转化为以普遍法律形式固定下来的人民的真实需要。虽然从目前状况看,这种转变任重而道远,但这也丝毫不能成为安于现状的借口。而在政制正义建构过程中,以罗尔斯为代表的现代西方正义论在很多重要的方面可资参考。

另外,在个体生活、家庭生活以及不存在利益竞争的社会生活领域,罗尔斯所提供的普遍相互性原则便应当失效,而传统思想中以仁爱及完善性(成己)为原则的个体正义则能够再次发挥重大作用。虽然公私二分是现代某些政治哲学的偏见,可承担不同角色却是人类社会的普遍现象。我们完全可以在(有关外在善的)竞争性领域恪守普遍相互性原则,而在非竞争性领域采取仁爱及完善性原则。这样一来,个体正义既可以限制由普遍相互性导致的相互竞争、相互排斥的无限扩散,也可以凝聚人心而形成团结友爱的共同体。当然,其中由普遍相互性塑造的正义感也应当成为个体正义的一个基本层面。

结语

源于古希腊哲学传统的"双重正义论"不仅作为一种中介使得现代西方正义论与中国传统正义思想能够更好地比照和沟通,它也作为一面镜子映照出二者各自的优长与不足。

以罗尔斯为代表的现代西方正义论是政制正义有余而个体正义不足。当然，基督教在西方的普遍存在很大程度上弥补了这种不足。即便如此，政制正义中如何能够吸收容纳个体完善之维仍是目前尚在争论和有待解决的问题。①

反观中国，以儒家为代表的传统正义思想则是个体正义有余而政制正义不足，这里的政制正义当然是指普遍相互性原则。虽然从孟子开始就把"义"与"仁"并提，可"义"在很大程度上仍要依附于"仁"。②这种由"仁"及"义"的方式与在普遍相互性中把对外在善的保全作为正义开端的西方路径大为不同。当然，从另一方面看，儒家传统中"仁义"并举、化"义"为"仁"的倾向也极大丰富了个体正义之维。

无论如何，政制正义与个体正义是"现代中国正义论"构建中不可或缺的两个维度。

该文删减版载《哲学动态》2017 年第 5 期

---

① 参见纳斯鲍姆：《本性、功能与能力》，文贵全译，载麦卡锡选编：《马克思与亚里士多德——十九世纪德国社会理论与古典的古代》，郝亿春等译，华东师范大学出版社 2015 年版，第 231—282 页。

② 参见陈少明：《仁义之间》，《哲学研究》2012 年第 11 期。

完满友爱:"自我关切"还是"非自我关切"?
——对亚里士多德"友爱论"中一个老问题的新解答

在亚里士多德对"友爱"的讨论中,存在着一个十分显眼的矛盾:一方面,亚里士多德一再强调完满的友爱是"为了朋友自身之故"[①](参见1156b7、1380b36等处)而促进对方之善,"不求回报是高贵的"(1163a1),并会"为朋友着想而不顾自己"(1168b1)甚至"会在需要的时候牺牲自己的生命"(1169a18);另一方面,亚里士多德又在多处毫不讳言,即使在完满的友爱之交往中,一个人还是"把较大的善留给了自己"(1169a28),他"给予自己最高贵和最好的东西"(1169a25)。虽然成为神对朋友而言是最大的善,可一个人却不希望自己的朋友成为神,"因为如果这样的话他将不再是自己的朋友,那么他也将不再是对自己而言的善"(1159a6)。

如果以现代道德哲学的术语判定的话,上述第一方面内容显然属于"利他主义"(Altruism),而第二方面内容则属于"利己主义"(Egoism)。[②] 那么,这种道德立场上的自相矛盾究竟应当如何解决呢?

---

① 《尼各马可伦理学》引文,主要参照廖申白译本(商务印书馆2003年版);亚里士多德其他著作引文,主要参照苗力田先生主编《亚里士多德全集》(中国人民大学出版社1990—1997年版)。引文改动部分,主要参照《亚里士多德全集》牛津修订版(*The Complete Works of Aristotle*, The Revised Oxford Translation, ed. by J. Barnes, Princeton University Press, 1984)及洛布希英对照版。依照惯例,文中对亚里士多德著作的引用只标明其标准编码。

② 有关利己主义与利他主义的基本含义,可以参照威廉斯的界定:"利己主义就是……只在

本文将表明，虽然以现代道德理论来衡定亚里士多德"友爱论"中的难题是捉襟见肘的，但这并不意味着亚里士多德完满友爱中不存在这个难题。本文试图站在亚里士多德立场上对这一难题进行重新厘定，并尝试提出一种新的疏解方案。我们也将看到，这种新的疏解方案奠基于对亚里士多德美德伦理学视域的重新确定之中。

一、从利己主义—利他主义到"自我关切"—"非自我关切"

亚里士多德眼中的完满友爱究竟是利己主义的还是利他主义的？有关这个问题的争论经久不息。声称其归属利己主义方的论证思路大致是：亚里士多德的伦理学是幸福论的，虽然这里的幸福是不同于快乐的"灵魂符合或体现美德的活动"（1098a15），但这仍然是追求"我"的幸福，因而是利己主义的；完满友爱属于亚里士多德意义上的美德范围，虽然具有利他主义因素，但最终还是"最爱自己"。[①] 利他主义方的论证则较为曲折：有论者区分出完满友爱的表面形式与实质内容，认为前者似利己主义而后者属利他主义[②]；有论者区分出效果的利己与动机的利他，即"我是在实现自己的幸福这个事实并不意味着我是在为了自己的幸福之故行动"[③]。

当然，也有论者试图调和利己、利他两种极端立场，认为亚里士多德眼中的完满友爱既是利己的又是利他的。不过，如果要使这种调

（接上页）意其自身利益的一种立场……利他主义就是在意他人利益的一种立场。"（B. Williams, "Egoism and Altruism", *Problems of the Self: Philosophical Papers 1956-1972*, Cambridge University Press, 1973, p. 250）利己主义、利他主义及其关系问题非常复杂，现代道德哲学中也颇多讨论。对此，本文仅在主题范围内涉及和讨论。

① 西季威克：《伦理学方法》，廖申白译，中国社会科学出版社1993年版，第114页；罗斯：《亚里士多德》，王路译，商务印书馆1997年版，第254页。

② 参见 J. Annas, *The Morality of Happiness*, Oxford University Press, 1993, p. 225。

③ 怀廷：《〈尼各马可伦理学〉中的友爱论》，陈玮译，载理查德·克劳特主编：《布莱克维尔〈尼各马可伦理学〉指南》，刘玮等译，北京大学出版社2014年版，第330页。

和是有意义的,就必须将其限定于"在动机上"既是利己的又是利他的,也就是说这需要具有"双重对立动机"。然而,双重对立动机又何以可能?有论者提出解释:"人们寻找友爱是出于自私的动机,可一旦友爱形成,就会出于无私的动机甚至以自我牺牲的方式行动。"① 这其实不能算作真正的双重对立动机,而只能看作一种动机转变为另一种动机,因而在不同阶段上还是单重动机。真正的双重对立动机应当是在行动那一刻的动机样态,可这是不可能的。因为在这种情况下的行动要么只是所"胜出"的那个单纯动机之发用,要么两个动机相等而无法行动。

由此看,以"利己主义"与"利他主义"这种现代道德理论来判定亚里士多德的完满友爱之性质不仅莫衷一是,而且困难重重。有鉴于此,古希腊思想研究方面的著名学者安娜思在讨论亚里士多德友爱论难题时提出:"以利己主义与利他主义的术语来刻画古代的论题会冒含混不清与时代错误之险。我倾向于用'自我关切'(self-concern)与'他人关切'(other-concern)这对术语。"② 相比较而言,"自我关切"与"他人关切"这对概念在含义上更为直观,而且在价值上也更为中性,不会带有利己、利他那么强的褒贬色彩。同时,这对概念的直观性含义直接指称行为动机的方面,从而可以暂时搁置行动效果方面的内容。美中不足的是,"自"与"他"并不是逻辑上周延的划分。因而,我们可以借鉴库珀所采用的"自我"与"非自我"(unself)的划分③ 而形成"自我关切"(self-concern)与"非自我关切"(unself-concern)这对概念。需要特别强调的是:"非自我"不仅仅指"他人",甚至主要不是指"他人",这在下文会有进一步展示。如此,"完满友爱是利己主义的还是利他主义的?"这个难题就转化为"完满友爱属

---

① H. J. Curzer, *Aristotle and the Virtues*, Oxford University Press, 2012, p. 273.
② J. Annas, *The Morality of Happiness*, Oxford University Press, 1993, p. 226.
③ J. M. Cooper, *Reason and Emotion*, Princeton University Press, 1999, p. 317.

'自我关切'还是'非自我关切'？"

既然我们是在讨论亚里士多德的友爱论问题，那么就应当首先对"自我关切"与"非自我关切"这对概念进行亚里士多德式的界定。不论"自"还是"他"在亚里士多德这里都属于"个体"。个体本体具有形式与质料两个方面，亚里士多德经过讨论，认定其中形式为"第一本体"（1029a30），具体到个体的人而言，其形式就是"灵魂"。因而，对个体行为动机的分析就可以转化为对其灵魂机制的刻画。

如果粗略地划分，与个体行为相关的灵魂能力可分为逻各斯或努斯与非逻各斯两个部分。前者又可分为沉思努斯与实践努斯，后者主要是情感欲望。亚里士多德指出："欲求（orexis）在灵魂每一部分都会出现。"（432b6）沉思努斯求知，实践努斯求善，情感欲望求乐。前两种欲求为希求（boulesis），后一种欲求为欲望（epithumia）。亚里士多德认为"欲求对象是激发行动的源头"（433a16）。具体而言，沉思努斯的对象是永恒不变的"形式"，实践努斯的对象是善事物，而情感欲望的对象是能够带来快乐的东西。"形式"是所有（不论是谁的）沉思活动所共同指向和运用的，因而是超出沉思个体的共同"本质"。与此相似，真正的"善事物"必定是就其自身而言是善的，因而也就超出了个体范围而成为所有人共同而稳定的真正希求之物。与上述两种情形不同，能够带来快乐的东西对不同个体是不同的，它是对不同个体"显得"好，而非"真正"好，因而这种欲望对象就是完全变动不居的。不过无论如何变化无常，仅仅"显得"好的东西都是由于其带来了快乐而显得好。

由此可见，构成个体本质的灵魂在行动的引发上可分为两种情形：一种是由对超出个体的恒定而共同之物的希求所引发；另一种是由对限于个体的变化不定的快乐之欲望所引发。根据亚里士多德的看法，作为行动引发的希求与欲望都是有知而情愿（voluntary）的（参见1111a24），因而它们也都可以成为名副其实的"动机"。这种动机如果不是用利己—利他而是用"自我关切"与"非自我关切"来划分的话，那么显然"欲望"就是一种自我关切，而"希求"就是一种非自我关切。这就是说，欲望所关切的是自身的快乐，而希求所关切的是超出自身的"形式"与"善事物"。上文已指明，形式与善事物既非属"自"也非属"他"。它们是超出"我"—"他"的共同之物。

如果运用上述通过亚里士多德灵魂机制而界定的"自我关切"与"非自我关切"来分析友爱问题又会是怎样的情形呢？

二、"自我关切"性友爱之"争"与"非自我关切"性友爱之"让"

亚里士多德根据三种"可爱"之物而把友爱分为基于利益、快乐和美德三大类。这就是说，虽然朋友之间具有善意和友爱之情，可使两个人结为朋友的最根本因素是"利""乐"或"德"。那么相应地，交友动机也就是三种：爱利、爱乐与爱德。如果考虑到亚里士多德对朋友双方"行爱者"（philōn）与"受爱者"（philoumenos）的截然区分，那么经由二者排列组合的友爱之类型还可能存在爱利—爱乐型、爱利—爱德型、爱乐—爱德型。在上述所列六种友爱类型中，除了完满的爱德—爱德型之外，其他类型中无疑都包含着自我关切维度。而所有自我关切的友爱类型都是求回报的友爱，虽然回报之物可以有利、乐、名等等的不同。一旦朋友一方所预期的回报无法获得，友爱双方则会陷入争执或争吵，甚至会导致朋友关系破裂。因而，亚里士多德认为，自我关切的朋友之间必须建立公平的回报机制，否则就会陷入朋友之"争"。

现在的问题是，根据亚里士多德的表述，爱德—爱德型这种完满友爱的朋友之间似乎也存在着"争"："每个人都争先恐后地想达到高贵并身体力行。……如果他的朋友需要钱，他也会慷慨赠与；如此，朋友得到钱财，而他自己收获高贵。因而，他还是把较大的善留给了自己。"（1169a28）这种"争相高贵"是一种自向关切性的相互争夺吗？如此会不会陷入安娜思、克劳特他们所争论的"道德竞争"？① 比如战场上两个朋友争着去堵枪眼是出于争夺属于"自我关切"的自我之高贵吗？要解答这一问题，必须先搞清楚行德者"非自我关切"的对象。

上文在分析行动的灵魂机制时得出"希求所关切的是超出自身的'形式'与'善事物'"。作为沉思对象的"形式"我们暂且不论。在亚里士多德这里，希求所关切的超出自身的"善事物"恰恰就是行德者"非自我关切"的对象，也就是说，善事物是行德者所行之德的最终指向和依托。这就涉及对"美德"（aretē）的界定。笔者曾对亚里士多德"美德"概念进行了"德行"与"德性"的区分。② 如今看来，这种区分尚局限于"行德者"的方面，即：只是把"美德"限于行德者"活动"与"品性"方面的优越，也就是说只看到了其中"人"的方面，而没进一步认识到"美德"更具有其根本的"事"的方面。

根据麦金泰尔的看法，在古希腊思想中，"要印证有关一个人的美德与罪恶的判断就看他在一特定境遇中所表露的具体行为"③，这就是说如果离开"特定境遇"便无法判断行为者的德与恶。亚里士多德对美德的界定所体现的也正是这个思路："美德是一种关乎选择的品性或状态，它存在于相对我们而言的适宜（mesotēs）中，这种适宜是由逻各斯确定的，亦即，明智的人会确定这种适宜。"（1107a1）这种"适宜"显然是"特定境遇"中的适宜，用亚里士多德的话说就是，"在适当的时间、适当的场合，对于适当的人，出于适当的原因以及以适当的方

---

① J. Annas, "Self-love in Aristotle", *The Southern Journal of Philosophy*, 1989, Supplement 27. 5, pp.1-18; R. Kraut, "Comments on Julia Annas' 'Self-love in Aristotle' ", *The Southern Journal of Philosophy*, 1989, Supplement 27. 5, pp. 19-23.

② 郝亿春：《美德的两面——兼谈〈尼各马可伦理学〉中"ἀρετὴ"的中译问题》，《世界哲学》2016年第1期。该文亦收录于本书，见本书第186—203页。

③ 麦金太尔：《追寻美德》，宋继杰译，译林出版社2003年版，第154页。

式"（1106b18）而行动。关于"适宜"，亚里士多德区分了相对于"事情自身（kat auto）而言的"与相对于"我们而言的"（1106a25），但这并不意味着后者就不是一种"事情自身"，事实上，加上"我们"仅仅是为"事情自身"增添了一个变量而已。如果我们的行为离开了如此这般的事情境遇，或是我们的行为并不能使这个事情适宜地完成，那么无论我们的行为看上去多么优秀，它也不能算作真正好的或是具有美德的。这种使德行成为可能的适宜性的事情境遇也正是明智之人能够确定的有关事情自身的逻各斯。

这种作为德行的条件与基础的"事情自身之好"我们可以称为"德事"，即"美德事情"。德行只是对德事之"需要"的恰如其分之"回应"。亚里士多德在其伦理学中虽然侧重于阐述人的德行与德性，可正如上文指出的，他也时常透露出人之德对德事的依赖性。而这种"德事"恰恰也就是作为"非自身关切"对象的"善事物"。那么接下来的一个紧要问题就是，究竟如何确定"德事"或"善事物"之为"德""善"？亚里士多德指出，"德""善"之为"德""善"是由于它们是"高贵"（kalon）的："为着高贵是所有美德的共同特征。"（1122b6）[1]在以城邦生活为基本情境的柏拉图—亚里士多德式古希腊思想中，"高贵"是明智之士可以直接观看到的价值，它是德事或成全德事之行为本身带有的美善之光："人们通常欢迎和赞赏那些渴望高贵行为的人。当每个人都争先恐后地想达到高贵并身体力行时，那么正当之事就会为了共同之善而完成，而每个人在个体上都会得到最大的善，因为这正是美德的特性。"（1169a9）

如此，我们便更为具体地确定了"非自我关切"的对象，即超出个体并使得个体德行成为可能的德事或善事情。在这一过程中，"自

---

[1] 郝亿春：《明智与高贵主义的德性概念——对亚里士多德"明智"概念的分析》，《世界哲学》2013 年第 6 期。另参见 M. Pakaluk, *Aristotle's Nicomachean Ethics*, Cambridge University Press, 2005, p. 283。

我"在价值上是完全归属并依赖于德事的。如果从这种非自我关切的德事立场出发的话,我们便可以很好解决作为本文主题的亚里士多德友爱论中看似矛盾的表述。根据亚里士多德的思想,不论是完满的友爱还是完满的自爱,最终都是爱"德":"他们渴求高贵而非唯利是图。"(1169a5)这里的德并非德行或德性意义上的美德,而是德事或善事情之德。因而,不论是完满的友爱双方,还是完满的自爱者,都是为了成全超出自身的德事。在这里,友爱与自爱也就完全成了一回事。如此,完满的友爱从根本上说并非爱对方这个人,而是互相促进与回应德事之需要,这也即我们通常所讲的"志同道合"之朋友。

由此看,上文提到的"道德竞争"也就不是出于自我关切的竞争,而是出于德事之需的适宜性之"争"与"让"。关于这一点,亚里士多德有明确表述:"他也可以把荣誉和官职让给朋友,如果这样做对他而言是高贵的和值得称赞的话。因而,他被认为是公道的人也就不足为怪了,因为在所有这些事物中,他只选择高贵之物。他也会把一些事情让给朋友去做,如果这些事情由他的朋友负责去做比他自己去做更好的话。"(1169a34)显然,亚里士多德的意思是有德者时刻都会想着成全德事,如果自己适合,那么就当仁不让;如果朋友更符合德事之需,那么就"让"给朋友去做——即便自己也很想去做。这里的基本原则是看谁更能够回应德事之需、更有助于成全德事,这一原则也符合亚里士多德提出的"价值"(axia)准则:"上乘的笛管理应分给技艺上乘的笛师"(1282b35),即人尽其才,物尽其用,事尽其善。如果从这一原则出发,开篇提到的亚里士多德看似矛盾的表述便迎刃而解:在完满的友爱中,不论是为了朋友之故而爱朋友,还是把高尚留给自己,最终都是为了最好地回应德事之需,最完满地成全德事。这就不需要像廖申白先生那样诉诸"区分事前的动机与事后的评价"[①]来化解

---

① 廖申白:《亚里士多德友爱论研究》,北京师范大学出版社2009年版,第229页。

上述矛盾，也不需像开篇提及的那样陷入利己—利他的争执或调和。至于具体事情上如何选择，取决于在具体境遇下谁更适宜于成全德事。如此，成全德事也就成为非自向性或超自我关切的希求之对象。

三、"非自我关切"的主体落实与完满友爱之共同（通）体

既然德事对于德者或好人而言是超个体的"非自我关切"之对象，那么这种超个体之事又是如何被个体之"我"体验到从而强化"我"的行为动机呢？亚里士多德就此进行了生存论和认识论上的奠基。

"生活在其主导意义上是感知与思想"（1170a19），感知与思想活动本身就具有内在价值，从而值得选取。我们的生活是通过一种灵魂的自身觉知能力而被体验到的："如果一个人看就觉知到他在看，听就觉知到他在听，散步就觉知到他在散步（其他情形与此相似）；那么就有某种东西在觉知我们的活动。其结果是，如果我们在感知某物，我们也会觉知到我们在感知；如果我们思考，我们也会觉知到我们在思考。觉知我们在感知与思考就是觉知我们的生活。"（1170a30）由于生活本身具有内在价值，那么"觉知我们的生活本身就是令人快慰之事"（1170b1）。然而，构成生活的感知与思想等活动并非自持的存在，它们都需要感知对象与思想对象作为其内容，因而，这些对象的性质便决定了其生活是真正好还是显得好。坏人的活动内容虽然可能对自己显得好，但并非真正好；而"本性上是好的东西被认为自身对有德之人就是好的和愉悦的"（1170a20）。因而"有德之人生活中不需另外附加快乐，其自身就包含着快乐"（1099a15），而这种快乐正是被行为者以上述方式觉知和体验到的①。

由于——正如上文指明的那样——有德者的活动共同指向了德

---

① 参见 A. Kenney, *Aristotle on the Perfect Life*, Oxford, 1992, pp. 45-46。

事这种共同之物，从而完满的友爱双方便拥有共同的感知与思想对象，在这个意义上他们便可以将心比心，感同身受："有德之人以何种方式来对待自己，也就以何种方式来对待朋友（因为朋友是另一个自我）；因此，正如一个人的存在对于他自己来说是值得选取的，那么朋友的存在对于他来说也是同样或相似地值得选取的。我们同意，一个人的存在是值得选取的是因为他觉知到他自己是善的，而这种觉知自身就是愉悦的。因而他一定会觉知他和朋友共同的存在，当他们生活在一起共享交谈与思想时便会如此。"（1107b10）

这里所说的"朋友是另一个自我"并非是在德里达批评的"自我"同质化"他者"①意义上而言的。与柏拉图《吕西斯》及《会饮》中谈到的因互相缺乏对方而追求融为一体的友爱模式不同，亚里士多德眼中基于美德的完满友爱之动力从根本上说并不在于"自我"缺乏对方能够提供的东西（这是互利、互乐等低级友爱类型的特征），而是在于超"自我"的"德事"之完成缺乏某种东西。也正是在力图回应德事之需、促进德事之完成的意义上"我"与"朋友"并无二致，因而他是"另一个自我"，即由于"志同"而"道合"。当然，《大伦理学》谈到的认识朋友之"我"有助于"认识自我"（1213a25）以及《尼各马可伦理学》"友爱卷"谈到的完满友爱有助于"相互调校"（1172a12），无疑也都是"另一个自我"作为美德之镜的效用，但这些作用都可归属于有德者所要促进的德事。

再者，完满友爱关系中与"另一个自我"的感同身受虽然可能超越个体的界限，但这种在对德事共同关切中的超越并非叔本华所谓的"非自我和自我已在一定程度上融为一体"②的神秘体验。与后世对种种共同体之神秘一体感诠释不同，亚里士多德将友爱共同体落实在日

---

① 参见德里达：《〈友爱的政治学〉及其他》（上），胡继华译，吉林人民出版社2011年版，第17页。
② 叔本华：《伦理学的两个基本问题》，任立、孟庆时译，商务印书馆1996年版，第235页。

用伦常之中:"无论人们就自己的存在而言,还是就所选取生活的目的而言,他都希望与朋友一起活动。因此,有些朋友在一起喝酒,有些在一起玩骰子,还有些在一起体育锻炼,还有的一起出去打猎,或者一起从事哲学活动。他们一起追求生活中最喜欢的活动。因为他们希望和朋友们一起生活,他们在其共享的活动中发现了其生命相通。"(1172a5)由此看,正是共同的活动内容使人们聚合在一起成为朋友,从而构成友爱的共同体或共通体,其中所"同"或所"通"的便是朋友之间基于"共同事情"而进行的"共享的活动"。完满的友爱也就是对"好事情"的共促与共享。这种友爱在伦常生活中体现为对共同德事的共同促成,而在沉思生活中体现为对"形式"的共同观看与交流分享。如果从其实际效果看,也正是在这种完满的友爱活动中实现着朋友双方各自的幸福生活。

结语:完满友爱共同体的扩展与限度

亚里士多德非常清楚,完满友爱是一种在现实中难以实现的理想形式,就如君主或贤人政制是理想形式一样。这样的友爱之罕有是因为"有德之人屈指可数"(1156b24)。即便是有德之人,也不可能时刻都进行美德活动,他也必定或多或少具有求利或求乐的时候。因而,以促进德事为本的完满友爱其实是友爱关系难以企及的理想性顶点。埃尔文借助于家庭友爱的自然基础,并通过正义的中间环节试图将完满友爱扩展为城邦友爱。①虽然其用心良苦,可如果离开理想的君主或贤人政制,那么这种扩展要么行不通,要么沦为伪善。亚科(B. Yack)反其道而行之,从根本上拒斥埃尔文对亚里士多德的这种理想主义阐释进路,他认为亚里士多德眼中的城邦友爱是从互利、互乐的低级友

---

① 参见 Irwin, *Aristotle's First Principles*, Oxford, 1990, pp. 395-406。

爱形式扩展而来的，"即使在亚里士多德的最好政制中，城邦友爱仍然是互利性友爱"①。

如果按照我们上文的疏解，完满友爱是在对共同德事之促成中形成的生活共同体。那么，这里的"共同"究竟是对"谁"而言的共同呢？这里的"德事"又由"谁"来判定呢？"共同"显然不是现代哲人所谓"人类"意义上的普遍共同，这也是亚里士多德被舍勒所诟病之处："亚里士多德的学说只是存在于生活共同形式（只要它为血缘、传统、地区和自然语言凝聚在一起）之中人的认识的和道德的关系之形式化。"②亚里士多德意义上的"德事"也正是城邦共同体中的明智之士所能看到的"高贵"之事。这就意味着，完满友爱虽然是属于少数人的，可他们所要成全的德事却是属于整个城邦的善。不论是完满友爱共同体还是城邦共同体，无疑都构成或大或小的"我们"。问题是，"我们"的"德事"很可能成为"他们"的"恶事"。比如擅长置人于死地的"勇敢"显然是"我们"城邦的美德，可对于"敌人"而言这又何尝不是罪恶呢！即便对于同一个城邦而言，作为完满友爱共同体的"我们"无疑占据了美德高位，如此便可以傲视身处下位的"他们"，甚至可以把身处底层的"他们"作为"会说话的工具"——奴隶——而随意驱使。

康德正是看到亚里士多德完满友爱中这种可能的同质化与排他性倾向，提出了自己的完满友爱界定，即友爱"是两个人格藉由平等的相互之爱与尊重的结合"③。然而，这又重新把基于德事的友爱拉回到自我—他人之关系的"人本"模式，亚里士多德思想中所蕴含的突破了

---

① B. Yack, *The Problems of a Political Animal: Community, Justice, and Conflict in Aristotelian Political Thought*, University of California Press, 1993, p. 114.
② 舍勒：《舍勒选集》（上），刘小枫主编，上海三联书店1999年版，第360页。
③ 康德：《康德著作全集》（第六卷），李秋零主编，中国人民大学出版社2007年版，第480页。

"人本"的"事本"模式于是隐而不彰。

在人本主义大行其道的当今世界，我们又该如何汲取涵盖天—地—人等整全要素的境遇性"事本"视域，并以此突破人类中心主义构设的狭隘界域，这便是亚里士多德基于德事的友爱论促发我们需要进一步思考的问题。

该文原载《世界哲学》2017 年第 4 期

[续编]

回到「实践」问题：伦理学之路

伦理学："伦理"抑或"科学"？
——伦理学"色谱"刍议

在伦理学研究中存在着一种吊诡的现象，即对"伦理学"性质的两种批评针锋相对：一种批评认为伦理学太"理论化"、太"科学"，从而失去了现实"伦理"的维度；另一种批评认为"伦理学"太现实、太"伦理"，以至于丧失了"科学性"，从而或是成为庸常的"道德说教"或是沦为统治者的意识形态。本文意在表明：这两种批评各自理据何在（第一、二部分）；对"伦理学"应当如何定位的问题有必要回溯其开端《尼各马可伦理学》（第三部分）；从既有类型看，"伦理学"既"伦理"又"科学"并非不可能（第四部分）。

一、伦理学"没伦理"

"伦理学"通常被区分为"元伦理学"与"规范伦理学"。"元伦理学"的主要任务是对"善"（Good）、"正当"（Right）等价值词进行语义分析。其前提是，首先将这些价值词从流动的生活经验中，甚至从其所寓于的文本中抽离出来，然后就其"上升了的语义"进行分析和考察。学界公认的现代元伦理学的发起者摩尔对此直言不讳："伦理学的直接目的是知识而不是实践。"[①] 于是，威廉斯就此断言："元伦理学

---

① G. E. 摩尔：《伦理学原理》，陈德中译，商务印书馆2017年版，第22页。

的理论就其本身来说没有伦理意涵。"① 所谓"没有伦理意涵",是说元伦理学主要关注的并非现实伦常实践事务。

"规范伦理学"虽然类型多样,但从近现代看,大致可归结为两类:感性伦理学与理性伦理学。感性伦理学通常把"趋乐避苦"作为人的本性,由此出发构建伦理学体系,其中最常见的是各种版本的"快乐主义",休谟伦理学及功利主义基本属于此类,而摩尔指出的把"善直接等同于快乐"这种"自然主义谬误"主要针对的便是感性伦理学。理性伦理学是以"人本质上是理性存在者"为基本前提,由此推演出完整的伦理学体系。康德是理性伦理学众所周知的典范,罗尔斯的正义论在起点上也延续了这一传统。上述两类伦理学虽然分庭抗礼,但又共享某种思维方式,即都或多或少具有"形而上学"或"还原论"的迹象。所谓"形而上学",是对"人性"有一种基本预设,即人性是感性的或理性的。"还原论"则是把生活中其他方面的丰富内容还原到这种预设上进行解释。虽然"还原"后的诸版本往往能够自圆其说,并且具有一定解释力,但它们显然是对丰富伦常生活的某种"抽离"。在这个意义上也可以说,这种伦理学"没伦理"。②

批评伦理学"没伦理",也就意味着期望伦理学可以直接对伦常生活发生作用。问题在于,这种"直接性"何来?虽然"伦理学"或多或少要对伦常生活进行"反思",可上述两种形态的伦理学显然是反思过度了。为了上升为"知识",元伦理学要自觉割断与现实伦常

---

① B. 威廉斯:《伦理学与哲学的限度》,陈嘉映译,商务印书馆2017年版,第89页。

② 之所以采用"没伦理"而不采用"没道德"的表述,是沿用威廉斯对"伦理"与"道德"的区分,即"应该把道德理解为伦理的一种特殊发展,这种发展在近代西方文化中具有一种特殊的意义。它的奇特之处在于格外强调多种伦理概念中的某一些……它还有某些奇特的假设……我相信,道德是我们应该特别抱以怀疑态度来对待的东西……我将多半把'伦理'一词作广义的名称来指称这一课题一向讨论的内容,而用'道德的'和'道德'来指称那个较为狭窄的系统"(B. 威廉斯:《伦理学与哲学的限度》,陈嘉映译,商务印书馆2017年版,第12页)。这就是说,"伦理"主要指称整体性的伦常生活,而"道德"只是其中的某种形态,特别是通过近现代伦理学"体系"构建出来的形态。

实践的直接关联；规范伦理学虽然试图直接为现实伦理生活提供范导，但由于上述指明的"形而上学"与"还原论"倾向，使得其中设想的"道德生活"有可能成为"透明"的人为造作，就像麦凯（John. L. Mackie）所自信地宣布的那样，伦理学要"发明对错"[①]！对此，威廉斯提出了所谓的"白加黑"[②]方案：一方面，伦理学要进行反思，并通过反思达到对"我"与其他存在者更为清晰的认识，从而相应地调适自己的信念系统；另一方面，这种反思并不追求形成严密工整的理论体系，而是在纵横交错的情境中给"我"及"我们"以恰如其分的定位，这种"情境"无疑充满了各种非反思性的生活要素与盲目信念。因而，这种反思既可以突破施蒂纳式的"唯我论"，从而把"他者"纳入自己的视域和考虑；同时又不会直接上升到"人"的"本质"（essence），否则，又会陷入前述的"形而上学"与"还原论"，从而成为"没伦理"的。也就是说，这种反思恰当的落脚点应当处于上述两个极端中间的"我"与"我们"中。如果要避免彻底的"唯我论"，"我"中必然预设或包含"我们"，而"我们"既可以包括所有的人，甚至也可以超出人类；不过这种整体性的"人类"与作为抽象本质性的"人"具有根本差异：前者是经验性的，而后者是形上性的。伦理学反思一旦从经验性的"我们"出发，更可能"切身"，从而更便于介入"我们"的伦常生活。

既然伦理学反思最好从"我们"出发，首先需要追问："我们是谁？"如前所述，对这个问题当然不能以抽象性的"我们是人"来回答。"我们"共同生活在一起，"我们"有着相同的历史，换言之，"我们"具有同一种"传统"。这就是麦金泰尔提供的思路。在他看来，由于没能把自身共享的生活传统纳入伦理学考量，因而近现代论证道德合理性的启蒙筹划必定失败。虽然各种伦理学都具有普遍性诉求，并

---

① 约翰·L.麦凯：《伦理学：发明对与错》，丁三东译，上海译文出版社2007年版。
② 陈德中：《启蒙方案、透明性与道德生活》，《哲学研究》2017年第5期。

且通过理论论证也基本证成了自身的普遍性,然而,这些普遍性的伦理学在看待相同伦理问题比如"正义问题"上却各执一词,难以公度。这就会出现由普遍性学说割据而成的相对主义的奇怪画面。由此看,种种普遍性伦理学只是情感相对主义的伪装面具。因而,与威廉斯批评现代伦理学"没伦理"是由于过度反思从而抽离现实的伦常生活不同,麦金泰尔批评伦理学"没伦理"是因为它们都是某种程度上的"唯我论"。各种伦理学之"我"之所以剑拔弩张、不可调和,是因为它们未能看到其实彼此共享着共同生活传统中的共同美德:"在构成真正道德的那些训诫之内容与特性问题上,他们之间有着惊人的一致。婚姻与家庭对于狄德罗的理性主义'哲人'和克尔凯郭尔的'法官威廉'来说同样都是不可置疑的;而诚信与正义对于休谟和康德来说也同样都是不可违背的。"① 即使休谟与康德对"诚信"和"正义"各自提供了几乎截然相反的理论证明。因而,一旦破除伦理学理论的蔽障,其背后的诸"我"才可能发现"我们"所共享的传统生活,特别是其中的诸种"美德"。

麦金泰尔对现代伦理学"没伦理"的另一个批评是由于其只顾逻辑论证而丧失了教化功能。显然,要恢复美德生活,教化是关键一环:"构成这些人思想之历史背景的道德构架是一个必需具备三个要素的结构:未经教化的人性,实现其目的而可能所是的人,以及使他能够从前一状态过渡到后一状态的道德训诫。"② 麦金泰尔依此对理想伦理学的定位是,"伦理学就是一门使人们能够理解他们是如何从前一状态转化到后一状态的科学",也可称之为"理性伦理学的训诫"。③ 可这种作为"教化"的伦理学究竟如何可能呢?如果拿捏不好,它可能陷入两个极端:要么成为盲目的道德说教和意识形态,从而落入主观主义

---

① 麦金太尔:《追寻美德》,宋继杰译,译林出版社 2003 年版,第 65 页。
② 麦金太尔:《追寻美德》,宋继杰译,译林出版社 2003 年版,第 69 页。
③ 麦金太尔:《追寻美德》,宋继杰译,译林出版社 2003 年版,第 67 页。

与相对主义的窠臼；要么反思过度而脱离"传统"生活。再者，虽然麦金泰尔主张理想的伦理学要承担教化功能，可他自己的"伦理学"能够承担这个功能吗？答案应当是否定的。其伦理学充其量只是为伦理学反思增加了一种历史和传统美德的维度而已，就此而言，麦金泰尔的伦理学仍属于"没伦理"。

伦理学要成为真正"有伦理"的，即要使其能够直接在伦常生活中发挥作用，一种可能的方式是完全放弃"理论"或"科学"的形态，比如采用"语录体"或"对话体"。如若将这种"话语"还原到其发生的原初情境，则更有助于复原此种情境下伦常生活的价值取向和张力。当然，严格来讲，即便是流传下来的"语录"和"对话"，也都或多或少丧失了其原初语境而在某种程度上成为抽象和游离的。由此看来，如果要真正在现实的伦常生活中起作用，就必须将其限定在当下情境中而有所作为（"话语"亦为一种"作为"）。这也就可以理解为何禅宗以及其他一些教派主张"不立文字"；唯有如此，才能真正做到"随处指点"，从而实施介入伦常生活和完成教化的功能。然而，悖谬的是，既然不立文字，也就从根本上取消了"伦理学"。

鉴于此，只能退而求其次，可以从记录下来的对话体这种最弱的"伦理学"形式中来看它究竟是如何"有伦理"的。就这种形态而言，《论语》堪称典范。《论语》记录了孔子随处指点的言行，这既是介入和范导现实伦常生活的方式，也是对相关对话者及参与者乃至阅读者进行教化的途径。当然，即便是这种当下在场的随处指点，也不是每次都能够成功地完成介入与教化。这种"失效"的最著名事例就是"宰我问三年之丧"[①]。宰我就缩短丧期（三年缩为一年）提出了自己的

---

① 宰我问："三年之丧，期已久矣。君子三年不为礼，礼必坏；三年不为乐，乐必崩。旧谷既没，新谷既升，钻燧改火，期可已矣。"子曰："食夫稻，衣夫锦，于女安乎？"曰："安。""女安则为之！夫君子之居丧，食旨不甘，闻乐不乐，居处不安，故不为也。今女安，则为之。"宰我出。子曰："予之不仁也！子生三年，然后免于父母之怀。夫三年之丧，天下之通丧也。予也有三年之爱于其父母乎？"（《论语·阳货》）

理由（三年不为礼乐则礼坏乐崩）。从随后孔子的震怒看，宰我的发问大概并非针对一般性丧期问题，而是对于自己守丧期限的发问。孔子以"安"否的标准来回应。出人意料（更出乎孔子预料）地，宰我回答"安"。孔子一时语塞。稍后孔子给出三年之丧的理由：（1）三年期间寝食难安，无心于礼乐（这个理由对于宰我已不成立）；（2）三年之丧为天下通丧（严格说来这是礼俗，而非理由）；（3）因为三年免于父母之怀，所以要以三年之丧回报。显然，（3）只是一种"应当"，如果没有"不安"的契机，很难转化为行为的真正促发。这也是为何孔子当面只是以"安"来指点宰我，而宰我出去之后他才对着其他弟子以后两个理由来大骂宰我"不仁"。孔子这里对宰我指点失效的主要原因看来是，二者对于守丧期限这件事各自已经持有强有力的信念，因而孔子不论从"心安"还是"理得"方面的教化都难以奏效。① 当然，这并不意味着孔子的教化指点没有意义，因为他对在场的其他人可能提供了教化指点，同时也为后来读到此谈话的人提供了教化的可能。这就表明，即使是"随处指点"的方式，要想真正介入伦常生活并进行教化，"我们"也必须对所指点之事具有基本相似的价值信念；当然，更重要的是提供教化者应当是大家心悦诚服的价值权威。

批评伦理学"没伦理"值得重视，特别是在目前不少"伦理学"作品几乎成为纯粹智力游戏的情况下更是如此。然而，要使伦理学"有伦理"也并非易事。从程序上看，这需要首先"解构"几乎占据主流的"没伦理"的伦理学，威廉斯和麦金泰尔在很大程度上所做的正是这项工作。但这并不意味着解构"没伦理"的伦理学本身就能够成为"有伦理"的伦理学，而只是意味着这种"解构"可能会拉近伦理学与伦常生活的距离。要介入现实的伦常生活并实现教化功能，就需

---

① 对此问题更详尽和深入的讨论，见陈少明：《心安，还是理得？——对〈论语·阳货〉"问三年之丧"章的解读》，载陈少明：《经典世界中的人、事、物》，上海三联书店2008年版，第134—148页。

要进入具体情境而随处指点，但这种情况下已经很难说还是不是"伦理学"。不过我们可以把这种情境性中的基本要素提炼出来，从而完成对抽象伦理学的具体性之改造。这种情境性要素大致包括：谁在讲？对谁讲？讲什么？为何讲？等等。伦理学只有落实到这些具体的语用学情境，才可能在某种程度上使自己从"没伦理"转化为"有伦理"，并以此进一步促动看上去是智力游戏的伦理学以及被批评为形而上学还原论的独白伦理学在现实中找到自己的恰切位置。然而，这种情境性的伦理学又常常被批评为"不科学"。

二、伦理学"不科学"

把伦理学做成"科学"是西方近世数代哲学家的理想。众所周知，莱布尼兹曾表达过如下设想：如果出现道德分歧，不必争论，坐下来一起算一算自然会迎刃而解。可以说，不久之后的功利主义在某种程度上实现了他的设想；斯宾诺莎以严谨的几何学形式完成的《伦理学》同样体现了这种理想；而休谟著名的《人性论》的副标题是"在道德领域引入推理之实验方法的一个尝试"；到了康德则以"纯粹理性"完成对伦理学之形而上基础的奠基。所有这些试图把伦理学做成科学的努力无疑都是嫌弃现有的"伦理学"不够"科学"，虽然他们各自眼中的"科学"大为不同。在他们看来，只有把伦理学做成"科学"，才能够成为稳固的知识，从而发挥其效力："知识就是力量！"

即使在一般论者看来不那么"科学"的黑格尔也共享着这种对伦理学"不科学"之批评的前提。黑格尔在《哲学史讲演录》中对孔子众所周知的评价也可以看作其对伦理学之"不科学"的批评："我们看到孔子和他的弟子们的谈话，里面所讲的是一种常识道德，这种常识道德我们在哪里都找得到，在哪一个民族里都找得到，可能还要好些，这是毫无出色之点的东西。孔子只是一个实际的世间智者，在他那里思辨的哲学是一点也没有的——只有一些善良的、老练的、道德的教训,从里面我们不能获得什么特殊的东西。"① 由此可见,在黑格尔眼中,"没思辨"从而不科学的道德言谈没资格成为"伦理学",真正的伦理学必须成为某种意义上的"科学"。

批评伦理学"不科学",不仅是由于认为伦理言谈只是限于"道德说教"的层面,从而尚未提升到"科学"理论的水平;也可以是由于认为伦理学是某种诉求的表达,即情感的表达、权力意志的表达抑或是阶级利益的表达——"意识形态"。这方面除尼采、麦金泰尔、艾耶尔等人之外,马克思颇具代表性。

在阶级社会,由于道德是占统治地位阶级的意识形态,那么以"道德"为内容的伦理学也摆脱不了"意识形态"的性质,虽然它通常被冠以"科学"的名义。然而,这并不意味着马克思反"科学",恰恰相反,马克思认为迄今为止的"科学"都被阶级利益所玷污和割裂,从而不够"科学"。而在扬弃种种"异化"之后,科学便可以获得其恰如其分的形式:"自然科学将失去它的抽象物质的方向或者不如说是唯心主义的方向,并且将成为人的科学的基础。"② 这种"人的科学"随后也被称为"真正的实证科学":"在思辨中止的地方,在现实生活面前,正是描述人们实践活动和实际发展过程的真正实证科学开始的方面。关于意识的空话将终止,它们一定会被真正的知识所代替。对现实的描述会使独立的哲学失去生存环境,能够取而代之的充其量不过是从对人类历史发展的考察中抽象出来的最一般的结果的概括。这些抽象本身离开了现实的历史就没有任何价值。"③ 在马克思心目中,这种"科学"是打破了各种学科界限的统一性"知识",其中也包含对人的生活状态、生存理想及其世界进行描述的"伦理学"——如果可以

---

① 黑格尔:《哲学史讲演录》(第一卷),贺麟、王太庆译,商务印书馆1959年版,第119页。
② 马克思:《1844年经济学哲学手稿》,人民出版社2000年版,第89页。
③ 马克思、恩格斯:《德意志意识形态》,《马克思恩格斯选集》(第一卷),人民出版社1995年版,第74页。

如此称呼的话。"每个人的全面而自由的发展""每个人的自由发展是一切人的自由发展的条件""自由的、有意识的感性活动""各尽所能、各取所需""劳动成为第一需要""兄弟般的友爱"等等,这些耳熟能详的表述无疑是这种新型"伦理学"的一些基本观念。

在这种理想状态下,由于每个人的"类意识"都同样发达,而且对其自身及世界的状况了如指掌,因而人们身处其中的也就是一个完全"透明化"的生活世界。人"类"于是实现了对自身及其世界的完全支配:"共产主义……第一次自觉地把一切自发形成的前提看作是前人的创造,消除这些前提的自发性,使它们受联合起来的个人的支配。"[①] 在这种意义上可以说,作为对这种理想生活进行纯粹描述的"伦理学",也就完成了几代哲学家所共同追求的伦理学之完全"科学"化的最终理想。当然,这种作为"真正知识"的伦理学之理想由于其产生条件的理想性而长期停留在"理想"层面。

三、回溯"伦理学"的源头:"伦理"还是"科学"?

麦金泰尔把伦理学定位为"一门使人们能够理解他们是如何从前一状态(未经教化的人性)转化到后一状态(实现其目的而可能所是的人)的科学",这种定位显然是参照亚里士多德的伦理学确立的。作为"伦理学"这门学科之源头的亚里士多德伦理学果真如此给自身定位吗?进而言之,《尼各马可伦理学》[②] 作为西方伦理学的开端会同样

---

① 马克思、恩格斯:《德意志意识形态》,《马克思恩格斯选集》(第一卷),人民出版社 1995 年版,第 122 页。

② 虽然亚里士多德留下了几种伦理学讲稿,但不论从完整性还是从对后世的影响看,无疑《尼各马可伦理学》最具代表性。文中《尼各马可伦理学》引文,主要参照廖申白译本(商务印书馆 2003 年版);亚里士多德其他著作引文,主要参照苗力田先生主编《亚里士多德全集》(中国人民大学出版社 1990—1997 年版)。引文改动部分,主要参照《亚里士多德全集》牛津修订版(*The Complete Works of Aristotle*, The Revised Oxford Translation, ed. by J. Barnes, Princeton University Press, 1984)及洛布希英对照版。依照惯例,文中对亚里士多德著作的引用只标明其标准编码。

遭受"没伦理"与"不科学"的批评吗?

众所周知,《尼各马可伦理学》显然不是现代意义上的伦理学"著作",而是一个讲座稿。首先需要强调的是,这种讲座并不是随便什么人都适合参与的。亚里士多德一开始就对其伦理学适合的受众进行了划定:

> 年幼者并不适合学政治学[①]。因为他们对生活实践缺少经验,而政治学中的言辞正是基于实践或关乎实践的。此外,年幼者受感情摆布,他学习政治学会既不得要领,又无所收获,因为政治学的目的不是知识而是实践。一个人无论是在年岁上年轻还是在伦常上稚嫩都没什么区别:问题不在于年岁,而在于他们的生活与追求都被感情所摆布。知识对于他们毫无用处,就像知识之于不能自制者那样。而对于那些欲求合于逻各斯且如此践行的人,知道这些知识则大有助益。(1094b25-1095a10)

亚里士多德首先从年岁上对自己的听众进行限定,当然,年龄并非实质性指标,而只意味着其背后所可能包含的实践经验和自控能力。这种实质性要求是伦理学之为实践哲学的本性所决定的,正如亚里士多德一再强调的:"这种研究具有一种实践的目的,因为我们的研究不是为了知道美德是什么,而是为了成为善好的,否则这种研究就毫无益处。"(1103b25-30)这也就为学习其"伦理学"的人设定了一个门槛。当然,这个门槛并不是门禁,而只是说没达到这一门槛的人即使学了它也毫无益处,只有踏上了这个门槛的人学了伦理学才会大有助益。这个门槛的要求是,"那些欲求合于逻各斯且如此践行的人"。问

[①] 在亚里士多德的用语中,广义的"伦理学"与广义的"政治学"并不做严格区分,因而我们会在其《尼各马可伦理学》中经常看到以"政治学"代替"伦理学"的情况。

题是，这些人显然尚未学习伦理学，那么他们是如何获得上述特性的呢？换言之，亚里士多德这里所说适合学习伦理学的人并非像麦金泰尔所谓的那种"未经教化的人"，而是已经有所教化。

显然，并非伦理学提供了这种教化，那么又是什么提供了这种教化呢？亚里士多德的回答是："对于一个成长于不健全礼法环境的人而言，要从小就获得合于美德的哺育并非易事。因为大多数人，尤其是青年人都觉得过节制的、忍耐的生活并不快乐。因此，礼法必须规定青年人的哺育与教养，一旦这种生活成为习惯就不再觉得痛苦。但这种正确的哺育和训练不能终结于青年时期，成年人仍需要这种学习以养成习惯。正因为如此，人们对礼法的需要是终其一生的。"（1180a1-5）显而易见，是"礼法"提供了上述教化。需要注意的是，这种"礼法"显然不是规定"禁止做什么"的实定性法律，而是确定"应当做什么"的"美德之总汇"："礼法要求我们做一个勇敢的人会做的行为（如不擅离职守、不逃跑、不丢掉武器），做一个节制的人会做的行为（如不通奸、不羞辱他人），做一个温和的人会做的行为（如不殴打、不谩骂他人）。类似地，礼法还要求我们做一些符合其他美德的行为，并禁止我们做体现恶的行为。建基好的礼法在这方面做得正确，而建基不好的礼法在这方面做得糟糕。"（1129b20-25）这就意味着这种礼法已经先行设定了一种理想的政制："立法者通过塑造公民的习惯而使他们变好。这也是所有立法者的目标；如果一个立法者不能做到这点，他就不能实现他的目标；好政制与坏政制的差别也在于能否做到这点。"（1103b1-5）具体而言，这种政制就是以"按德分配"为主导的"君主制"或"贤人制"，"共和制（混合制）"在某种程度上也具有这种特性。

如此看来，"伦理学"在亚里士多德的眼中远没有麦金泰尔所讲的那样重要，它也无力承担"塑造人性"的重任。充其量，伦理学只是使"有德者"充分认识自己，从而使自身的言行更为一致与融贯而已。

也就是说，在现实的品性培养和美德教化中，伦理学仅仅具有辅助的作用，且其门槛也决定了其应用范围相当有限。当然，我们可以进一步提出质疑：理想政制也不过是伦理学的一种"发明"罢了，这似乎又陷入了一个"循环"，即亚里士多德伦理学的门槛是由其伦理学提供的理想政制进行教化后才能踏入的。对这种"循环"的理解和破解，笔者在别处已进行过讨论，此处不再赘述。①

与对受到良好教化从而形成德性倾向的人不同，年幼者或"不能自制者"不能真正进入伦理学之中：他们学习伦理学用处不大。这是因为他们不能实践其知识。这里再次显示了良好政制教化所塑造的美德品性之作用。在亚里士多德看来，如果只有相关知识而缺乏品性的定向，只能是"聪明"而谈不上"明智"："缺乏明智就不可能成为真正的好，而缺乏伦常德性也就不可能成为明智的。"（1144b30）当然，这也并不意味着这些人学习伦理学毫无益处，这种学习至少能够强化其所"希求"（βούλησις/wish）的正确价值之大前提，虽然这种"希求"很难实现为促发行动的"欲求"（ὄρεξις/desire）。如果在"希求"方面不加强化，那么就存在丧失这种价值大前提的可能，从而沦落为真正的"坏人"。对于这种真正的坏人，不太可能通过教化，更不可能通过伦理学进行改变："对于品性而言，一开始我们可以掌控，可是它的逐渐积累就是难以被知晓的，这就像疾病的积累一样。"（1114b30）对于这种无法改变的"坏人"，理想政制所采取的办法就是"完全驱除"（1180a10）。

由此看来，亚里士多德的伦理学至少在两个方面"有伦理"：其一，对伦常生活的介入，具体而言，伦理学必须置于可教者伦常生活的特定阶段方能有效；其二，伦理学虽然鲜有麦金泰尔所谓的完全

---

① 郝亿春：《美德的两面——兼谈〈尼各马可伦理学〉中"ἀρετή"的中译问题》，《世界哲学》2016年第1期；《从理性启蒙到德性启蒙》，《光明日报·理论周刊》2015年4月15日。这两篇文章本书亦有收录，参见本书第186—203、329—333页。

"教化"功能，不过它能够使有德性、有教养者更富有自知之明。如果这些内容也可以称之为"教化"的话，那么伦理学也只在这个意义上才具有教化的功能。

如上所述，既然亚里士多德如此强调伦理学的"实践"功能，那么它会是"科学的"吗？这就首先需要对"科学"进行重新厘定。在亚里士多德的语境中，广义的"科学"并非仅仅现代意义上的理论体系，而是揭示"真"的方式，在这个意义上，科学就是和"意见"截然相反的"认识"或"知识"。在亚里士多德看来，作为求"真"的"认识"有五种方式，它们分别是"技艺""科学""明智""努斯"和"智慧"。[①] 这五种认知方式由于其"对象"而被区分开来：技艺针对"生产"；科学针对"自然物之形式"；"明智"针对"实践事务"；智慧针对"永恒之物"；而努斯在前四种认识中都起着把握"始点"的作用。如果望文生义，"明智"针对伦常事务，那么伦理学也就是"明智"。其实不然，因为明智是在具体的伦常生活中所体现和运用的认识类型，而"伦理学"（Ethics）的后缀虽然不是"学"（logic），可它也并非在伦常生活当下实施的一种认识形式。既然《尼各马可伦理学》是一种体系化形式，那么它就是对伦常生活的反思和总结，而不是在当下伦常实践中实施的认识。当然，亚里士多德的伦理学反思并非基于一种"科学"或"形而上学"之上，而是尽可能"如其所是"的反思："因为一个有教养的人只在每种事物中寻求那种题材的本性所容有的精确性。"（1094b25）因而，从其具体形态看，这种反思"体系"中既有对伦常生活的接纳，也有对伦常或美德行为的描述，更有对诸种美德和好生活的范导。

这就是说，亚里士多德的伦理学是集反思性、描述性、范导性为一体的，在其伦理学中，甚至很难对上述几种维度做出截然区分。那

---

① 参见《尼各马可伦理学》第六卷。

么，这样一种伦理学应当属于"科学"吗？既然是一种"知识"，那就应当属于广义的"科学"，但这种科学并非针对自然物的具体"科学"（ἐπιστήμη），而是"智慧"（σοφία）。扩而言之，对各种"真"或"认识"领域的反思都属于"智慧"，如此，智慧自身也就可以根据其对象区分为不同的领域，从而形成不同的学科：技术之学、科学之学、伦常（明智）之学、努斯之学等。这里的"学"更多的是反思、沉思之义，而较少具有近现代盛行的那种"还原"或"奠基"之义。

虽然亚里士多德伦理学一再强调其"实践性"，然而，如上所述，总体看来《尼各马可伦理学》还是一种"智慧"，只不过是针对可变的"伦常事务"的智慧而已。这就是说，亚里士多德的伦理学与直接当下的"实践活动"还是"隔着一层"；而这一层隔膜很大程度上是由其"反思性"或"沉思性"决定的。那么，这层隔膜能被化解吗？

四、伦理学的另一种可能性：即"伦理"即"科学"

在现代伦理学"道德哲学"化的语境中，伦理学之"伦理性"与"科学性"之间的张力体现为对下述问题的回答："伦理学的原则是认识还是情感？""认识"无疑意味着科学性；"情感"直接促发行动，因而是伦常实践性的。这里的"原则"（Priciple）即为"始基"（ἀρχή），就是一切从中发出而又最终回归于此的原点。这种思维方式显然属于前面所讲的"形而上学"与"还原论"。对"原则"问题的不同回答也表现为如前所述的休谟主义（感性主义）与康德主义（理性主义）之间的争执。休谟虽然承认理性和情感在几乎所有道德规定和道德推论中都共同发挥作用，可最终还是断言："那使道德性成为一条能动的原则……最终的裁决依赖于大自然所普遍赋予整个人类的某种内在的感觉或情感。因为除它之外，难道还有什么别的能够具有这种性质的影响力吗？"① 这种看法虽然更符合人们的日常经验，然而却违背了一个基本的原则，即正如康德主义者所批评的那样："伦理学"无论如何是一种"学"，即一种"认识"，认识的原则又如何可能成为一种"情感"呢？众所周知，休谟眼中的情感只是盲目而自然流变的"一束感受"罢了，就其本性而言不会包含自明的"认识"。再者，如果伦理学的原则真的是各证其是的盲目情感，那么也就不会出现对伦理学问题的争论了："趣味不争论！"（De gustibus non est disputandum!）然而，古往今来，对伦理学问题却一直争论不休。

对于上述反驳，休谟主义者确实难以给出有力回应。然而，布伦塔诺基于自己的心理学替休谟主义给出了一种回应。在布伦塔诺看来，主张"伦理学的原则是一种认识"是正确的，否则就会像休谟主义者那样犯"范畴错误"。然而，这里所讲的"认识"并不意味着一种"推证理性"（discursive reason），否则又会落入康德主义的窠臼。事实上，这种"认识"是内在于情感自身的，这是因为情感是一种心理现象，而所有心理现象必然伴随一种直接而明见的"内觉知"之光②，比如我在进行爱或恨的时候便能够直接觉知到它们。也就是说，作为心理现象的情感中必然包含一种对其自身的直接认识，否则，我们事后对其进行回忆和反思就是不可能的。当然，说这种"认识"是情感的必然伴随，也就是说情感是这种"认识"的先决条件："如果情感被视为伦理学第一原则的先决条件的话，这就是完全令人满意的。这些原则自身并非情感；毋宁说，它们是认识，这正如所有其他科学的原则那样。"③ 布伦塔诺正是以此来支持和改造休谟的原则："如果休谟在界定

---

① 休谟：《道德原则研究》，曾晓平译，商务印书馆 2001 年版，第 24 页。引文根据英文本偶有改动。

② 布伦塔诺：《从经验立场出发的心理学》，郝亿春译，商务印书馆 2017 年版，第 109 页。

③ Franz Brentano, *The Foundation and Construction of Ethics*, trans. by H. Schneewind, Routledge and Kegan Paul Ltd., 2009, p. 35.

美德时是正确的,即美德是一种激起观察者称赞的认同感的精神活动或性情,那么显然,任何一个把一种行为认识为德行的人必须确立了这种赞同情感的呈现。因而情感就是道德认识的先决条件。如果有人想反对情感就是认识本身,那么他已经混淆了两者。"[1] 于是,以此可以对"伦理学的原则是情感还是认识"这一问题进行改写:"我们可以用情感是否是作为认识——这种认识是伦理学的原则——的对象这个问题,代替伦理学的原则是认识还是情感这个问题。我相信休谟如果曾看到这种精致设想,他也会认同的。他将会赞同将他的主题修改成下述断言:伦理学的原则是对情感的认识。他的基本观点——情感是参与其中的——将会被保留下来,而且他可能会承认这正是他心中所想。"[2]

在情感这种作为促发伦常实践之源头的心理现象中,同时存在着对其自身直接而明见的认识,这种认识是"前反思"或"非反思"性的。[3] 不得不承认,这种推进确实可以缓解"伦理"与"科学"之间的张力,当然,随之可能出现更为根本的问题:如何保证这种伴随认识的情感及其促发的行为是正当的?这就需要同样具有直接明见性的价值律为其奠基。这种价值律就是作为内在价值的明见性心理现象与明见性先验规则(比如整体大于部分)的结合。具体而言,这种价值律涵盖"正确之爱"和"正确之偏爱"(preference)两个领域。"正确之爱"的价值律就是去爱具有明见性的表象、判断及情感这些内在价值,从而促进拥有这些内在价值的主体之完善。"正确之偏爱"的价值律或是依据内在价值的本性,或是体现明见性的先验规则。属于前者

---

[1] Franz Brentano, *The Foundation and Construction of Ethics*, trans. by H. Schneewind, Routledge and Kegan Paul Ltd., 2009, p. 36.

[2] Franz Brentano, *The Foundation and Construction of Ethics*, trans. by H. Schneewind, Routledge and Kegan Paul Ltd., 2009, p. 38.

[3] 这在亚里士多德的哲学中有其源头,参见《灵魂论》425b16-17,《形而上学》1072b20、1074b34,《尼各马可伦理学》1170a25-33。

的价值律有：偏爱知识甚于错误；偏爱快乐甚于痛苦；偏爱高级之爱甚于本能；等等。属于后者的价值律有：偏爱"善好"的存在而非其不存在，偏爱"恶劣"的不存在而非其存在；偏爱整体善好甚于只包含其一部分的善好，偏爱部分的恶甚于包含这个部分的整体恶，等等；在表象领域偏爱丰盈的表象甚于干瘪的表象，偏爱关于心的表象甚于关于物的表象，偏爱清晰的表象甚于含混的表象，偏爱以直观联结的表象甚于以谓述联结的表象，偏爱对更高价值的表象甚于对更低价值的表象，等等。当然，上述只是对明见性价值律的列举，远未穷尽其所有情形。由此得出的最终实践原则是在具体情境下的内在价值最大化，即"在力所能及范围内推进善好（价值）"①。由于以前述种种明见性保障为条件，体现上述实践原则的当下行动也就同时具有认识上的明见性。如果借用亚里士多德的术语，布伦塔诺伦理学中提出的"实践原则"就不再是"智慧"，而是直接在行为中体现的"明智"。如此，伦理学与当下行动的隔膜便被化解，从而成为"即伦理即科学"。

结语：伦理学的"色谱"

综上，迄今为止的诸伦理学形态可以分布在从"伦理"到"科学"的不同区域：伦常生活中的直接指点和教化—基于即伦理即科学之伦常明见性的伦理学—现象学描述型伦理学—集反思、描述、范导为一体的伦理学—感性主义与理性主义还原论的伦理学—解构型伦理学—元伦理学等等。不同区域的伦理学在"伦理"和"科学"方面各有侧重，各具长短，由此构成了一幅丰富多彩的伦理学"色谱"。如果把追求"伦理知识"的反思活动也作为实践生活的一种形式，并且从哪怕

---

① 参见 Franz Brentano, *The Foundation and Construction of Ethics*, Routledge and Kegan Paul Ltd., 2009, p.139。

纯粹的伦理学知识对现实生活亦会产生或多或少的影响来看,那么即使"元伦理学"也"有伦理";如果把当下行为中体现的"明智"也涵括在广义"科学"中,那么即使《论语》也"有科学"。

该文原载《哲学动态》2018 年第 9 期

伦理学的基础与善的原则
——从休谟、康德到布伦塔诺

"Ethics"（伦理学）一词源于希腊文"ἦθος"，海德格尔解之为"der Aufenthalt"（安居之所）①。蹊跷的是，从近代开始，大哲们纷纷为这门古老的学科"奠基"。这无疑从属于近世哲学的"奠基运动"——以近世"科学"的眼光看，几乎所有古典学科都缺乏基础，因而才有为"形而上学"奠基（笛卡尔等），为"政治学"奠基（霍布斯等），为"伦理学"奠基（休谟等），等等。就为伦理学奠基的情形而言，令人惊讶的是，种种用以为这门学科奠基的东西或是直接成为，或是从根本上包含着伦理生活之"善"的原则。②

本文通过对休谟、康德与布伦塔诺三位近世哲学家的伦理思想及其演变进行考察，并在此基础上思考以下两个问题：（1）从休谟、康德与布伦塔诺三位哲学家的思想来看伦理学的基础如何直接成为善的原则或从根本上包含着善的原则，同时通过这个问题的考察来彰显近世三种颇具代表性的伦理学之间的重大差异；（2）在"伦理学的基础与善的原则"问题上，布伦塔诺如何审慎地批评休谟与康德，通过这个问题的考察来展示近世伦理学演进的线索。下面分三部分展开论述：

---

① 海德格尔:《路标》，孙周兴译，商务印书馆2000年版，第417页。
② "善的原则"既意味着伦常生活追求的终极目的，又意味着道德评价的最终准则。

伦理学的基础与善的原则（休谟与康德）；布伦塔诺对休谟与康德的审慎批评；伦理学的基础与善的原则（布伦塔诺）。

一

休谟巨著《人性论》①的意图体现于其副标题——"将实验推理方法引入道德领域的一个尝试"。为何要给道德领域引入新方法？因为"在这些主题上笼罩着程度如此严重的混乱，以致后果极端严重的对立能够流行在体系与体系之间，甚至几乎每一单个体系的部分与部分之间"②。引入新方法是为了使伦理学具有更大的普遍有效性（general validity）。引入什么样的新方法？引入在近世自然科学中取得巨大成功的方法：观察实验与推理的方法。自然科学与伦理学的不同之处是，前者以外在自然为对象，后者以人之自然（human nature）为对象。有关外在自然的科学只需对外物进行观察实验即可获得经验材料；可关于人之自然的科学不仅需要外观于人，而且需要省察（contemplate）于己。在"实验推理方法"中，观察实验是基础，只有借此才能获取内容材料，推理仅是一些后发的联结形式。具体到休谟对知觉领域的划分而言，观察实验最终落实为"印象"（impression）。于是自然科学奠基于自然存在物遗留在知觉中的印象，伦理学则奠基于道德实践活动遗留在心灵中的印象。后种印象就是苦乐感受（feelings）③，它属于"源始印象"，并可作为德性所依傍的激情（passions）等"次生印象"的基础④。于是，伦理学的基础最终可还原为苦乐感受这种源始印象。

---

① 休谟：《人性论》，关文运译，商务印书馆1994年版。引文个别地方参照原文略有改动。
② 休谟：《道德原则研究》，曾晓平译，商务印书馆2001年版，第22页。
③ "感受"一词休谟一般用 sentiment，有时也用 feeling，这两个词在休谟那里可替换。
④ 休谟：《人性论》，关文运译，商务印书馆1994年版，第275页。

更进一步，休谟认为伦常生活中的善恶现象也只能由感受判定，"道德宁可说是被人感受到的，而不是被人判断出来的"①。用以"感受"道德的就是快适和不快的感受，"源于德的印象是令人快适（agreeable）的，而源于恶的印象是令人不适的"②。具体表现为四种情形：激起自身快适的是德；激起自身不适的是恶；激起他人快适的是德；激起他人不适的是恶。上述情形都可以通过对自身的省察及对他人的观察获得。在另一个地方休谟对此做出了更为显白的表述："它（指休谟自己的学说。——引者注）坚持道德是由感受所规定的。它将德性界定为凡是给予旁观者以赞许的快乐感受的心理活动或品质，而恶行则相反。"③换言之，善恶最终着落在苦乐感受上，对善恶的分别与辨识也只能依据于苦乐感受。休谟也从手段与终极目的之关系的角度来确定善的原则。在《道德原则研究》"附录一"的末后，他通过刨根问底的方式得出"某个事物之所以令人欲求，必定是因为它自身之故，因为它直接符合或一致于人类的感受和感情"④。这表明，伦理生活的终极目的即善的最高原则是快乐这种感受。简言之，"善即快乐"。从休谟的基本思路看，在伦理学的基础（即苦乐感受这种源始印象）中直接包含着善的原则：快乐感受。

与休谟不同，康德把伦理学放在哲学整体中勘定其位置。哲学自古分为物理学、伦理学和逻辑学三个部分。在康德看来，逻辑学是形式哲学，而物理学与伦理学既有经验部分又有形式部分，其中形式部分体现为形而上学，因而有两种形而上学：自然形而上学与道德形而上学。康德认为，形而上学对伦理学至关重要，"形而上学必须是个出

---

① 休谟：《人性论》，关文运译，商务印书馆1994年版，第510页。
② 休谟：《人性论》，关文运译，商务印书馆1994年版，第510页。
③ 休谟：《道德原则研究》，曾晓平译，商务印书馆2001年版，第141页。
④ 休谟：《道德原则研究》，曾晓平译，商务印书馆2001年版，第145页。

发点，没有形而上学，不论在什么地方也不会有道德哲学"①。出于这种考虑，康德在伦理学上所做的是，"首先把道德哲学放在形而上学的基础之上，等它站稳了脚跟之后，再通过大众化把它普及开来"②。作为道德哲学之基础的形而上学不能在通常的意义上理解，它属于康德致力于构建的"科学形而上学"。之所以是科学的，是因为使其得以构成的判断都是"先天综合"的。③ 就是说，构成伦理学这门学科基础的是先天综合判断。

康德伦理思想的制高点是纯粹理性为意志所颁布的绝对律令（categorical imperative）："要只按照你同时认为也能成为普遍规律的准则去行动。"④ 由于这个律令本身包含着可普遍化原则，因而它本身对于理性存在者也"应当"（ought）是普遍有效的。不过现实的理性存在者同时也是感性存在者——人的"双重立场"，其意志可受理性指导，也可被感性沾染。如果只把人作为纯粹理性的存在物，绝对律令就是普遍有效的，从而是"先天"（a priori）必然的，这就无所谓"应当"；如果只从感性存在者的立场看，道德原则就不具有普遍有效性，它是后天偶然的，也无所谓什么"应当"。只有从双重立场来看，才有先天律令之于意愿的"应当"。康德认为这种"应当"深深埋藏在人们伦常生活的最底层，并使人们的道德活动与善恶评判成为可能。康德进一步将"应当"所体现的"双重性"与知性领域中的"先天综合判断"进行比照："定言的（无条件的）应当表现为先天综合命题，因为我除了被感性欲望作用的意志，另外还加上完全同一个意志的观念，其自身是纯粹的、实践的。这种意志系属于，在理性上包含着被感性

---

① 康德：《道德形而上学原理》，苗力田译，上海人民出版社2002年版，第4页。
② 康德：《道德形而上学原理》，苗力田译，上海人民出版社2002年版，第27页。
③ 可参见康德：《任何一种能够作为科学出现的未来形而上学导论》，庞景仁译，商务印书馆1978年版，第31页。亦可参见康德：《纯粹理性批判》"第二版序"，邓晓芒译，人民出版社2004年版。
④ 康德：《道德形而上学原理》，苗力田译，上海人民出版社2002年版，第39页。

所作用的意志最高条件的知性世界。这种方式，完全像自身不过是一般规律形式的知性概念加于感觉世界的直观一样，由于这种相加，全部关于自然的知识才有成为先天综合命题的可能。"[1] 道德生活中的"应当"竟然转化为"先天综合判断"！不过，与在自然领域不同，道德活动中的感性质料是不能作为现成的实在性被表象的。就是说，真正的道德行为只有在"应当"的招引下才能实现出来。这表明，在"应当"这种先天综合判断中实际上起决定作用的是"绝对律令"。而"绝对律令"又是纯粹理性为意志所颁布的。康德称遵循绝对律令的意志为"善良意志"（the good will）。要紧的是，"这种意志……是最高的善（the highest good），它是一切其余东西的条件，甚至是对幸福要求的条件"[2]。绝对律令成为意志之善从而成为"至善"的最终原则。简言之，"善即绝对律令"。我们还可以继续回溯：意志之所以是至善的，是因为它符合绝对律令；绝对律令之所以可能，因为它是纯粹理性所颁布的，纯粹理性的一个重要特征是，它的普遍化不会导致"自相冲突"。康德说："意志是彻头彻尾善良的，绝不会是恶，也就是说，如果把它的准则变成普遍规律，是永远不会自相冲突的。"[3] 善的原则最终回溯到"纯粹理性"的知识根据上，"至善的可能性的条件也必须仅仅建立在先天的知识根据之上"[4]。康德把运用于实践领域的纯粹理性称为"纯粹实践理性"，他转而又说，"归根到底只有一个理性，只是在运用方面有所不同罢了"[5]。纯粹理论理性化为纯粹实践理性，这意味着伦理学的基础与善的原则最终合二为一。

---

[1] 康德：《道德形而上学原理》，苗力田译，上海人民出版社2002年版，第78页。
[2] 康德：《道德形而上学原理》，苗力田译，上海人民出版社2002年版，第11页。
[3] 康德：《道德形而上学原理》，苗力田译，上海人民出版社2002年版，第56页。
[4] 康德：《实践理性批判》，邓晓芒译，人民出版社2003年版，第155页。
[5] 康德：《道德形而上学原理》，苗力田译，上海人民出版社2002年版，第6页。

二

在其多年反复酝酿和讲授的《伦理学的奠基与构建》[①]中，布伦塔诺对休谟与康德有关"伦理学的基础与善的原则"思想提出审慎的批评。

休谟认定伦理学的基础是苦乐这种"感受"印象。在布伦塔诺看来，休谟在这个问题上犯了常识性错误。伦理学属于科学（源初意义上的），科学的基础中必定包含有"认识"（cognitions）。布伦塔诺明确指出："正如其他所有科学那样，伦理学的基础必定是认识，不能是感受。只有同时作为包含有认识的能力，感受才可以在上述基础中起作用。换言之，感受只是伦理学基础的必要条件。"[②]布伦塔诺认为休谟的这个错误完全是一时疏忽所致，因而"他一定会同意在这方面的修正，即伦理学的基础是感受认识（cognitions of feelings）。在这一修正中，他的基本观念——感受参与其中——得以保留，并且他大概也会承认这确是他心中所想"[③]。"感受认识"这一关键用语需进一步厘清，它大致有三层含义：（1）对感受的认识；（2）包含着认识的感受；（3）作为识别道德善恶的感受。含义（1）显然不是布伦塔诺的意思，因为它将感受与认识割裂开来。他会认为含义（3）是休谟所谓"感受"的意思。而"感受"要成为能识别（或认识）善恶的，就必定包含着认识，即含义（3）必定包含着含义（2）。休谟的"感受认识"只是拘泥于含义（3）却没能正确地指明其中必定包含着含义（2）。换言之，休谟没能看到，从而没有指明"包含着认识的感受"，所以他才将伦理学

[①] Franz Brentano, *The Foundation and Construction of Ethics*, trans. by H. Schneewind, Routledge and Kegan Paul Ltd., 1973.

[②] Franz Brentano, *The Foundation and Construction of Ethics*, trans. by H. Schneewind, Routledge and Kegan Paul Ltd., 1973, p. 52.

[③] Franz Brentano, *The Foundation and Construction of Ethics*, trans. by H. Schneewind, Routledge and Kegan Paul Ltd., 1973, p. 54.

的基础错误地确定为"感受",而非"感受认识"。

在"善的原则"问题上,休谟主张"善即快乐"。布伦塔诺主要从两方面批评这一原则。根据"善即快乐"可作如下推论:因为快乐这种感受必定属于不同个体的体验,同一个对象引起张三快乐,却可以导致李四痛苦。如果按照休谟的主张推断的话,那么这个对象既是善的又是恶的,这显然是一种道德相对主义。即使休谟本人也不愿承认这种结果。在一些地方,休谟对此提出辩解:"道德这一概念蕴含着某种为全人类所共通的感受,这种感受将同一个对象推荐给普遍的赞许,使人人或大多数人都赞同关于它的同一个意见或决定。这一概念还蕴含着某种感受,这种感受是如此普遍如此具有综括力,以至于可以扩展至全人类。"① 这种感受就是人人共通的"人性感受"(sentiment of humanity),它与完全局限于个体的"自爱(self-love)感受"在方向上是截然相反的。布伦塔诺对此首先诘问道,如果不借助于可普遍化的感受认识,这种"人人共通"的道德感受如何达成?显然这不能通过对个体间的感受经验归纳而得,因为个体的感受是无法归纳的,"趣味不争论"②。这似乎只能借助于普遍"人性"(humanity)的假设,休谟实际上也是这么做的。这也就暴露出"人性感受"在休谟那里最终只是一种飘忽无据的假定。承袭休谟思想的功利主义学派同样看到这种假定的虚幻性,于是将善的原则具体化为"最大多数人的最大利益"。布伦塔诺的进一步批评是,即使善的原则能够在感受经验上被普遍化,或被大多数人所认可,也不能保证其正确性,因为"在某种情形下,真理掌握在与其他所有人相对立的少数人手中"③。既然人人相通的、综括所有人的"人性感受"是虚幻的,那么在休谟的思想中就只

---

① 休谟:《道德原则研究》,曾晓平译,商务印书馆2001年版,第124—125页。
② Franz Brentano, *The Origin of Our Knowledge of Right and Wrong*, trans. by M. Chisholm and H. Schneewind, Routledge and Kegan Paul Ltd., 1969, p. 22.
③ Franz Brentano, *The Foundation and Construction of Ethics*, trans. by H. Schneewind, Routledge and Kegan Paul Ltd., 1973, p. 64.

有"自爱"感受成立，这种感受不含有共通的认识，因而是处于较低层次的，布伦塔诺尖锐地指出，"休谟的每一个字都暴露出这样一个事实，即他对更高层次的感受一无所知"①。总之，在布伦塔诺看来，由于休谟没能正确识别"感受认识"，其"伦理学的基础是感受"这个结论就是难以得到辩护的；休谟所主张的"善即快乐"原则也不能如其所愿地达至共通的"人性感受"，而最终只会导致个人主义、相对主义与享乐主义。一言以蔽之，布伦塔诺认为休谟有关"伦理学的基础与善的原则"思想在学理上难以辩护，在实践中行不通。

康德把先天综合判断作为伦理学的基础。对此，布伦塔诺釜底抽薪式的批评是："先天综合判断不仅在伦理学中不存在，而且在其他任何知识中都不存在……即使康德本人，也从未发现一个。"②那么康德所讲的"先天综合判断"实际上说的又是什么呢？人们一般对知识的要求是"普遍有效性"，先天综合判断最终也以普遍有效性为鹄的。布伦塔诺认为，并非"普遍接受"给予一个判断以普遍有效性，而是"明证（evidence）给予一个判断以普遍有效性"③。"明证"源于人的"明察"（insight）能力，这种明察"排除了所有错误的可能"④。有两类明证命题：（1）对某个实事的内知觉。例如"我看"，可能我误识了对象，可"我在看"却是个明证的实事，当然这种"看"在现象上"内在"地含涉所看的某种东西。（2）有关概念间的类型通则（general laws of the type），例如"一个三角形内角和等于两个直角之和"这种仅凭概念就可以明证其正确性的判断。以此为基础，布伦塔诺对康德

---

① Franz Brentano, *The Origin of Our Knowledge of Right and Wrong*, trans. by M. Chisholm and H. Schneewind, Routledge and Kegan Paul Ltd., 1969, p. 21.

② Franz Brentano, *The Foundation and Construction of Ethics*, trans. by H. Schneewind, Routledge and Kegan Paul Ltd., 1973, pp. 72-73.

③ Franz Brentano, *The Foundation and Construction of Ethics*, trans. by H. Schneewind, Routledge and Kegan Paul Ltd., 1973, p. 130.

④ Franz Brentano, *The Foundation and Construction of Ethics*, trans. by H. Schneewind, Routledge and Kegan Paul Ltd., 1973, p. 15.

的先天综合判断进行了化解。"综合判断"首先应被彻底排除，因为"综合"其实是一种心理活动和心理能力，它本身是盲目的，从而与认识行为不相关。在布伦塔诺看来，康德所谓的"先天综合判断"更多是属于通常所说的分析判断。比如数学命题"1+1=2"，就连休谟这样的怀疑论者都承认这是分析判断，可康德却认定这是综合判断。当然，康德对于分析判断有其更为严格的标准，即"谓词包含于主词之中"。可"一个三角形内角和等于两个直角之和"这个判断中谓词并不包含在主词中，它却不失为一个普遍有效的分析判断。这种普遍有效性包含在"三角形"及"直角"的概念中，而对这种概念及其关系的明察恰恰属于明证的范围。非但如此，就连康德所谓的最严格意义上的"分析判断"也需明察作为其基础，否则我们无法发现谓词是否真正包含于主词中。这就是说，不论什么判断，要成为知识，最终必须回溯到明证判断。至于伦理学领域的"先天综合判断"，布伦塔诺认为更属无稽之谈，因为纯粹理性为意志颁布律令这件事情本身就不具明证性：它已经预设了一个必备前提，即"我的意志是从属于理性的"，因而是可被理性完全规定的。布伦塔诺最终的结论是："没有先天综合判断。因此伦理学也无法建基于其上。"①

上文提到，康德从纯粹理性的前提出发，把下述"绝对律令"作为善的原则：要只按照你同时认为也能成为普遍规律的准则去行动。布伦塔诺从理论与实践两个方面指明其虚妄性。从理论上看，如果仅凭这个律令自身，而不借助于事实性内容的话，它就永远是空洞无物的，也不能成为有效的。布伦塔诺指出，康德在论证其律令之普遍有效性的过程中，实际上偷运进了另外的事实性内容与原则。康德的论证思路是：某人如果违背普遍律令，其结果对所有人都有害，当事者

---

① Franz Brentano, *The Foundation and Construction of Ethics*, trans. by H. Schneewind, Routledge and Kegan Paul Ltd., 1973, p. 75.

属所有人之内，因此对他本人也有害。自己做对自己有害的事情，是自相矛盾的，因此他就不会违背普遍律令。其中偷运进的原则是："要做对包括自己在内的所有人都有利的事情"，这显然是一个功利主义原则。布伦塔诺不无讽刺地说："所有人都想望自身的福利，不过每个人都认识到只有与全体一致方能得到他所想望的；这就是说，康德认为至善就是全体的福利。康德道德理论上的对立面——福利，突然成了至善的标准，而绝对律令仅成为设定。这里康德完全与自己的宗旨背道而驰了。"① 从善的原则上看，康德的律令主义居然是隐秘的和彻底的功利主义！此外，布伦塔诺认为康德的普遍主义在实践上也是行不通的。例如，"勿自杀"是康德的一条普遍律令，从而在任何情况下违背它都是不道德的。设想一个被敌人抓获的知道国家重要机密的人员，这个机密有关国家存亡，如果不自杀，很可能泄露机密。在这种情况下自杀是否为不道德呢？根据康德的绝对律令这显然是不道德的。可布伦塔诺认为，这个自杀者的行为不仅不是"不道德的"，而且还是"英雄行为"，因为国家的存亡在价值上远远高于个人的存亡，当这两者尖锐对立时，为了民族大义而舍弃生命就不是不道德的。② 这表明，康德那种不顾具体情境的普遍主义在实践中是行不通的，因为所有实践都是在具体情境中进行的。

三

与休谟、康德一样，要展现布伦塔诺关于"伦理学的基础与善的原则"的思想，必须从其思想的起点出发。布伦塔诺的哲学从对"心

---

① Franz Brentano, *The Foundation and Construction of Ethics*, trans. by H. Schneewind, Routledge and Kegan Paul Ltd., 1973, p. 37.

② Franz Brentano, *The Origin of Our Knowledge of Right and Wrong*, trans. by R. M. Chisholm and H. Schneewind, Routledge and Kegan Paul Ltd., 1969, p. 118.

灵现象"（mental phenomena）①的分析开始。他将心灵现象区分为下述三个层次——表象（presentation）、判断（judgement）及感受（feeling）行为，并进一步指出这些现象的共同特征："每种心灵现象都可以通过一种东西得到标示，中世纪的经院哲学家们将这种东西称作关于一个对象的意向的（或心灵的）内存在，我们可以将这种东西称作——虽然并非完全确切——涉及一种内容、指向一个对象（此处不能被理解为一个实物），或称之为内在对象性。每种心灵现象在自身中都包含着作为对象的某种东西，虽然它们并非以同样的方式包含。"②这就是现象学中著名的"意向性"原则之发端。布伦塔诺特别强调，这里的"对象"不能被理解为实在③的超越之物，它是"内在对象"。从这个意义上讲，心灵现象对"内容"的涉及与指向也就是内在地包含有"对象"（后文提到的"对象"也应在这种意义上理解）。

1."表象"并非传统经验主义所讲的原初"感性印象"，而是笛卡尔意义上的"观念"（ideae）。表象不涉及表象对象的实际存在与否，我们可以将表象随意联结，如"金山""一千个孩子的父亲"等。表象的联结还是表象，而不像传统经验主义者所认为的那样"表象的联结是判断"。从奠基结构上看，表象是判断及感受的基础，"心灵现象或者是表象，或者奠基于表象"④。

2."判断"在表象的基础上还必须具有一种指向表象对象的意向关系，即对表象对象的肯定或否定、接受或拒绝。这种相互对立的意向只能有一个成立，即对同一个对象的肯定或否定判断只能有一个为真。

---

① 严格讲来，布伦塔诺的思想应属"心灵学"（Psychognosy），而非"心理学"（Psychology），对此，笔者将辟文专述。
② Franz Brentano, *Psychology from an Empirical Standpoint*, trans. by A. C. Rancurello, D. B. Terrell and L. L. McAlister, Routledge and Kegan Paul Ltd., 1973, p. 88.
③ 此处"实在"指具有时空性的具体存在。
④ Franz Brentano, *Psychology from an Empirical Standpoint*, trans. by A. C.Rancurello, D. B. Terrell and L. L. McAlister, Routledge and Kegan Paul Ltd., 1973, p. 85,

如何确定一个判断为真？如前（批评康德先天综合判断时）所述，布伦塔诺把判断分为两类：涉及实事的判断，简称"实事判断"；不涉及实事而仅表示概念间关系的判断，简称"概念判断"。对于"实事判断"，布伦塔诺的做法是将其化归到"存在判断"上，然后断定其真假，"为真的肯定判断与所断定之物的实存是一致的……当说一个肯定的判断为真时，所说的就是其对象是实存的"①。实事判断又分为"外感知（external perception）判断"与"内知觉（internal perception）判断"。由于前者涉及外在对象，因而是缺乏明证的。所谓"内知觉判断"，就是奠基于"我存在、我怀疑、我思想、我希望、我看、我听、我爱、我怕"等这种"内知觉"行为上的判断。内知觉判断是明证判断，"除了这些内知觉判断，即除了对我们自己的心灵活动与意识行为的确定，没有什么肯定判断具有直接明证性"②。例如对于"我看到这张桌子是黄色的"这个句子，我们不能断定"这张桌子是黄色的"为真还是为假，因为这个判断是依据外感知做出的，对此我们只能具有信念或设定。在这里，明证判断是"我在看"，其中当然包括"我看到某种现象"，也仅是"现象"而已。内知觉判断又称为"定言（assertoric）判断"，意思是这种断定对某种真实存在的现象有确定性的言述。与定言判断处于同等地位的是"必然（apodictic）判断"，这就是具有明证性的"概念判断"。例如前面提到的"一个三角形内角和等于两个直角之和"属于此类；又如"对于同一个东西，我不能同时既肯定它，又否定它"这些违反逻辑规律的判断也属此类。布伦塔诺认为，上述自相矛盾的判断所违背的其实是"直接明证性"，即便正确如逻辑规律的东西最终也需奠基于"明证"中，进一步说，逻辑学奠

---

① Franz Brentano, *The Origin of Our Knowledge of Right and Wrong*, trans. by R. M. Chisholm and H. Schneewind, Routledge and Kegan Paul Ltd., 1969, p. 74.

② Franz Brentano, *The Foundation and Construction of Ethics*, trans. by H. Schneewind, Routledge and Kegan Paul Ltd., 1973, p. 128.

基于心灵学。总之，只有"定言判断"与"必然判断"两类认识具有明证性。所有科学命题——不论是自然科学与数学—逻辑的，还是哲学与实践科学的——都必须回溯到"明证性"这个源泉上方才能确保其"真性"。那些与明证判断表面一致，实际上却缺乏明证的判断，严格说来不能叫真判断。明证判断对于所有具备明察能力的人来说是相同的，也就是说它是可普遍化的。从这个意义上讲，明证判断具有普遍有效性。那些不具备足够明察能力的人便缺乏发现"真"的资质，正如盲人看不到颜色。

3. 布伦塔诺说明"感受"行为时所运用的基本方法是"类比"（analogy）——与判断类比。类比带来光明，"这种类比之光使我们的探究得以继续进行"①。因而理解"感受"必定以理解"判断"为前提，这也是前面何以要花费大量笔墨来疏解"判断"。"感受"行为一词是在广义上运用的，它既包含仅仅想到一个对象时引起的喜好与厌恶，也包含根植于我们信念中的欢快与悲凄，还包含呈现于目的及手段中的复杂情感现象。其中显然已囊括了意愿（will）因素，布伦塔诺将意愿与感受划归在同一个行为属中。与判断相似，感受也具有相互对立的意向形式，即爱与恨、喜好与厌恶、欢快与悲凄不能同时正确，而只能有一方正确。正如正确的判断必须是明证判断一样，正确的感受必定是明证性感受。通过明证判断所看到的是"真""假"，通过明证性感受所经验到的是"善""恶"，或者说"真""假"在正确的判断中呈现，"善""恶"在正确的感受中呈现。正确感受属于高层感受。正如正确判断可被明证一样，正确感受被内经验（inner experience）所明证；正如明证判断可普遍化一样，明证性感受也可普遍化，"只要我们的精神生活正常进行——不被疾病干扰及不被周遭世界的影响彻

---

① Franz Brentano, *The Foundation and Construction of Ethics*, trans. by H. Schneewind, Routledge and Kegan Paul Ltd., 1973, p. 130.

底败坏——那么这种高层的感受形式对于所有人来说都是相同的"①。使善得以呈现的高层感受形式是"正确之爱"——被经验为正确的爱（love experienced as being right）。"在我们自身内发掘这种爱的过程中，我们认识到了所爱之物不仅是被爱的和可爱的，而且是值得爱的。"② 这表明，"正确之爱"并非唾手可得，它需要"发掘"。发掘"正确之爱"的过程就是道德"修行"（practise）的过程，这充分体现了实践哲学之"实践性"。"值得爱"（being worth of love）表明"正确之爱"从根本上是被所爱之物即"价值（善）"所规定的，这与"主体主义"根本区别开来。在"正确之爱"中，爱与被爱者融为一体："值得爱"之物引发正确之爱，正确之爱追求、呈现"值得爱"之物。在正确之爱被发掘的同时，善也得以开显和命名，"我们称某物为善是基于以下事实，即指向它的爱被经验为正确的"③。

　　在与判断的类比中会出现下述问题，判断只有真与假之分，却没有"更真"或"更假"之别，而感受行为所呈现的善与恶却有"更善（好）"或"更恶（坏）"的情形，对此又如何判别？布伦塔诺认为需要引入"偏好"（prefer）原则。"偏好"是在面对两个或两个以上的对象时所呈现出的感受形式。正如"爱"有高低正误之别一样，"偏好"也有高低正误之分。使"更善"得以呈现的是"正确之偏好"。"正确之偏好"无论在感受方面，还是在所呈现的对象方面，都以"正确之爱"或"正确之恨"为前提。在"偏好"行为中，偏好实施者与偏好对象融通，"把某物识认为更好只是意味着把自己识认为这样一个人，

---

① Franz Brentano, *The Foundation and Construction of Ethics*, trans. by H. Schneewind, Routledge and Kegan Paul Ltd., 1973, p. 132.

② Franz Brentano, *The Foundation and Construction of Ethics*, trans. by H. Schneewind, Routledge and Kegan Paul Ltd., 1973, p. 132.

③ Franz Brentano, *The Foundation and Construction of Ethics*, trans. by H. Schneewind, Routledge and Kegan Paul Ltd., 1973, p. 132.

即以一种被经验为正确的偏好去偏好该物"①。偏好与感受的强度无本质关系，而与感受所呈现的对象（价值）之位次直接相关。正确的偏好就是偏好那些位次高的对象（价值），而非偏好那些位次低的对象（价值）。因而，一个经验到正确之偏好的人会偏好善（价值）的总体而非其部分，这就是偏好的"总体性原则"。当两种善（价值）无法通过"正确之偏好"进行取舍时，就可以运用"总体性原则"去正确地偏好它们的总体。例如在到底应当偏好"知识"还是偏好"德性"这个问题上，就难以做出取舍，因为任何取舍都会导致对含有德性与知识之总体善的损害。这时正确之偏好是：偏好知识与德性之总体，这样才能"协调与实现我们所有高贵的能力"②。

前面提到，高层感受对于具备正常感受能力的人都是可普遍化的，这是"正确感受"行为之普遍有效性的含义。那么这种高层感受之"可普遍化"又何以可能呢？从感受行为与感受所呈现的对象（价值）角度看：一方面，"可普遍化"源于高层感受的构成充分，即感受行为属于心灵现象，从奠基结构上看，正确之爱与正确之偏好不仅奠基于表象，而且建基于正确的判断之上；另一方面，同类正确感受所呈现的对象（价值）是唯一的，"当我将我的爱与偏好行为识认为正确时，我也识认到不可能再有其他人将相反的标准识认为正确。在感受中所发生的两种相反的立场，只有其中一个能被经验为正确"③。不可能出现相互冲突的正确感受，这意味着不会陷入相对主义。从感受行为的可普遍化条件角度看，正确之爱的对象（价值）只有在正确之爱的精神行为中才能呈现，"为了将某物识认为一种善，即识认为值得爱的，我

---

① Franz Brentano, *The Foundation and Construction of Ethics*, trans. by H. Schneewind, Routledge and Kegan Paul Ltd., 1973, p. 134.
② Franz Brentano, *The Origin of Our Knowledge of Right and Wrong*, trans. by R. M. Chisholm and H. Schneewind, Routledge and Kegan Paul Ltd., 1969, p. 33.
③ Franz Brentano, *The Foundation and Construction of Ethics*, trans. by H. Schneewind, Routledge and Kegan Paul Ltd., 1973, p. 135.

们必须已经以一种具有正确特性的爱在爱它"①。如果缺乏这种正确之爱的行为经验，无论多么高深的智慧也无法呈现正确之爱的对象——价值。如此看来，缺乏"正确之爱"能力的人就无资格承担正确之爱的普遍化任务，因为"缺乏正确之爱行为经验的人是无力将对象识认为善的"②。总之，用以奠定伦理学基础的东西必须具备两个条件：包含正确判断，从而是可普遍化的；包含感受，从而是可呈现"价值"的。符合这两个条件的恰恰就是"正确之感受"，"只有伦理学的基础被如此奠定的时候，它才能在逻辑上以令人信服的方式被构建"③。相对于此种伦理学的基础而言，休谟与康德只是以不正确的方式偏执于一面。

善在正确感受中呈现，这只是在概念上对"善"有所界定，"实践之善"仍隐而未彰。要明确"实践之善"，必须先确立"目的"概念，如果不能确定引领行动的正确目的，那么"实践之善"也归枉然。正是对此心照不宣，休谟与康德在确立其善的原则时均对"目的"有所借助。休谟将"快乐"作为终极目的；康德所提出的一条规则是"有理性者的本性是作为自在目的而实存着的"④，因而才有"人是目的"构成的"目的王国"。布伦塔诺认为这些都不是"正确目的"（right end），因为它们无法引领正确生活：休谟把终极目的最终回溯到快乐，无意间为走向低俗的享乐主义开辟了道路；康德以纯粹理性支撑的存在者为目的，并得出一系列律令，最终可能导向空洞难行的利他主义。布伦塔诺认为正确目的应当满足的条件是"可获取之物中的最佳者"⑤，

---

① Franz Brentano, *The Foundation and Construction of Ethics*, trans. by H. Schneewind, Routledge and Kegan Paul Ltd., 1973, p. 136.
② Franz Brentano, *The Foundation and Construction of Ethics*, trans. by H. Schneewind, Routledge and Kegan Paul Ltd., 1973, p. 136.
③ Franz Brentano, *The Foundation and Construction of Ethics*, trans. by H. Schneewind, Routledge and Kegan Paul Ltd., 1973, p. 137.
④ 康德：《道德形而上学原理》，苗力田译，上海人民出版社 2002 年版，第 47 页。
⑤ Franz Brentano, *The Foundation and Construction of Ethics*, trans. by H. Schneewind, Routledge and Kegan Paul Ltd., 1973, p. 121.

这也成为他制定善之原则的一个重要依据。

"善"及"更善（好）"在"正确之爱"及"正确之偏好"中呈现，因此善与更善的内容也就是对正确之爱及正确之偏好中所呈现内容的描述。所呈现的善可分为心灵行为范围内的及心灵行为范围外的。前者包括表象、判断与感受。在布伦塔诺看来，判断使"真"得以呈现，感受使"善"得以呈现，表象使"美"得以呈现，既然真、善、美都是价值，那么使其得以呈现的心灵行为本身也就都是善的。自己心灵活动以外的善并非"他者"对"我"的"用处"，而是"他者"自身之善即自在善（good in itself）。正如我的善从根本上说是我自己本性的完善（perfection）一样，"他者"之善也就是他者本性之完善。他者不仅包括他人，也包括它物。他者之善都可能被正确的爱所爱，"我们看到不仅我们自己的完善是被爱的，他者的完善也是被爱的。并且考虑到植物与其他自然存在者的完善，就不难认识到，人们对爱之感受的多样性在爱的正误方面并不会导致任何误差"[①]。这表明，自然万物都有其自在善（内在价值），且都处于完善过程中；我们对万物之善的正确感受即为正确之爱。

正确的偏好呈现"更善"，即呈现相关善的位次。当然这种呈现是对对象自身价值的发现，"我们所做的唯一正当的事情是，按照真正的价值标准给出我们的爱与偏好；就是说，偏好更大的善胜于更小的善，即便这会使我们穷途末路也要这样做，何况这最终会使我们获得更大的善"[②]。布伦塔诺运用正确的偏好原则呈现出一系列价值位次，如在表象领域中，"一个丰盈的表象在价值上高于一个干瘪的表象"；"关于精神的表象在价值上高于关于自然的表象"；等等。[③] 偏好本身也有一

---

① Franz Brentano, *The Foundation and Construction of Ethics*, trans. by H. Schneewind, Routledge and Kegan Paul Ltd., 1973, p. 193.

② Franz Brentano, *The Foundation and Construction of Ethics*, trans. by H. Schneewind, Routledge and Kegan Paul Ltd., 1973, p. 198.

③ Franz Brentano, *The Foundation and Construction of Ethics*, trans. by H. Schneewind, Routledge and Kegan Paul Ltd., 1973, p. 198.

些基本公理，比如："我们偏好那些善的和知道会成为善的东西胜于那些恶的和知道会成为恶的东西"；"我们偏好那些知道其会成为善的东西的实存胜于其非实存，偏好那些知道会成为恶的东西的非实存胜于其实存"；"我们会偏好第一个善胜于第二个善，如果第二个善虽然本身不是第一个的部分，却在各方面都相似于第一个善的某部分"。① 最后一条公理其实就是偏好的"总体性原则"。也正是基于正确之偏好，布伦塔诺达到了"实践之至善"（the supreme practical good）："在被经验为正确的偏好中呈现出以下内容，实践之至善领域囊括我们理性所及的万事万物；不仅包括我们自己、我们的家族与共同体，而且包括目前所及的整个活生生的世界，甚至包括那些未来才可能进入视野的遥远之物。这全都是下述原则的结果，即偏好更多的善胜于更少的善。显然，我们生活的正确目的——所有行为都应当以此为准心——就是在此范围内尽可能深远地推进善。这是能被理智知晓的唯一至高原则，从中派生出其他原则。"② 布伦塔诺称在高层上经验这些善的人是"幸福的"，幸福的人"给予影响所及范围内最大多数生物以最可能大的福利"③。人的幸福最终着落在对其他存在者之完善的促进与经验上，自我的完善及幸福与他者的完善及福利完全融通。实践至善之呈现与体行要求以正确之爱及正确之偏好为前提，正确之爱及正确之偏好的拥有与经验本身就是我们理智存在者完善的标志，从这种意义上讲，人的完善同时就是他者的完善，反之亦然。在布伦塔诺这里，善的原则就是完善，简言之"善即完善"——我自己的完善与他者的完善，万事万物出于其本性（自然）的完善。与休谟的快乐主义、康德的律令主义相对应，我们可把布伦塔诺的伦理生活原则称为"完善主

---

① Franz Brentano, *The Origin of Our Knowledge of Right and Wrong*, trans. by R. M. Chisholm and H. Schneewind, Routledge and Kegan Paul Ltd., 1969, p. 28.

② Franz Brentano, *The Foundation and Construction of Ethics*, trans. by H. Schneewind, Routledge and Kegan Paul Ltd., 1973, p. 204.

③ Franz Brentano, *The Foundation and Construction of Ethics*, trans. by H. Schneewind, Routledge and Kegan Paul Ltd., 1973, p. 204.

义"的。殊途同归，布伦塔诺认为他所提倡的善之原则与基督教伦理宣讲的下述准则从根本上说是一致的，即"爱至善者上帝，首先，像爱你自己一样爱你的邻者"①。

结语

回到开篇的问题。上文表明，休谟、康德和布伦塔诺用以为伦理学这门学科奠基的东西或是直接成为或是从根本上包含着伦理生活之善的原则。在休谟那里，作为源始印象的感受完全局限于个体，而难以达至他人、它物。以此为基础的伦理学只能导向相对主义与感受主义。康德所依据的"先天综合判断"对于"先验自我"而言是"主体间性"的，可正如休谟所预言，"它自身可能是完善些，但不适合于人类不完善的本性"②。这种伦理学最终只能流于绝对（律令）主义与形式主义，从根本上说，它还是属于"人类中心主义"的衍变形式，正如舍勒敏锐地指出的那样，"尽管康德小心谨慎地避免将伦常法则的有效性方式局限于人，在他那里却仍然有那种'人本主义的'观念在活动"③。布伦塔诺的伦理学所依据的是感受认识，而感受认识之所以可能，就在于它建基于"意向"的心灵现象上。"意向"的特征是意识行为能够在现象上超出自身而涉及"对象"，因而布伦塔诺提倡的"完善"之"善"就可能超出主体意识（不论是感受还是纯粹理性的）苑围，着落在万事万物的本性上。从这种意义上讲，布伦塔诺不仅超越了休谟的相对主义与康德的绝对主义，而且在一定程度上逾出了"人类中心主义"的窠臼，也正是在这种意义上胡塞尔赞叹老师是位"高

---

① Franz Brentano, *The Foundation and Construction of Ethics*, trans. by H. Schneewind, Routledge and Kegan Paul Ltd., 1973, p. 204.
② 休谟：《道德原则研究》，曾晓平译，商务印书馆 2001 年版，第 26 页。
③ 舍勒：《伦理学中的形式主义与质料的价值伦理学》，倪梁康译，生活・读书・新知三联书店 2004 年版，第 333 页。

人"①。当然，其中悬而未决的问题是：如何发见万物之本性？显然，对这一至关重要问题的回答不能重蹈近世"主体哲学"之覆辙。布伦塔诺提示给我们的只是：要在正确的爱中呈现万物的本性，或者说自然万物在本性上都是值得爱的（即有价值的）。

不论休谟、康德还是布伦塔诺，他们对"伦理学之基础与善之原则"的思考无疑都从属于近世哲学的"奠基"洪流。寻求"基础"也就是寻求根据。休谟将自然科学的"实验推理方法"推广到道德实践领域，最终用快乐为德性奠基，其结果是抹杀了人之为人的高贵灵性。康德之"道德形而上学"以"作为科学的哲学"为实践生活奠基，其后果是架空了人类的伦常生活。从奠基的直接意图上看，不论休谟还是康德，都在劝喻人们要过一种"科学"的伦常生活，只不过一个依据的是"经验"科学，一个依据的是"理性"科学。反观当今人类生活，会惊诧地发现我们的"此在"已深深卷入这两种劝喻之中："享乐"与"律法"这两种貌似抵牾的现象共同铸就伦常生活这枚硬币的两面。布伦塔诺结合古典的"本性"之完善与后世的"爱"之情感，试图还伦常生活以其本来面目，然而后人（比如舍勒②）还是对布伦塔诺提出批评，认为他所笃信的"心灵现象或者是表象，或者奠基于表象"的"奠基"原则最终成为"回到伦常生活本身"的障碍。

如果我们随同海德格尔，把"伦理"原初地领悟为"安居之所"，那么还需进一步思考的是：我们能"安居"于"快乐"吗？我们能"安居"于"绝对律令"吗？我们能"安居"于出自本性的"完善"吗？或许更为根本的事情是要搞清：究竟什么才叫"安居"？

该文原载《南京大学学报》（哲学·人文科学·社会科学）2005 年第 5 期

---

① E. Husserl, "Reminiscences of Franz Brentano", in *The Philosophy of Brentano*, ed. by L. L. McAlister, London: Gerald Duckworth and Co. Ltd., 1976, p. 55.

② 参见舍勒：《伦理学中的形式主义与质料的价值伦理学》第五编第二章"感受活动与感受内容"，倪梁康译，生活·读书·新知三联书店 2004 年版。

道德的普遍性与普遍化小议

谈论道德的普遍性首先遇到的障碍是:"道德"是什么意思?这个障碍似乎可以通过对"道德"下定义而排除,就像通常所做的那样。不过这种消除多数是表面上的,因为用以定义"道德"的不少词语同样抽象,同样远离经验。

从日常经验看,道德可被两个面向所标示:一个是负面性的"不应做什么";另一个是正面性的"应做什么"。

"不应做什么"的道德规范也是各文化传统中最常表现出的形态,比如"不应杀人""不应欺骗"等损害他人及共同体的情形。一旦违背这些规范,就是不道德;虽然遵守它们,也未必就是道德的(也就是说"不是不道德的"这种双重否定并不能得出"是道德的"这种肯定)。在这种层面上,道德普遍性的含义与法律普遍性相似:它是指一个共同体的成员都应遵守规范(康德所言的道德普遍性基本属这种类型)。这种普遍性的普遍化是把"我们"既定的规范具体化到"我"的身上,这也是个体社会化和受教化的过程。如果"我"拒绝被普遍化(也即违背规范),一方面会有外在舆论的谴责;另一方面"我"也可能会有内在良心的不安。

与上述内、外两个向度相应,"应做什么"的正面性道德现象也包含着两个向度:自向性的与他向性的。

自向性的"应做什么"就是从"我"出发,考虑"我"的保存与提高。如果放大到人生的整体性，就是去追求"我"的好生活或幸福（εὐδαιμονία）。这是古希腊美德伦理学的传统。与前面否定性的道德规范相似，美德的普遍性也就是律法的普遍性。不过这里的"律法"并不仅仅是禁止人们做什么的规范，更是作为美德总汇的"礼法"。"律法要求我们实施所有美德"①，这里的法与德是完全合二为一的。这是一种非此即彼的道德：一个人要么是好人，要么是坏人（也就是说"不是无德"这种双重否定能够得出"有德"这种肯定）。守法就是有德，是好人；违法就是无德，是坏人，虽然坏的程度存在不同。

作为道德的美德之普遍性最为尖锐的问题恐怕是："我"的幸福如何可能与"我们"的幸福和谐统一而非彼此冲突？从表面看，这在亚里士多德那里并不成为问题。因为"我"的幸福就是"我"体现美德的活动，而慷慨、勇敢、友爱等美德活动已经内在地包含并成就着"我们"的幸福。"我"的幸福之普遍化或总体化就是"我们"的幸福。可是，如果从深层看，"我"的幸福的普遍化即"我"对"我们"幸福的包含与成就其实是后者被前者所同化。因为"我"的幸福总归是自我指向性的，即使"朋友"也无非是另一个"我"。在亚里士多德的体系中，能把"我"的幸福普遍化为"我们"幸福的就是有德之人或好人；不能进行这种普遍化或总体化的，就是无德之人，即坏人。

从"我"的幸福到"我们"幸福的普遍化或总体化到了功利主义那里即便从表面上看也是成问题的。因为在功利主义这里幸福（happiness）实质上已经不是成就"我们"的美德，而是追求"我"的最大快乐。最大多数人（即"我们"）的快乐并不必然是，甚至往往不是"我"的快乐。这也符合现代情境下作为"我们"的众"单子"相互隔绝乃至彼此竞争甚至冲突的现状。在这种情况下，如果把"我"的幸福或快乐称为"道德的"就有些不合常理。

---

① 亚里士多德：《尼各马可伦理学》，130b23。

他向性的"应做什么"更符合日常的道德经验，比如纯粹的舍己救人。这种行为并无丝毫自向性方面的考虑，纯属他向性的。它与否定性的道德规范即"不应做什么"似乎构成相反的两极。"不应做什么"的"不应"对象必定是损"他"的，而"应做什么"需要以或多或少牺牲自己的利益为前提即损"我"的；前者损"他"越多越不道德，而后者损"我"越多越道德。"不应做什么"有法律般的普遍性，而"应做什么"相对而言缺乏这种普遍性。一般而言，对于损己利他的情形，损己的程度越大，就越少普遍性，因为不能要求每个人都能做到舍己救人；反之，损己的程度越小，普遍性就越大。如果只是举手之劳就可以救人于危难却无动于衷，就会被认为是道德冷漠，甚至受到道德谴责。这种"应做什么"的普遍化是通过自然生成的先觉者带动的。先觉者只是率先将潜在的道德性自然地实现为现实的道德行为。

他向性的道德行为不能最终还原为自向性的。与"我"普遍化为"我们"不同，他向性的道德行为是由"我"必然地关涉到"他"。从"我"到"我们"的道德是通过考虑（considerations）完成的，它最终是为了成就"我"的幸福；而从"我"到"他"从根本上说并不是通过考虑，因为纯粹利"他"也就意味着对"我"没有丝毫好处。纯粹利"他"行为的根据究竟何在？在亚里士多德那里，在功利主义那里，甚至在康德那里都难以找到令人满意的答案。

孟子曰："今人乍见孺子将入于井，皆有怵惕恻隐之心——非所以内交于孺子之父母也，非所以要誉于乡党朋友也，非恶其声而然也。"① 耿宁（Iso Kern）先生也把这种见人于危难之时原本性地生发的"怵惕恻隐之心"具体化为"为他感"（fühlen für andere）。② 这是先于任何自向性考虑及"我"的利益计算而生发的纯粹他向性意向。如

---

① 《孟子·公孙丑章句上》。
② 耿宁：《心的现象——耿宁心性现象学研究文集》，商务印书馆2012年版，第454—461页。

果这种意向不被随后可能的自向性考虑所阻断,便必然会导致他向性的道德行为(这是道德普遍性的又一种含义)。如此看来,他向性的"应做什么"最终奠基于这种"恻隐之心"或"为他感";而自向性的"应做什么"中那些具有"为他"向度的美德,也根植于这种原本性的"恻隐之心"或"为他感"。在逻各斯化的道德理论中,这种原本的"为他"意向往往被遮蔽甚至被歪曲。

"恻隐之心"或"为他感"是潜在的普遍性,这也是人之为人的必备条件:"无恻隐之心,非人也。"[①]"为他感"或"恻隐之心"通过身体行为的实现便是其现实的普遍化,这在很大程度上有赖于先觉者的昭引。

---

① 《孟子·公孙丑章句上》。

从理性启蒙到德性启蒙

今人谈论"启蒙",一般都从康德下述申言开始:"要有勇气运用你自己的理智!这就是启蒙运动的口号。"显然,这里"启蒙"所启的并非对"理智"之蒙蔽,而是对"有勇气运用"自己的理智之蒙蔽,康德随即指出这是被"懒惰和怯懦"所蔽。人具有理智是不言而喻的,因而问题就在于人们有没有足够的勇气来运用自己的理智。所谓有足够勇气,也就意味着"在一切事情上都有公开运用自己理性的自由"①。这里的关键不仅在于康德所强调的"公开运用",更在于运用在"一切事情上"。所谓"一切事情",大致可概括为两类:科学理论与伦常实践。这也是近代自笛卡尔以来的通常划分。耐人寻味的是,虽然笛卡尔在科学理论方面对理智的运用比之于康德有过之而无不及,可是在伦常实践方面他的这种理论勇气却戛然而止。进入伦常实践领域,笛卡尔完全像变了一个人:"服从我国的法律和习俗,笃守我靠神保佑从小就领受的宗教,在其他一切事情上以周围最明智的人为榜样,遵奉他们在实践上一致接受的那些最合乎中道、最不走极端的意见,来约束自己。"②

康德大概不会指责笛卡尔懒惰,不过他一定会嘲笑笛卡尔怯懦。

---

① 康德:《答复这个问题:"什么是启蒙运动?"》,载《历史理性批判文集》,何兆武译,商务印书馆1990年版,第24页。

② 笛卡尔:《谈谈方法》,王太庆译,商务印书馆2000年版,第19页。

在实践领域，康德勇敢地运用理性为自身建立普遍之法，然后再践行理性所立之法，此谓自由；自由之个体构成目的王国，目的王国之成员均具有平等的内在价值——尊严；而在所有这些价值后面由以支撑的均是同一种基底——理性。需要特别强调的是，几近作为实践领域拱顶石的这种"理性"与用于反思科学理论的思辨理性并不具有异质性："因为最终它们其实只能是同一个理性，只是在应用中须被区别开来罢了。"① 由此看来，两千多年前亚里士多德对苏格拉底"美德即知识"的批评大抵也适用于康德："把美德当作知识忽视了我们灵魂的非理性部分，既忽视了情欲，也忽视了伦常。"②

当代颇负盛名的哲学家威廉斯对康德实践哲学的批评也正是在上述向度中展开，他把康德的理性伦理学称为单薄型的。首先，伦常实践中理性化的定言律令需要定言欲求作为其前提，比如"不准自杀"对于万念俱灰、一心求死的人便是无效的。其次，打开个体实践生活意义空间的首先是包含兴趣、欲求以及理智等诸多因素的基础性规划，而非理性法则。再次，在好运中实现人生规划的喜悦以及在厄运中的挫败与懊悔……凡此种种共同构成人生的完整性，从而也积淀为每个人迥然不同的特性，而这种"特性"在康德运用到实践领域的普遍理性中难以得到恰当说明。最后，"特性"在人际伦常方面的展现便是视亲疏远近而分别对待，而康德的理性运用却要求我们对所有人都要不偏不倚、一视同仁。如果再纳入社群主义的视角，那么人的"特性"很大程度上便由某种伦常共同体传统所塑造。面对这种深厚的传统资源，康德式的单薄理性显然手足无措。只有容纳复杂的情欲，展现纵横交错的伦常，实践哲学才有望成为丰厚型的。由此看来，康德勇敢地运用理性为实践领域立法的问题并不在于其对自由、尊严以及目的

---

① 康德：《道德形而上学奠基》，杨云飞译，人民出版社2013年版，第8页。
② 亚里士多德：《大伦理学》，1182a20。

王国的确立，而在于其对情欲和伦常的轻慢。经由康德理性启蒙的实践生活显然会变得抽象、同质、稀薄且无趣。这种生活既不属实，也不可欲。

笛卡尔节制地对待理性，他没有直接把思辨理性莽撞地运用到实践生活领域。然而，我们能说笛卡尔在实践领域所进行的活动就是非理性的吗？当然不能。因为笛卡尔告诉我们，他在伦常实践领域所展现的是"最合乎中道"的"明智"。这里的"明智"并非康德所贬斥的唯利是图，而是亚里士多德美德伦理学传统中的实践智慧："一个人如果拥有了明智，他也就自然会具有所有伦常美德。"① 这里的美德并非因循守旧，裹足不前，而是在每种具体情境下都能做到恰如其分，凸显优秀。诚如是，使美德可能的明智也就必然包含对情境的领悟和把握、对事态的理解与判别、对行为的意愿与选择等，其中既有认知性因素，也有价值性因素。明智所需要的认知能力依据我们不言而喻的理智——其中当然包含各种意识形式——便很容易满足。问题是，为明智定向的价值性因素又应当如何获得呢？下述情形随即又加剧了这一问题的艰巨性与复杂性：如果缺乏正确的价值定向，明智很容易落入康德所批评的唯利是图；而如果仿效康德，直接运用理性为伦常实践确立价值，又难以令人满意。可以确定的是，出于上述提及的理由，在为明智定向时必须顾及情欲与伦常。依据笔者陋见，下述三个相互交织的阶梯式基底有望为明智定向。

其一，礼法习俗。从发生的角度看，成人的过程即接受教化的过程。而在这一过程中，千百年来积淀而成的礼法习俗起着巨大的作用。然而，这种教化往往以潜移默化的形式发挥作用。相应地，接受教化之个体对自己的行为举止也常常知其然而不知其所以然。因而，虽然礼法习俗能够为诸多行为定向，但这种定向更多情况下是盲目而非明

---

① 亚里士多德：《尼各马可伦理学》，1145a2。

智的。要想使其成为明智的，就必须经过某种形式的反思与启蒙。

其二，传世经典。对礼法习俗及盲目生活的反思需有所借助，其中，传世经典不可或缺。传世经典是"为天地立心，为生民立命"之作，能够启人良知、发人良能、导人向善。传世经典不仅能够扬弃每个时代的礼法习俗，而且能够使个体对自身之善举有自知之明，使自身之善行进退有据。

其三，内向实践。礼法习俗与传世经典为明智定向虽具有根本意义，但对个体而言尚属外在。为明智进行内在定向的实为内向实践。内向实践是与外向实践相对而言的。外向实践即实践目的在实践活动之外，其目的无非名声、权力、财利等，它们都非实践活动本身所具有；相反，内向实践的目的内在于实践活动本身，即为了追求实践活动本身的优秀，并在此过程中必然享受活动带来的愉悦与意义等内在价值。在这两种实践中，内向实践理应成为奠基性的。例如，体育竞赛的主旨是追求活动项目本身的内在优秀，而奖牌仅仅是对优秀者的外在奖励。需要特别指出的是，内向实践必定在某种继承的实践传统中进行，而内向实践所追求的优秀也必定会使其所身处的实践传统得以延续、拓展与更新，体育竞赛便是显证；同时，内向实践所包含的内在目的与价值则确保了实践个体的积极自由与尊严。如此，个体与实践传统相互引发、相得益彰。

经由上述基底的范导，作为实践智慧的明智便可得以定向。非但如此，被康德实践理性所轻慢的情欲与伦常，也都会在根本层面被纳入上述基底之中。礼法习俗作为伦常的具体形式，本身就是对基本情欲的疏导；传世经典涵养着对美好生活的希求，承载着伦常生活的理想之维；内向实践恰恰是个体情志得以抒发的场域，其结果传承与开展着伦常实践生活。

由此看来，伦常实践领域并不需要一种外在的理性强行进入而为其立法，因为实践生活本身就具有自己独特的理智形式——明智。明智行为并非盲从礼法习俗，而必须经过传世经典与内向实践活动的深层启蒙。我们把实践领域这种与康德所倡导的理性启蒙迥异的启蒙称为德性启蒙。德性启蒙并非为实践领域引进一种外在而异质的理性规则，而是对实践本身特有的理智形式——明智——进行激活与定向。因而，用以激活与定向明智行为的传世经典与内向实践便成为德性启蒙的关键性环节。这里重温"节制"并非多此一举：德性启蒙所适用的范围主要限于个体的安身立命，而对共同体生活秩序的规整而言，康德式的理性启蒙及其法律成果大有用武之地。

近百年前，中国学界掀起了声势浩大的"科玄之争"。在"五四"科学启蒙时代的大潮中，唯科学主义顺理成章地占据了上风，乃至于长期以"科学"之名掩盖了传世经典及内向实践的价值，如今日益突显的人生意义失落、社会道德失范、文明价值失序以及物质主义盛行等严峻的人生社会问题或多或少都与此相关。从当下时代情境出发明智地看，对于上述唯"科学"、唯"理性"思潮已经到了该深刻反思、检讨与纠正的时候了。

"要明智地成就美德！"这便是德性启蒙的口号。

该文原载《光明日报·理论周刊》2015年4月15日